19세기 조선 한시사의 탐색

19세기 조선 한시사의 탐색
— 옥수 조면호의 시 세계

김용태 지음

2008년 4월 28일 초판 1쇄 발행

펴낸이 한철희 | 펴낸곳 돌베개 | 등록 1979년 8월 25일 제406-2003-018호
주소 (413-756) 경기도 파주시 교하읍 문발리 파주출판도시 532-4
전화 (031) 955-5020 | 팩스 (031) 955-5050
홈페이지 www.dolbegae.com | 전자우편 book@dolbegae.co.kr

책임편집 이경아 | 편집 조성웅·김희진·서민경
표지디자인 박정은 | 본문디자인 이은정·박정영
제작·관리 윤국중·이수민 | 마케팅 심찬식·고운성
인쇄 한영문화사 | 제본 경인제책사

ⓒ 김용태, 2008

ISBN 978-89-7199-308-8 94810

이 도서의 국립중앙도서관 출판시도서목록(CIP)은 e-CIP 홈페이지
(http://www.nl.go.kr/cip.php)에서 이용하실 수 있습니다.(CIP제어번호: CIP2008001238)

이 저서는 2006년 정부(교육인적자원부)의 재원으로 한국학술진흥재단의 지원을 받아 수행된 연구임(KRF-2006-814-A00092)
This work was supported by the Korea Research Foundation Grant funded by the Korean Government(Ministry of Education & Human Resources Development)(KRF-2006-814-A00092)

19세기 조선 한시사의 탐색

옥수 조면호의 시 세계

김용태 지음

돌베개

책머리에

옥수玉垂 조면호趙冕鎬는 19세기 조선의 한시사를 대표할 만한 위대한 시인이다. 그는 추사 김정희의 애제자였으며, 연암 박지원의 손자인 박규수의 막역한 벗이었다. 또한 흥선대원군은 그를 물심양면으로 도왔던 문학적 후원자였다. 명문 양반들이 거주했던 서울의 북촌北村에서 생의 대부분을 보낸 조면호는 사승師承과 교유交遊를 통해 18세기 실학파 문학의 성과를 온전히 계승하는 한편, 당대의 쟁쟁한 문사들이 참여했던 '북촌시사'北村詩社를 열성적으로 이끌어 나간 인물이다.

오늘날 소수의 전공 학자를 제외한다면 옥수의 존재를 아는 이들은 거의 없을 것이다. 하지만 그의 문집인 『옥수집』에 담긴 무려 5천 편이 넘는 주옥같은 한시들은 그가 19세기의 걸출한 시인이었음을 묵묵히 증언하고 있다. 옥수는 18세기 실학파의 '조선시풍'朝鮮詩風을 계승하여 '19세기의 조선시풍'으로 발전시켜 나간 시인이었다. 탈권위적 시선으로 일상의 주변을 따스하게 노래한 작품들에서부터, 날카로운 비판정신을 발휘하여 당시 양반 사대부의 무능을 풍자한 작품들, 병인양요(1866)와 신미양요(1871) 같은 역사적 대사건들을 정면으로 형상화한 거작들에 이르기까지 그의 시를 두루 읽어 보면, 누구든 그가 19세기 한시사의 높은 봉우리임을 실감하게 될 것이다. 지금까지 알려진 19세기 조선의 어떤 시인도 옥수만큼 풍부하고도 심각한 시적 성취를 이루지는 못했다고 할 수 있다.

그럼에도 불구하고 옥수와 그의 시 세계는 오랜 세월 고서 더미에 묻혀 있었다. 왜 이렇게 되었던 것인가. 아마도 이는 19세기의 우리 역사에 대한 뿌리 깊은 부정적 편견 때문이 아닌가 한다. 근대 사회로 연착륙하지 못하고 식민지로 전락하고 말았던 모든 책임을 19세기의 역사에 전가해 온 사상적 풍토에서는 그 시대에 대한 자유롭고도 진지한 탐색이 허용되기 어려웠던 탓이다. 옥수의 존재가 21세기에 '재발견'되기까지, 우리 사회는 19세기 조선의 역사를 공정하게 바라볼 수 있는 정신적 성숙을 얻기 위해 100여 년의 세월이 필요했다고 해도 과언이 아니다.

이 책은 필자의 박사 학위 논문인 『옥수 조면호 한시 연구』를 수정 보완한 것이다. 이 책을 출간하면서 과감하게 '19세기 조선 한시사의 탐색'이라고 제목을 붙일 수 있었던 것은 19세기 조선의 한시사에 대한 학문적 탐색을 감행한 결과 발견한 최대의 수확이 바로 옥수의 시 세계라고 확신한 까닭이다.

이 책이 완성되기까지 여러 은사님들의 학은을 크게 입었다. 우선 필자의 박사 학위 논문을 지도해 주신 김명호 교수님께 깊이 감사드린다. 이와 아울러 우리 국학계의 큰 스승이신 벽사 이우성 선생님, 한문학계의 원로이신 이지형, 이민홍, 송재소, 임형택 선생님 같은 분들로부터 직접 가르침을 받을 수 있었던 행운에 대해 필자는 항상 감사하고 있다. 또 모교의 학부와 대학원에서 가르쳐 주신 이희목, 이명학, 진재교, 김경천 교수님 그리고 박사 학위 논문 심사위원으로서 세심한 가르침을 베풀어 주신 김영, 심경호 교수님께도 충심으로 감사드린다.

또한 필자의 첫 저서인 이 책을 국학 분야의 명문 출판사인 돌베개에서 간행할 수 있게 되어 기쁘기 짝이 없다. 신진 연구자인 필자의 책을 간행하기로 용단을 내려 주신 한철희 사장님과, 동학同學인 인연으로 각별히 힘을 기울여 이 책을 만들어 준 이경아 님에게 깊이 감사드린다. 아무쪼록 이 책의 간행이 하나의 계기가 되어, 19세기의 위대한 시인 옥수 조면호가 보다 많은 독자들과 만날 수 있게 되기를 기원한다.

2008년 4월
김용태

차례

책머리에 _ 5

서론 _ 11

1. 북촌시사의 주인이 되기까지
벼슬길의 좌절, 시인의 탄생 _ 21   추사 김정희가 사랑한 제자 _ 39
서울 북촌시사를 이끌다 _ 56

2. 시 정신의 형성과 그 지향점
소동파를 만나다 _ 75   '나의 시'를 찾아 _ 86

3. 문사의 일상과 멋
가난한 일상의 노래 _ 105   청빈 속의 멋 – 매화와 돌 _ 129

4. 그리운 시인들의 추억
시로 그린 시인들의 초상 _ 145   회인시체의 다양한 변주 _ 175

5. 경향 각지 풍정의 기록

궁궐 풍속과 경복궁 중건 _ 197   개항기 서울의 세태 _ 209
향촌과 변방의 풍정 _ 221

6. 서구 열강에 대한 항전의 의지

병인양요와 「서사잡절」_ 237   신미양요와 「후서사잡절」_ 259
개항 전후의 현실 인식 _ 278

7. 표현과 형식상의 특색

해학과 풍자의 미학 _ 293   새로운 시어의 창출 _ 299
다양한 양식의 활용 _ 305

19세기의 조선시풍, 옥수 조면호의 시 세계 _ 315
― 결론을 대신하여

옥수 조면호 연보 _ 319   참고문헌 _ 326
본문에 수록된 옥수 조면호의 작품 _ 335   찾아보기 _ 341

서론

한국한문학 유산을 근대적 학문 방법으로 연구하기 시작한 것이 그리 오래된 일은 아니지만, 꾸준하면서도 활기찬 연구가 쌓여 이제는 어느 정도 초창기 단계는 벗어났다고 볼 수 있다. 주요한 작가에 대한 발굴과 소개가 활발히 이루어졌으며 각 시대별 특징에 대해서도 대체적인 밑그림이 그려지고 있다. 하지만 이 책에서 다루는 옥수玉垂 조면호趙冕鎬(1804~1887)라는 시인은 여전히 낯선 존재이다. 가장 널리 읽힌 문학사라 할 수 있는 조동일의 『한국문학통사』에서도 4판 개정판(2005)에 이르러서야 그에 대한 간략한 소개가 이루어질 수 있었다. 옥수 조면호는 우리 시대와 매우 가까운 시기를 살았던 인물이지만, 가장 뒤늦게 알려지고 연구되기 시작했다. 참으로 등잔 밑이 어두웠다.

옥수 조면호는 19세기를 대표하는 시인으로 꼽기에 손색이 없는 인물이다. 옥수는 어린 시절, 18세기 후반 참신한 문학 활동을 이끈 '담정藫庭 그룹'의 일원인 서원犀園 김선金鑣(1772~1833)으로부터 시문詩文을 지도받았고, 중년 이후에는 북학파를 계승한 추사秋史 김정희金正喜(1786~1856)의 만년 제자가 되어 금석서화金石書畵와 시문에 대한 가르침을 받았다. 그 결과 옥수는 영정조英正祖 시대 실학파 문인들이 이룩한 '조선시풍'朝鮮詩風의 성과를 충실히 계승할 수 있었다. 그리고 이를 잘 활용하여 자신의 독창적 시 세계를 열어 갔는데, 그 가운데 가장 대표적인 성과는 병인양요丙寅洋擾와 신미양요辛未洋擾를 총체적으로 형상화한 장편 한시漢詩「서사잡절」西事雜絶 전후편을 들 수 있다. 이 작품은 양요의 발발 원인에서부터 결말에 이르기까지의 과정을 자세하게 추적하고 있어 사료적 가치가 매우 크고, 민족사의 대사건이었던 두 차례 양요를 본격적인 문학으로 형상화한 유일한 작품이라는 점에서 문학사적 의의가 심대하다 할 수 있다. 이외에도 옥수는 각 방면에서 풍성한 시적 성취를 이루었다.

옥수는 19세기 중반, 당시 정치적 문화적 중심지라 할 수 있는 서울 북촌北村의 시단을 실질적으로 주도한 인물이었다. 그는 박규수朴珪壽(1807~1877), 신석우申錫愚(1805~1865) 등 막역한 벗들과 함께 철종哲宗 말·고종高宗 초 북촌시단을 주도하며, 김창희金昌熙(1844~1890)·김기수金綺秀(1832~1924)·한장석韓章錫(1832~1894) 등의 후배 문인들을 이끌었는데, 이들을 중심으로 이루어진 북촌시사北村詩社에는 당대 정계·학계·문단의 저명한 인사들이 광범하게 참여하고 있었다.

그런데, 옥수를 포함하여 당시 북촌시사를 중심으로 활동하던 인물들은 거의 집단적으로 잊힌 존재가 되고 말았다. 이들이 남긴 문집들의 간행은 말할 것도 없거니와 저작물이 온전하게 수집된 경우조차 매우 드물다. 그 가운데 가장 지명도가 있다 할 수 있는 연암燕巖 박지원朴趾源의 손자 박규수의 경우에도, 그에 대한 본격적이고 의미 있는 연구 성과가 나오기 시작한 것은 그리 오래되지 않았다.

왜 이런 현상이 벌어졌던가? 이는 19세기 후반 조선의 역사가 앞날을 예측할 수 없는 격랑 속으로 휘말려 들어갔으며, 특히 서울은 그 혼란의 정점에 있었다는 사실과 따로 떼어 볼 수 없을 것이다. 한국한문학사를 살펴보면 대체로 한 세대가 가고 나면 뒤 세대가 앞 세대의 성과를 수습하고 정리하여 다시 후대로 넘겨주는 전통이 꾸준히 이어져 왔다. 그런 과정을 통해 한문학의 성과들이 차곡차곡 쌓이고 그 기억이 후대로 전승될 수 있었다. 그러나 대단히 유감스럽게도 19세기 북촌시사를 중심으로 활동했던 이들에게는 그러한 일을 맡아 줄 후배 세대가 없었다. 왕조가 망하고 일제日帝의 식민 지배가 시작되는 격동기를 살았던 당시 사람들로서는 선인先人들의 저작을 정리한다는 것이 현실적으로 매우 어려운 일이었을 것으로 짐작된다. 게다가 일제는 식민지 경영을 위해 식민사관植民史觀을 유포하며 우리 민족에게 과거와의 단절을 강제했으니, 정리되지 않은 19세기의 역사는 쉽사리 오해되고 망각되었던 것이다.

일제 식민사관의 영향은 아직까지도 그 여세가 남아 19세기 역사 연구에 부정적 영향을 끼치고 있다. 어지럽게 흩어진 사료들을 꿰뚫어 볼 수 있는 주체적 시각의 수립이 지연되고 있어, 식민사관과 국수주의적 시각의 양 극단에서 오락가락하고 있는 형편이다. 이러한 상황을 타개하는 길은 결국 실사구시實事求是적 방법론으로 사료들과 정면 대결해 나가는 것이다. 그런 점에서 19세기에 대한 연구의 깊이는 곧 우리 사회가 얼마나 진정한 탈식민의 길로 나아갔는가를 보여주는 시금석과도 같다고 할 수 있겠다.

그간 옥수에 대한 단편적 언급들이 전혀 없었던 것은 아니다. 차주환 교수는 옥수의 사詞 문학의 가치를 높이 평가하여 "익재益齋 이제현李齊賢 이후에 제일인자라 하기에 손색이 없다"고 극찬했다.¹ 사

詞는 그 갈래적 특성이 문언문학인 한시漢詩와는 판이하게 달라 고려나 조선의 문인들 가운데 사에 능했던 사람이 거의 없었다. 그런 점에서 옥수가 사에서 이렇게 높은 성취를 보였다는 것은, 시인으로서 그의 능력이 대단했음을 증언하고 있는 것이다.

또 최완수 선생은 김정희의 『완당집』阮堂集에 나오는 자료를 토대로 옥수의 글씨가 추사체의 진수를 터득한 것이라고 평가했다.[2] 그리고 이가원 선생은 한국한문학의 성과 가운데 흥미로운 산문들을 골라 『여한전기』麗韓傳奇를 엮으며 옥수의 「자지자부지선생전」自知自不知先生傳을 소개하기도 했다.[3] 그러나 선학들의 이러한 언급은 옥수에 대한 전기적 사실이나 그가 남긴 문집 전반에 관심을 두지 않고, 극히 일부분만을 단편적으로 조명한 것이었기에 학계의 주의를 끌지 못하고 말았다.[4]

근년 들어 김명호 교수가 앞서 언급한 「서사잡절」 전후편을 발굴하고 그 가치를 재평가하면서, 옥수는 다시 학계의 관심권 안으로 들어올 수 있었으며,[5] 그 과정에서 옥수의 문집인 『옥수집』玉垂集의 존재도 함께 부각되었다.

『옥수집』은 현재까지 필사본 형태의 이본 2종이 파악된다. 그 가운데 '초고본'으로 추정되는 것은 연세대학교와 고려대학교 도서관에 각각 나뉘어 소장되어 있다. 연세대학교에 권1·2, 권5~8, 권15~

---

[1] 차주환, 「한국 사문학 연구(4)」, 『아세아연구』 19, 고대 아세아문제연구소, 1965, 13면.
[2] 최완수, 「추사서파고」秋史書派考, 『간송문화』 19, 1980, 23~24면.
[3] 이가원 편, 『여한전기』, 우일출판사, 1981. 이 책은 『이가원전집』 20에 재수록되었다.
[4] 흥미롭게도 매화·수석 애호가들 사이에서 옥수 조면호라는 이름이 전설처럼 구전되어 왔다. 이에 대해서는 안형재, 『한국의 매화』, 북랜드, 2001, 229~230, 372~380면 참조.
[5] 김명호, 「옥수 조면호의 〈서사잡절〉 전후편에 대하여」, 『고전문학연구』 20, 한국고전문학회, 2001.

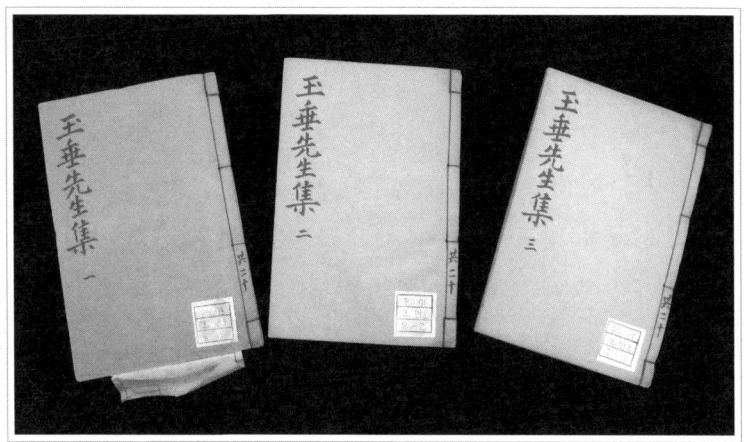

연세대학교 소장 초고본 『옥수집』

26, 권30~32가 소장되어 있고,[6] 고려대학교에는 권3·4, 권9, 권11·12가 소장되어 있다. 이 초고본은 도처에 붉은색으로 가필加筆되어 있는 것으로 미루어 옥수의 친필 원고로 생각된다. 그런데 두 도서관의 책들을 합치더라도 권10, 13, 14, 27~29, 33은 빠져 있어 다른 곳에 낙질로 소장되어 있을 것으로 추정된다.

나머지 1종은 규장각에 소장되어 있는데 33권(습유 1권 포함) 16책의 완질이다. 각 책 말미에는 옥수의 손자 조규식趙奎植이 소장한 필사본을 소화昭和 10년(1935)에 등사謄寫한 것(昭和十 三月 趙奎植氏所藏寫本ヨリ謄寫ス)이라는 내용의 도장이 찍혀 있고, '校正濟'라는 글씨의 작은 도장도 찍혀 있다. 일본어로 되어 있는 것으로 미루어, 총독부나 조선사편수회와 같은 기관이 정리한 것으로 추정된다.

이 규장각본은 초고본에 나와 있는 가필의 지시 사항을 충실히 수

---

[6] 연세대학교본은 20권 20책 완질인 것처럼 제본되어 있는데, 자세히 살펴보면 각권 첫 장의 권수 표시 부분에 종이를 덧대고서 권수를 새로 썼음을 알 수 있다.

용하고 있고, 초고본에 없는 작품들도 수록되어 있다는 점에서 현재로서는 규장각본을 가장 선본으로 볼 수 있으며, 초고본은 참고자료로서 가치가 있다.

규장각 소장 『옥수집』은 전16책 가운데 2책(14·15책, 권28~32)이 문文이고, 나머지는 5천 제題가 넘는 다채로운 시詩로 채워져 있다. 시 중에서 가장 이른 시기에 지어진 작품이 1823년작인 데 비해, 산문 가운데 가장 이른 시기의 작품은 1852년작인 것으로 보아 산문 중에는 망실된 작품도 많지 않은가 생각된다.

시의 경우 대체로 형식에 관계없이 창작 시기에 따라 배열되어 있지만, 부賦는 권1의 첫머리에 3수가 모여 있고, 사詞는 권27에 61수(습유에 2수가 더 있다)가 모여 있으며,[7] 그 뒤를 이어 게偈 1편이 실려 있다. 그리고 옥수가 중국인들과 창화唱和했던 작품들을 모은 시집인 '이태동잠권'異苔同岑卷이 권16의 「회인절구」懷人絶句 뒤에 실려 있는데, 이는 창작연도와 관련 없이 그 유사한 성격에 따라 편집된 것으로 보인다.

옥수의 시문학은 이처럼 사詞 양식까지도 활용한 다양한 시체詩體를 통해, 자신의 내밀한 정서에서부터 '양요'와 같은 역사적 사건에 이르기까지 폭넓은 대상을 시화詩化하고 있다. 「서사잡절」 전후편 이외에도, 경향 각지의 풍정을 노래한 기속시紀俗詩, 당대의 쟁쟁했던 시인들을 기록한 회인시懷人詩, 또 소품문 같은 감수성을 담고 있는 생활시 등등 우리 문학사에서 소중히 기억해야 할 작품들이 풍성하게 담겨 있다. 『옥수집』의 발굴은 19세기 한문학 연구에 새로운 광맥이 열린 것과 같다고 할 수 있다.

7_ 사에 대해서는 조창록, 「옥수 조면호의 "사"詞에 대하여」, 『한문학보』 12, 2005 참조.

산문은 서書, 서序, 기記, 설說, 제題, 발跋, 찬贊, 해解, 변辨, 명銘, 잡저雜著, 묘갈명墓碣銘, 묘표墓表, 행장行狀, 유사遺事의 순서로 편집되어 있다. 그 성취를 논하자면 상대적으로 시에 비해 기우는 것이 사실이지만, 「자지부자지선생전」과 같이 대단히 흥미로운 소품들도 다수 있다.[8]

옥수의 문학 세계는 19세기 한문학사의 공백을 채우는 데 큰 기여를 할 것이며, 아울러 18세기 한국한문학사가 이룩한 성과가 19세기에 어떻게 계승되는가와 같이 문학사적으로 중요한 문제를 해결하는 데도 일조할 것이다. 나아가 19세기의 역사 상황을 파악할 수 있는 우리 사회의 주체적 시각을 형성하는 데에도 적지 않은 기여를 할 것으로 기대한다.

---

[8] 산문에 대해서는 김용태, 「산문 작품을 통해 본 옥수 조면호의 문학적 지향」, 『한국한문학연구』 36, 2005 참조.

1
북촌시사의 주인이 되기까지

벼슬길의 좌절, 시인의 탄생

조면호의 자는 조경藻卿, 호는 옥수玉垂·이당怡堂이며 본관은 임천林川(충남 공주 지역에 속했던 옛 고을)이다. 임천 조씨의 시조는 중국에서 고려로 귀화한 인물이라 전해지는 조천혁趙天赫인데, 옥수는 그로부터 23세손이 된다.[1]

옥수의 9대조인 운강雲江 조원趙瑗(1544~1595)은 남명南冥 조식曺植의 문인이었으며,[2] 여성 시인 이옥봉李玉峯의 남편이었다. 조원은 서울 종로구 효자동에 터를 잡았고, 그 후손들은 대대로 서울에서 살았던 것으로 보인다.

임진왜란 때 모친을 지키기 위해 왜적의 칼날에 맞서서 '효자동'이란 지명을 유래시킨 조희정趙希正·조희철趙希哲 형제가 조원의 첫째와 둘째 아들이며,[3] 문장이 뛰어나 허균許筠과 함께 접반사로 활약

1_ 『옥수집』 권32, 「서흥부사공묘표」瑞興府使公墓表 장5앞; 임천조씨종친회, 『임천조씨대동보』 1, 1988, 395면 참조. 이하 『옥수집』을 인용할 경우, '『옥수집』'은 생략하고 권수만 표시.
2_ 이상필, 『남명학파의 형성과 전개』, 와우출판사, 2005, 256면 참조.

했던 죽음竹陰 조희일趙希逸(1575~1638)⁴이 조원의 셋째 아들로서 옥수에게는 8대조가 된다.

송시열宋時烈의 문인이었던 오재寤齋 조정만趙正萬(1656~1739)은 옥수의 5대조이다. 옥수 집안에는 조정만의 초상화 두 점이 전해졌는데, 큰 것은 노가재老稼齋 김창업金昌業이 그린 것이고, 작은 것은 관아재觀我齋 조영석趙榮祏이 그린 것이었다고 한다.⁵ 이 두 사람 모두 노론계의 인물이라 할 수 있어 옥수 집안은 조정만 대부터 노론으로 편입되었음을 알 수 있다.

옥수의 조부 잉헌剩軒 조학춘趙學春(1755~1817)은 학문과 덕행이 높아 정조의 각별한 지우를 입었고, 김이도金履度 김조순金祖淳 등 안동 김씨 인물들과 막역한 사이였으며,⁶ 김정희의 종조從祖가 되는 김태주金泰柱의 사위였다. 벼슬은 서흥도호부사에 이르렀다.

백부 여원茹園 조기복趙基復(1773~1839)은 김조순 집안과의 세교를 이어 김조순의 아들 김유근金逌根의 딸을 며느리로 맞아 들였고, 김정희와 그의 부친 김노경金魯敬과도 막역했기에 김정희는 조기복의 묘표에 손수 글씨를 써 주었다고 한다. 그리고 김려金鑢(1766~1822)·김선 형제와도 허물없는 사이였다.⁷ 벼슬은 경주부윤에 이르렀다.

3_ 이 두 분은 임진왜란 때 어머니를 범하려는 왜군에 맞서 순절했고, 그것을 기려 나라에서 정문을 내려주었기에, '쌍효자골' 이란 지명이 생겨났다고 한다. 또 현재 효자동 경복고등학교 구내에는 조원이 새긴 것으로 전해지는 '운강대'雲江臺란 글자가 남아 있다(종로구, 『종로의 명소』, 1994, 82면 참조).
4_ 조희일이 방자한 명나라 장수 모문룡毛文龍을 뛰어난 언변으로 눌러 주었다는 일화가 유명하다(민족문화추진회, 『국역 임하필기 4』, 1999, 215면). 또한 조희일은 조선 중기의 문인 졸수재拙修齋 조성기趙聖期(1638~1689)의 종조從祖가 된다.
5_ 권22, 「오재공의 유상에 인사를 드리고」(瞻拜寤齋公遺像 幷小記)
6_ 권32, 「서흥부사공묘표」 장5뒤~6앞 참조.
7_ 권32, 「세부경주공가장」世父慶州公家狀 장16앞 참조.

부친 조기항趙基恒(1779~1827)은 선친의 가까운 벗이었던 김이도의 사위였으며, 역시 세교를 이어 김조순, 김유근, 김정희, 김선 등과 친분을 유지했다. 특히 김선과의 교분이 깊어, 김선이 문자옥文字獄에 휘말려 거처를 정하지 못하고 있을 때, 자신의 집에서 지내도록 할 정도였다.[8] 벼슬은 순안현령에 이르렀다.

숙부 행인幸人 조기겸趙基謙(1793~1830)은 1828년 흥선대원군의 부친 남연군南延君 이구李球가 진하사로 연경에 갈 때 서장관으로 동행한 일이 있고, 벼슬은 호조참의에 이르렀다. 천문 수학에 밝았던 남병길南秉吉(남병철의 동생)이 그의 사위였다.

한편, 옥수의 외조부 되는 김이도(1750~1813)는 자가 계근季謹, 호가 송원松園, 시호가 정헌正獻으로 이른바 '노론 사대신'의 한 명인 김창집金昌集의 증손이다. 그는 자신의 형 김이소金履素와 함께 연암 박지원의 절친한 친구였는데, 김이도는 박지원의 인품과 문학에 대한 이해가 깊어, 박지원의 해학을 사람들이 비난하자 "연암처럼 매서운 기상과 준엄한 성격을 지닌 사람이 만일 우스갯소리를 해대며 적당히 얼버무리지 않았다면 아마 지금 세상에 위태로움을 면하기 어려웠을 게야" 하고 변호해 주었다는 일화가 유명하다.[9] 옥수의 기록에 의하면, 김이도 자신도 해학을 매우 즐겼다고 한다.[10]

옥수는 두 명의 남동생과 두 명의 누이가 있었다. 첫째 동생 조장호趙章鎬(1815~1891)는 백부 조기복에게 출계出系하여 위에서 언급한 바와 같이 김유근의 사위가 되었고, 벼슬은 충주목사를 역임했다. 둘

8_ 권32, 「선부군가장」先府君家狀 장25앞 참조.
9_ 박종채 지음·박희병 옮김, 『나의 아버지 박지원』, 돌베개, 1998, 79면 참조.
10_ 권28, 「외사촌 형님을 축하하는 편지」(賀北伯外兄書)

째 동생 조단호趙端鎬(1818~1892)는 임피현령을 역임했다. 첫째 누이는 이승원李承元(1803~1841)에게 출가하고, 둘째 누이는 홍종서洪鍾序(1809~1868)에게 출가했는데, 이승원과 홍종서는 모두 옥수의 절친한 시우詩友들이었다. 이 밖에 옥수의 6촌 동생 조경호趙慶鎬(1839~1914)가 흥선대원군의 사위였다는 점도 그의 가계에서 주목해야 할 사항이라 할 수 있다.

이상에서 볼 수 있듯, 조원 이래로 서울에 세거했던 옥수 집안은 경화京華의 거족巨族은 아니었지만, 혼인 관계나 교유의 측면에서 볼 때 안동 김씨·경주 김씨와 같은 경화거족들과 밀접한 관계였으므로, 넓은 의미의 '경화사족'京華士族으로 볼 수 있다.[11]

옥수는 1804년 2월 7일(순조 3년 계해 12월 26일)에 태어나, 1887년 11월 16일(고종 24년 정해 10월 2일) 향년 85세로 타계했다. 옥수에 대한 행장이나 묘지 문자가 아직 발굴되지 않아 그의 생애를 파악하는 데 어려움이 있기는 하지만, 그의 일생은 ① 출생 이후 1836년까지의 수학기修學期, ② 1837년 진사 급제 후 1858년까지의 사환기仕宦期, ③ 이후 말년에 이르는 한거기閑居期의 3단계로 대략 나누어 볼 수 있다.[12]

옥수는 서울 북촌에서 나고 자랐는데, 옥수 대에 이르러서는 가세가 많이 기울었던 듯하다. 서울 효자동에는 옥수 집안이 대대로 기거

11_ '경화세족', '경화거족', '경화사족' 등의 용어들이 학계에 널리 쓰이고 있으나, 그 정확한 함의에 대해서는 아직 뚜렷한 합의가 없다고 할 수 있을 정도로 다소 모호하고 편의적인 경향이 있다. 논자에 따라서는 세도가와 같은 벌열에서부터 중인층에 이르기까지 서울에 살았던 문인을 통칭하는 개념으로 확장해서 쓰기도 하고(유봉학, 『조선후기 학계와 지식인』, 신구문화사, 1998), 벌열 가문에만 한정해서 쓰기도 한다(강명관, 『조선시대 문학예술의 생성 공간』, 소명, 1999). 이 책에서는 옥수 집안이 3대 이상 서울에 세거했으며, 양반의 신분으로 고위 관료들을 배출했다는 의미에서 '경화사족'으로 보고자 한다.
12_ 김명호, 앞의 논문, 307면의 견해를 수용한 것이다.

했던 '청간당'聽澗堂이 있었는데, 이 집에는 '쌍효자'에게 내린 정려문이 있고 영조가 '양정재'養正齋라고 써서 내려 준 현판이 걸린 유서 깊은 집이었으나, 집안이 "영락하고 일이 풀리지 않아 바깥채는 다른 사람에게 세를 준 것이 거의 수십 년"[13]이었다고 한다. 또 옥수가 쓴 「선고유사」先考遺事에는 옥수의 어릴 적 집안 분위기를 짐작할 수 있는 일화가 소개되어 있다.

> 교동 집에서 살 때 큰사랑 서남쪽 복실複室은 증조할아버지의 침소였고, 큰방은 위 아래로 나누어 할아버지 세 형제분이 거처하셨다. 마루는 아버지의 형제·사촌들이 쉬시는 곳이었는데, 겨울에도 또한 문을 막고 화로를 피우며 지내시니 밑에는 개가죽 몇 장만이 깔려 있을 뿐이었다. 아버지 형제분들은 매일 밤 마루에서 주무시다가 혹한이 닥치면 자리와 화로를 거두어 들고 사랑채 아랫방으로 들어가셨다. 오늘날 자제들이 편안함만을 좇는 것과 견주어 보면 족히 세태를 논할 수 있다.[14]

옥수의 증조부 조덕형趙德洞은 1806년에 타계했다. 그러므로 위의 정경은 옥수가 서너 살 때의 모습일 터이니, 옥수는 바로 이 교동 집에서 나고 자란 것으로 보인다. 조덕형 이하 4대의 대가족이 분가하지 않고 한 집에 모여 살았다는 점이 인상적인데, 옥수는 넓지 않은 집

13_ 권30, 「청간당수집기」聽澗堂修葺記, 장8뒤 참조.
14_ 권32, 「선고유사」, 장35앞. "在校洞齋, 大舍廊西南複室爲曾王考寢所, 大房分上下, 祖考三兄弟處之, 廳事則府君諸從昆弟休息, 冬亦塗閣熏爐, 下藉狗皮褥數領而已. 府君兄弟, 每夜於廳事寢, 處若值祁寒, 携褥及爐, 入處大廊下房. 以近日子弟占便者觀之, 足可以論世也."

에서 많은 식구가 검소한 생활을 했다는 점을 강조하고 있다.

하지만 부친 조기항이 어린 옥수를 훈계하며 "내가 배움에 뜻을 두었건만 이루지 못한 것은 가난한 살림에 부모님을 공양하느라 힘을 쏟을 겨를이 없었기 때문이니라. 너는 지금 배불리 먹고 따뜻한 곳에서 편히 사는데, 글 읽기를 즐겨하지 않음은 어째서이냐?"[15]라고 했던 말에서 옥수가 가난 때문에 고통을 당하지는 않았음을 짐작할 수 있다.

옥수의 부친 조기항은 김정희, 김선 등과 매우 가깝게 지냈으며, 이러한 인연으로 옥수는 어려서 이 두 사람에게서 가르침을 받을 수 있었다. 옥수가 만년에 김선의 손자 김기수에게 보낸 「김창산에게 주는 편지」(與金倉山書)에는 "내가 아이였을 때 서원 선생을 모신 자리에서 추사 옹을 자주 뵈었는데, 빈번한 모임에 즐거움이 지극했네"[16]라는 구절이 있어 그러한 사정을 알 수 있다. 그런데 이 시기 '스승'으로서 보다 직접적인 가르침을 베푼 이는 김선이었다. 옥수는 「회인절구」懷人絕句에서 "(김선은) 삼청동의 집청대集淸臺에 집을 마련하고 내게 시문을 가르쳐 주셨다. 내가 이만큼이나마 훈도를 입을 수 있었던 것은 공의 힘이다"[17]라고 직접적으로 회상하고 있으며, 『옥수집』에 실린 1850년 이전 자료에서 김정희에 대한 언급이 거의 발견되지 않는다는 점도 이러한 추측을 뒷받침한다.

1821년 옥수의 나이 19세 때, 모친 안동 김씨가 전염병에 걸려 세상을 떠났다. 이때 서울에는 전염병이 창궐했는데, 옥수의 부친 조

15_ 권32, 「선부군가장」, 장25뒤. "吾志學而未就, 貧家養親, 餘力不暇. 及汝, 今飽暖逸居, 不喜讀書何?"
16_ 권28, 「김창산에게 주는 편지」, 장53앞. "晁, 童年, 侍於犀園先生(鐥, 倉山之祖父), 亟覩秋史翁, 憧憧來會, 而盡其歡."
17_ 권16, 「회인절구」, 장29앞. "屋於三淸之集淸臺, 以詩文誨後生, 後生之能及今薰沐, 公之力也."

기항이 궁궐에서 숙직을 하여 집에 들어오지 못하는 동안 집안의 상례를 치르느라 분주하던 모친이 전염병에 걸려 죽고 만 것이다. 옥수는 후에 「선비행록」先妣行錄을 지으며 이때의 일을 가슴 아프게 회상했다.

1825년 옥수의 부친 조기항은 평안도 순안현령으로 부임했다. 이것을 계기로 옥수는 칠보산, 묘향산 등 서북 지방을 두루 유람할 수 있었다.[18] 그런데 1827년 순안 관아에 화재가 발생하여 온 가족이 몰살당할 뻔했던 사건이 일어나기도 했다. 이 해에 옥수 일가는 서울로 돌아왔고, 조기항은 그 해를 넘기지 못한 채 세상을 떠나고 말았다.[19]

부친의 사망 이후 옥수에게는 경제적으로 많은 어려움이 따르고,[20] 1832년에는 부인 연안 이씨마저 세상을 떠났기에[21] 옥수에게는 이때가 여러모로 힘든 시기였을 것으로 짐작된다. 그러나 삼십대에 들어선 옥수는 선비로서의 패기를 잃지 않고 있었다. 1835년에 지은 오언고시 「나의 뜻」(我意)에서는 "지난 시절 비록 이룬 것 없으나, 이제부터 족히 도모할 수 있으니 / 원컨대 거대한 바람을 가져다가, 곧바로 구만리장공을 맑게 만들겠노라"[22]며 힘찬 포부를 밝히기도 했다. 또 만년인 1886년에 지은 「병중에 무료하여 서쪽 이웃 젊은이들의

18_ 「悤秀」, 「降龍山法興寺(在安定縣北)」, 「妙香山並小記」(권 1) 참조.
19_ 권32, 「선부군가장」, 장26; 권32, 「선고유사」, 장37~38.
20_ 권1, 「애궁」哀窮; 「새해 첫날 새벽꿈을 기술하다」(恭逑元日曉夢 少紆悲慕之情). 「애궁」은 이 책 4장에서 자세히 다루도록 하겠다.
21_ 부인 연안 이씨는 이서李壻의 따님으로, 이서는 이귀李貴(1557~1633)의 8대손이며 경주 김씨 김노영金魯永의 사위이다. 김정희가 출계하여 김노영의 대를 이었으므로, 옥수는 김정희의 생질서甥姪婿가 된다. 옥수가 연안 이씨와 언제 결혼했는지는 문집이나 족보에 나타나 있지 않다. 이후 옥수는 무송茂松 윤씨尹氏와 재혼했는데, 이 역시 언제 혼인을 했는지는 명확하지 않다.
22_ 권2, 「아의」, 장25앞. "往者雖無爲, 來者足以計. 願借長風力, 九萬立可霽."

시를 읽고서 되는대로 짓고 쓴 것이 열 편에 이르러서 그쳤다」(病裏無聊 得西隣少年詩韻 隨作隨書 乃至爲十作而止)에서는 자신의 젊은 시절을 회상하며 "나의 초심은 우리 임금과 백성을 요순시대의 군민으로 만듦이었으니, 태평성세의 재상이 되어 천하에 미치고자 하였네"(初心堯舜我君民, 玉燭調元及廣輪.)라고 읊고 있어 '수학기' 시절 옥수의 드높은 기상을 그려 볼 수 있다.

  1837년 옥수는 식년시에서 진사가 되고, 이듬해 '서오릉'에 속하는 경릉敬陵의 참봉이 됨으로써 그의 '사환기'는 시작된다. 1844년에는 종묘를 관리하는 '태침랑'太寢郎에 제수되고,[23] 이듬해 1845년에는 평안도 삼등현령에 부임했으며,[24] 1847년에는 전라도 순창군수로 나갔다.[25] 이때 전라좌도 암행어사였던 이교영李敎英의 보고에 의하면, 옥수는 소송을 잘 처리하고 학문을 진작시켜 백성들로부터 칭송을 받았다고 한다.[26] 곧이어 이듬해 1848년에는 평양서윤이 되었다.[27] 이 때까지는 대체로 순조로운 관직 생활이었다고 할 수 있다.

  그러나 이 시기에 지어진 작품이 거의 남아 있지 않은 것으로 보아 시인으로서의 창작 활동은 침체를 맞았던 것으로 보인다. 그런데 관직 생활의 초기라 할 수 있는 1842년에 지은 「숙직」(直中)에는 "원래 내가 아무 재주 없으니, 능력을 펼칠 일도 없구나. (중략) 내 나이 이제 마흔, 괴로운 마음은 그만두고 싶네"[28]라는 독백이 보여 관직 생활이 그

23_ 권3, 「태침랑에 제수되어 숙직을 하며」(除拜太寢郎 肅命入直)
24_ 권3, 「능성의 임소로 떠나며」(將赴能城任所 次松京作〔乙巳〕)
25_ 권3, 「순창군에 제수되어 남쪽으로 가다」(移拜淳昌郡 南下)
26_ 『일성록』日省錄 헌종 13년 11월 26일 기사 참조.
27_ 권3, 「평양에 새로 부임한 지 열흘 남짓 되어 교방의 무리들을 관아에서 나가 편의대로 살도록 하다」(新莅浿城旬餘 令敎坊小隊放衙 從便住家 戲題)

에게 내면적 만족감을 주지는 못했음을 짐작할 수 있다.

평양서윤으로 재직 중이던 1850년, 옥수의 인생길을 바꾸어 놓는 사건이 일어났다. 암행어사 이삼현李參鉉의 탄핵으로 옥수가 파직당하는 일이 벌어진 것이다. 이삼현이 이 사건에 대해 작성한 서계[29]를 살펴보면, 옥수의 죄는, '포흠逋欠을 징수하는 과정에 간활한 무리들이 개입하여 경내가 참혹한 지경에 이르게 되었는데도 관리 감독을 제대로 하지 않았다'는 것이었다. 이에 대한 자세한 내막을 알 수는 없으나, 옥수가 목민관으로서 제 역할을 다하지 못했다는 책임을 면하기는 어렵다고 보이며, 이는 '사'士로서 적지 않은 불명예였을 것이다. 이때의 심경을 옥수는 그의 시 「암행어사가 '직분을 수행치 못했다'고 보고를 올렸다는 소식을 듣고 인끈을 풀어 대죄하다가 배를 타고 대동강을 건너는데 전송하는 백성들이 많았다」(聞繡啓以不職論 解紱待罪 渡浿江船 民士多送之者 _권4)에서 이렇게 토로했다.

삼 년간 쌀값 높아 고생도 많았을 터에	苦負三年米價多
평양 사람들 어인 일로 이별 노래 애절한가?	浿人何事悵離歌
돌아가는 내 마음 저 대동강 물과 같아	歸心有似同江水
종일 부는 동풍에도 파도는 일지 않누나.	盡日東風不作波

참담한 상황에서 마음은 오히려 차분해져 갔던 당시 옥수의 심경이 잘 표현되어 있다. '직분을 다하지 못한' 과오를 부정하지는 않지

28_ 권3, 「숙직」 장15앞. "元我不材甚, 仍無事可陳. (중략) 賤齒纔强仕, 苦心欲已休."
29_ 원문은 이삼현의 문집 『종산집』鍾山集(장서각 소장)의 11책, 「서부만록」西斧謾錄에 실려 있고, 『일성록』(철종 원년 3월)에는 이것이 축약되어 실려 있다.

만, 자신을 전송하러 나온 백성들을 시에 등장시킨 데서 지방관으로서 자신의 역할이 헛되지만은 않았음을 확인하고 싶어 하는 그의 마음도 읽을 수 있다.

그런데 이 사건은 옥수의 인생을 새로운 방향으로 이끄는 계기가 되기도 했다. 파직을 당하고 서울에 돌아와 지내는 동안 김정희의 문하에 본격적으로 출입하며 옥수의 예술 세계가 크게 변모하게 된 것이다. 이때 마침 김정희는 9년간의 제주도 유배 생활을 마치고 노량진 건너편의 한강변에서 지내고 있었으니,[30] 두 사람의 해후는 공교로운 점이 있다. 옥수는 김정희의 문하에 드나들며 고동서화에 대한 식견을 높였다. 특히 예서隸書에서 큰 진전을 이루었으며 시풍도 일신하게 되었다. 또 김정희는 옥수에게 자신의 글씨와 소장품을 아낌없이 주었다. 이러한 점으로 보면 옥수는 김정희에게 큰 사랑을 받았던 만년 제자였다고 할 수 있을 것이다.[31]

그런데 평양서윤에서 파직된 것으로 옥수의 사환길이 아주 끊어진 것은 아니었다. 옥수는 파직된 이듬해인 1851년(철종 2) 다시 복권이 되고,[32] 1855년에는 호조정랑에 임명되어 1857년 3월(음력. 이하 동일)에는 순원왕후의 칠순을 맞아 거행한 진찬례의 의궤를 작성하기도 하고,[33] 같은 해 5월 창덕궁 인정전을 중수할 때는 상량문을 짓기도 했다.[34] 그리고 같은 해 9월에는 경상도 의성현령에 임명되었다.[35]

30_ 유홍준, 『완당평전』 2, 학고재, 2002, 530~532면 참조.
31_ 유홍준, 위의 책, 676~677면 참조.
32_ 『일성록』 철종 2년 1월 4일 기사 참조.
33_ 『일성록』 철종 8년 3월 19일 기사 참조.
34_ 『일성록』 철종 8년 5월 6일 기사 참조.
35_ 권5, 「의성현령에 제수되어 사원에 이르러 인침이 있는 언덕을 바라보고 나의 마음을 공손히 기록한다」(除義城令 行到沙院 瞻望仁寢岡櫕 恭述賤私)

그런데 의성현령 시절 옥수의 사환길이 결정적으로 좌절되는 사건이 일어났다. 1858년 3월 또다시 암행어사의 탄핵을 받은 것이다. 이때의 암행어사는 임응준任應準이었는데, 이번에는 죄목이 더욱 무거워 아전들의 부정을 눈감아 주는 대가로 돈을 받았다는 '탐장'貪贓의 죄목이 더해졌고,[36] 끝내 평안도 강서江西 지방으로 유배를 가게 되었다. 이 사건도 역시 자세한 내막을 알기는 어려운데, 옥수가 의성현령으로 내려가 있을 때 지은 시 구절 가운데, "보이는 것이라곤 황량함뿐, 수탈당한 저 모습 가슴 아프네"(湊目陳荒甚, 傷心掊克爲.)[37] 라거나, "백성들이 죽거나 살거나 아전들은 개의치 않네"(民死民生吏不干)[38]라는 말들이 보여, 적어도 옥수가 아전들의 횡포를 부정적으로 인식하고 있었음은 확인할 수 있다. 하지만 탄핵을 당한 이후에 지은 시 구절 가운데에 "나는 만 번 죽어도 죗값을 다하지 못하리"(賤臣萬死猶餘罪)[39]라는 말이 있어 자신의 죄를 부인하지도 않았음을 확인할 수 있다.

조선 후기에는 수취 제도를 둘러싼 구조적 부정부패가 만연하여, 수령이 지방 이속吏屬을 통제하기는커녕, 오히려 그 위세에 눌려 이들과 결탁해 부패를 일삼는 것이 일반적이었다는 점을 감안하더라도,[40] 옥수의 처신은 '사'士로서의 제 역할을 다하지 못한 것이었다. 게다가 그는 비슷한 과오를 두 번이나 되풀이했다. 그의 낭만적 기질이 행정

36_ 『일성록』 철종 9년 3월 22일 기사 참조.
37_ 권5, 「외령 북쪽은 산세가 더욱 깊다. 현령이 돌아보기를 마치도록 시를 짓지 못했다. 드디어 부끄러운 마음을 기술한다」(外嶺以北 山意又深 縣令倉巡卒 卒無佳韻 遂述慙愧之情)
38_ 권5, 「안평창에서 조세를 감독함」(安平倉閱租)
39_ 권5, 「옥중의 밤」(獄夜)
40_ 이상엽, 「조선후기 지방행정에 있어서 수령의 역할과 부패 유발구조」, 『한국지방자치학회보』 1, 한국지방자치학회, 2002.

이나 정치와는 어울리지 않았던 게 아닌가 생각된다.

그런데 정작 이목을 끄는 것은 너무도 솔직한 옥수의 태도이다. 위의 시 구절들에서도 그러한 점을 볼 수 있거니와, 옥에 갇혀 진술서를 쓰면서, "어찌해야 나를 속이지 않을까"(如何不自欺)[41]라며 자신을 합리화하려는 유혹을 경계하고, 유배지에서 맑은 시냇물을 대하고는 "더러운 이 마음 억만 번이라도 씻어내자"(濯濯贓心億萬番)[42]고 다짐하기도 했다. 이외에도 그는 여러 편의 시와 산문에서 자신의 과오를 언급했기에, 『옥수집』을 읽는 이들은 모두 그가 탐장죄인이었다는 사실을 알게 된다. 최소한 옥수는 자신의 허물을 감추고 분식하는 기만은 부리지 않았던 것이다.

앞뒤의 사정을 종합해 볼 때, 옥수의 허물은 그것대로 인정하지 않을 수 없을 듯하다. 아무리 당시 지방 행정이 문란했다 해도 이서구 李書九(1754~1825)나 박규수처럼 목민관으로서 성공한 사례가 없지는 않았다. 옥수는 보통의 평범한 사람들과 마찬가지로 인간적 나약함을 극복하지 못했던 것이다.

그러나 옥수는 그러한 자신의 '하찮음'을 정직하게 응시하고 성찰하며, 또 솔직하게 표현할 수 있는 용기를 지니고 있었다는 점에서 그의 '하찮지 않은 면'을 발견하게 된다. 그리고 이러한 점은 그의 후반부 인생을 '시인'으로 거듭나도록 이끈 원동력이기도 했다. 옥수의 시문학이 발산하는 매력은 상당 부분 자신의 모습 그대로를 꾸밈없이 드러내 보이는 데서 기인한다고 볼 수 있다.

41_ 권5, 「옥중에서 동생에게 주다」(繫獄 寄兩弟)
42_ 권5, 「아침에 일어나 머리를 손질하니 우연히 동파공의 시제와 일치되어 마음이 흡족하였다. 걸어 숲으로 가니 상쾌하기 이를데 없었다」(朝起理髮 偶契坡公一適 步出林中 濯濯不已)

한편, 강서 유배 생활을 기점으로 옥수의 '한거기'가 시작되는데, 유배 생활이 오래 간 것은 아니고 그해(1858) 가을에 해배 소식을 들을 수 있었다.[43] 해배 이후 옥수는 선영이 있는 파주로 가서 약 2년 동안 은거하며 지내다가 1860년 서울 집으로 돌아왔다. 이때부터 옥수는 경제적으로는 어려운 처지이지만, 매화와 서화를 즐기고 왕성하게 시문을 창작하는 본격적인 문사의 삶을 살았다.

이즈음 옥수는 자신을 '스스로 알지 못함을 스스로 알고 있는 사람'이란 뜻의 '자지자부지선생'自知自不知先生이라 자호하고,[44] 자신의 서실을 '자지자부지서옥'이라 불렀는데,[45] '자지자부지'라는 묘한 말에서 옥수 특유의 자의식이 감지된다. 다음은 각각 옥수가 지은 「자지자부지선생전」과 「자지자부지서옥기」의 첫머리이다.

> 선생은 어디 사람인지 모른다. 알봉閼逢(갑甲의 고갑자) 이전, 소양昭陽(계癸의 고갑자) 이후에 태어났으니 사람들은 그가 몇 살인지 알지 못한다. 태어나면서부터 남들과 달라, 눈으로는 청황靑黃의 색을 구분하지 못하나 때때로 모기의 눈썹을 살필 수 있고, 귀로는 종고鐘鼓 소리를 듣지 못하나 개미들이 싸우는 소리는 들을 수 있으며, 손은 뜨거운 것을 집고도 물에 넣지 않으며, 발로 얼음판을 밟아도 거리낌이 없었다. …… 때로는 의관을 정제하고 향을 사르며 성현의 글을 읽기도 하는데, 삿갓 쓰고 호미질 하는 것을 잊은 날은 없었다. 사람들은 모두 "이 병은 종잡을 수가 없어"라고들 말했다. 차와 술에 대한 품평을 시로 쓰

---

[43] 권6, 「집의 편지를 보니 풀려나는 은혜를 입었다. 감읍하고 하늘을 보았다」(得家書 蒙霈澤宥旨 感泣瞻天)
[44] 권30, 「자지자부지선생전」自知自不知先生傳(癸亥)
[45] 권30, 「자지자부지서옥기」自知自不知書屋記

고, 거문고 타고 바둑 두는 모습을 그림으로 그려냈다······.[46]

집은 세 칸. 밖에는 장치극長齒屐이 하나, 무늬 없는 짚신이 하나, 그 곁에 세워진 얼룩무늬 대지팡이 하나. 안에는 내걸은 발 하나, 단비서短鼻鉏 하나 난간에 달려 있다. 또 안으로 북쪽에는 나무를 깎아 만든 의자가 하나, 씻는 연기蓮器 하나 들여 놓았다. 또 방안 조금 남쪽에서는 어린 매梅 하나 늙은 매 하나에다가, 또 잎이 나고 망울을 머금은 분수선盆水仙 일곱이 밖을 보고 있다. 또 그 오른쪽에는 해진 그림과 법서法書로 엮은 작은 병풍이 둘러 있다. 남쪽 한 귀퉁이의 나무 탁자 위에는 선로宣爐가 하나, 한와漢瓦가 하나, 대죽으로 엮어 만든 좀먹은 구종裘鍾이 하나, 오래된 먹이 둘, 새 먹이 하나, 작은 산탁필散卓筆이 하나, 새 붓과 낡은 붓이 합해서 일곱, 악찰惡札이 스무 편. 그 왼쪽에는 십삼경十三經이 하나의 커다란 함, 사서史書 함이 하나, 당송시문唐宋詩文이 네 함······.[47]

「자지자부지선생전」은 이가원 선생이 지적한 바와 같이 도잠陶潛의 「오류선생전」五柳先生傳과 백거이白居易의 「취음선생전」醉吟先生傳을 연상케 하는 흥취를 지니고 있다.[48] 이 글에서 화자는 자신이 상식

---

[46] "先生不知何許人, 生於閼逢之前·昭陽之後, 人不知其年也. 生而異人, 目不視青黄之色, 時察乎蚊睫; 耳不聽鐘鼓之聲, 亦聰於蟻鬪; 手執熱而不濯; 足履氷而不戰. ······ 時有整衣冠焫香, 讀聖賢書, 亦未嘗一日忘鋤笠, 人皆曰, '是疾, 莫可測' 若品茶評酒, 發而爲詩, 撫琴賭碁, 繪之於畵······."

[47] "屋三間, 外長齒屐一, 草履不絢者一, 傍植紋竹一杖. 內懸簾簧一, 短鼻鉏一帶在檻格, 又內北, 安斲木靠椅一·陶洗蓮器一, 又內少南蓄小梅一·老梅一, 又盆水仙抽葉胚花者七暴於外, 又右小屏敗畵法書綴之者一圍之. 南一方木杌上, 宣爐一·漢瓦一·大竹連蠹裘鍾一·古墨二·新墨一·小散卓一·雜毫新敗者並七·惡札二十片, 乃左十三經一大函·史函一·唐宋詩文四函······."

적 인간과는 구별되는 특이한 존재임을 유머러스하고 낭만적인 필치로 그리고 있어, 이 시기 옥수가 자신의 정체성을 어떻게 세워 갔는지를 엿볼 수 있다. 벼슬길에서의 좌절감이 행간에 배어 있으며, 현실과는 거리를 둔 고아한 문인 취향의 예술 세계로 침잠하려는 욕구가 감지된다.

「자지자부지서옥기」는 동사가 거의 사용되지 않는 독특한 문장 구조를 취하고 있는데, 이는 곧 완연한 만명晩明 소품체임을 느낄 수 있다. 문인 취향의 고아한 예술 세계를 펴기 위한 생활공간이 구체적으로 그려지고 있는데, 실제로 이 시기에 창작된 옥수의 한시들에는 이와 같은 문인 취향의 예술 취미를 소재로 한 작품들이 다수 보인다. 이러한 점들은 옥수가 경화사족의 일원으로서 당시 서울에 유행하던 예술 취향을 공유하고 있었음을 보여준다.[49]

옥수가 사士로서 큰 좌절을 한 것은 사실이지만, 그렇다고 스스로 '사'의식을 저버린 것은 아니었다. 1866년의 병인양요, 1871년의 신미양요 발발 등으로 시국이 위태롭게 전개되자, 옥수는 '사'로서의 우국 정신에 충만하여 두 차례 양요의 전개 과정을 각각 「서사잡절」西事雜絶과 「후서사잡절」後西事雜絶이라는 제목의 장편 한시로 그려냈다. 이 「서사잡절」 전후편은 양요의 발발 원인에서 결말까지의 과정을 자세하게 추적하고 있어, 사료적 가치가 매우 클 뿐만 아니라, 민족사의 대사건인 두 차례의 양요를 본격적인 문학으로 형상화한 유일한 예라는 점에서도 매우 중요한 문학사적 가치를 지니고 있다. 또 구체적 서술에서도, 비판 정신과 풍자 정신이 날카롭게 번뜩이고 있어 문학적

48_ 이가원, 앞의 책, 81면 참조.
49_ 경화사족의 예술 취향에 대해서는 강명관, 「조선후기 경화세족과 고동서화 취미」, 『조선시대 문학예술의 생성 공간』, 소명, 1999 참조.

흥미도 수준 높게 담보되어 있다. 요컨대, 이「서사잡절」전후편은 옥수의 한시 문학에서 가장 정채를 발하는 부분이라 할 수 있다.

이 시기 옥수의 신변을 살펴보면, 1866년에는 고종 임금의 비妃를 간택할 때 그의 딸이 재간택에까지 오른 일이 있었고,[50] 1869년에는 옥수의 두 번째 부인 무송 윤씨가 또한 먼저 세상을 떠났다. 그러나 1860년대 후반기 옥수 생애에서 무엇보다 중요한 것은, 옥수가 어느덧 시단의 원로가 되어 이때부터 차차 김기수金綺秀·어윤중魚允中(1848~1896) 등의 신진 문사들이 주위에 모이기 시작했다는 점이다.

그런데 '한거기'에도 옥수가 벼슬과 완전히 단절되었던 것은 아니었다. 1865년에는 공릉참봉에 제수되었다는 기록이 보여 그가 다시 환로와 인연을 맺게 되었음을 알 수 있고,[51] 1871년에는 장악원정에 제수되었으며,[52] 1875년에는 통정대부로 품계가 올라 공조참의에 제수되었다.[53] 또 1882년에는 가선대부에 가자되어 동지돈녕부사와 호조참판에 잇따라 제수되었고,[54] 1883년과 1884년에도 동지의금부사에 제수되었다는 기록이 보인다.[55] 이처럼 옥수에게 벼슬은 계속해서 내려졌지만,[56] 실제 옥수가 관직에 있었던 기간은 얼마 되지 않았다. 예를 들어, 1882년 호조참판에 제수되었을 때는 닷새도 안 되어 갈리었으며,[57] 이후 두 차례 동지의금부사에 제수되었을 때는 옥수 스스

50_ 『일성록』고종 3년 2월 29일 참조.
51_ 『승정원일기』고종 2년 12월 22일 참조.
52_ 『승정원일기』고종 8년 5월 3일 참조.
53_ 권18,「정직을 지낸 칠십 세 이상을 가자했는데 내 이름도 끼었다」(蒙正職七十以上加資 賤名亦齒);「새로 공조참의에 제수되어 숙배를 하고서 모화관에 나가 사대하다」(新授工曹參議 肅謝後 出慕華館 查對);『승정원일기』고종 12년 5월 23일 참조.
54_ 『승정원일기』고종 19년 1월 2일; 1월 12일; 3월 11일 참조.
55_ 『승정원일기』고종 20년 8월 11일; 고종21년 2월 17일 참조.
56_ 이외에도 몇 차례 군직軍職이 내려졌다.

로 3일이 지나도록 임금에게 숙배肅拜를 하지 않아서 조정에서는 그에 대한 추고推考 논의가 나올 만큼,[58] 옥수 스스로가 관직에 연연하지 않았다. 그럼에도 불구하고 계속해서 벼슬이 내려졌던 것은, 아마도 그의 생계를 걱정하는 시우詩友들의 배려가 아니었을까 추측된다.

1870~80년대에 옥수 신상에 별다른 변화는 없었다. 가난 속에서 시우들이 물심양면으로 도와주는 것에 힘입어 예술 활동을 이어 가는 나날의 연장이었다.[59] 그러한 가운데, 옥수가 서울 북촌시단에서 차지하는 비중은 점점 더 커져 갔다. 다음은 옥수가 1885년에 지은 「가소」可笑(권25)라는 작품이다.

여기가 어느 곳이냐	此地卽何地
조선의 한양성이라.	朝鮮漢陽城
여든세 살 늙은이	八十三歲翁
스스로 조옥수라 하네.	自謂趙玉垂
열셋 되고 열넷 지나 열다섯에 이를 적엔	十三十四至十五
모두들 기상이 성대하다 말들 하였지.	人人皆說盛氣宇
한세상 음풍농월 희롱하면서	風花月露玩一時
오래도록 북촌시사 주인이었네.	北里久作詩社主
이름이 천상의 신선 반열에 오른 것도 아니요	題名未參天上仙
호미 잡고 산 아래 땅을 갈지도 않았네.	把鉏不耕山下土

57_ 호조참판에 제수된 것이 3월 11일인데, 『승정원일기』 고종 19년 3월 16일자 기사에서는 조면호를 '전 호조참판'이라 호칭하고 있다.
58_ 『승정원일기』 고종 20년 8월 13일 참조.
59_ 권24, 「근일 나의 빈한함을 도와주는 자들이 많이 있으니 감격하여 이루 말할 수가 없으며, 비로소 빈한함이 부유함보다 나은 줄 알았다. 우연히 절구를 지어 감사한다」(近日貧而多贐我者 感激不可言 始知貧勝於富也 偶有短絶以謝)

늦봄에 인끈 쥐었던 것, 족히 말할 것 없어	晩春牽絲無足云
내직 외직 지내며 간난신고 많았어라.	節次內外多辛苦
오늘날 아무 아무 여러 귀인들	當世某某諸貴人
누군들 이 몸의 막역한 벗 아니런가.	孰非於我莫逆親
명운의 기박함이야 어찌 인력이 미칠 바이랴	命之畸窮豈所力
속세 떠나 귀거래에 가난 또 가난.	謝事歸來貧且貧
가회방의 다 부서진 초가집에서	嘉會坊裏破茅屋
글씨 쓰고 책 읽으매 가을 가고 봄도 가고.	硯墨書卷秋復春
요사이 박봉으로 온 식구 밥은 먹으며	近能散祿全家食
꽃과 대나무 가꾸기에 마음이 편안하네.	種花植竹怡心神
때때로 거울 집어 한가로이 비춰보면	有時引鏡閒自照
우습구나, 대머리에 탕건 쓴 모습.	可笑頹頭駿宕巾

도입부가 특이한 흥취를 자아내는데, 여기서 구태여 고유 지명과 인명을 언급하는 것은 자기 자신을 상대화하여 바라보려는 태도가 반영된 것이라 생각된다. 담담히 자신을 돌아보는 가운데, 자신이 오랫동안 북촌시사의 주도적 인물이었으며 쟁쟁한 사대부들이 그의 시우였음을 회고하는 데서 북촌시사의 중심인물이었던 옥수의 위상을 짐작할 수 있다.

만년에 이르기까지 옥수는 빈한한 삶을 이어 갔다. 거기에다 갈수록 심해지는 가려움증과 건망증은 그를 더욱 괴롭혔고, 그럴수록 희시戲詩와 담배에 탐닉하다가, 1887년 11월 16일(고종 24년 음력 10월 2일) 타계했다.

추사 김정희가 사랑한 제자

옥수의 장인 이서李壻는 김정희의 양부인 김노영金魯永(1757~1797)의 사위였다. 그러므로 촌수를 따지면 옥수와 김정희는 처숙妻叔과 생질서甥姪壻의 관계가 된다. 그리고 옥수의 조부 조학춘은 김정희의 종조 김태주의 사위였고, 옥수의 부친 삼형제는 김노영·김정희 부자와 친밀한 교유를 나누었으니, 옥수 집안과 김정희 집안은 세대를 이어 척분이 매우 두터웠다고 할 수 있다.

그런데 앞서 밝혔듯, 옥수가 김정희를 본격적으로 종유하기 시작한 때는 옥수가 평양서윤에서 파직되고 서울로 돌아왔던 1850년부터이다. 이때를 기점으로 『옥수집』에는 고동서화의 예술 세계와, 김정희 제자들과의 교유를 소재로 한 작품들이 대거 등장하게 되는데, 이 작품들에는 생동하는 활기가 느껴져 김정희와의 만남이 옥수 인생에 새로운 전기가 되었음을 알 수 있다. 예를 들어「작은 벽에 쓰다」(題小壁 _권4)와 같은 작품을 보면 이 시기 예서隸書 연마에 몰두하던 옥수의 열정이 드러나 있다.

요즘에는 날마다 '이당'怡堂 두 글자를 써서 사방 벽에다 붙여 두는 것이 생활이 되었다. 위사韋史 학사가 "예서 한 글자를 쓸 때마다 하루를 더 산다지?"라고 말하니, 대개 글씨 연습하는 생활을 조롱함이라. 내가 거기에 무슨 말을 하리오. 이에 절구를 지어 그 조롱을 받아들이노라.[60]

예서·주서는 내 밥과 차요, 초서는 쌀과 땔감이라	隸籒飯茶草米柴
서강의 모래를 다 헤아려야 내 삶이 끝나리.	西江沙數盡生涯
아침에 셋 저녁에 넷, 남은 벽이 없으니	朝三暮四無閒壁
억만당이 곧 운벽재[61]로다.	億萬堂仍運壁齋

김정희의 시집 『담연재시집』覃𡭐齋詩集에 서문을 썼던 위사韋史 신석희申錫禧는 옥수와 이종사촌 간이자 막역한 시우였다. 옥수가 글씨 연습에 몰두하는 것을 두고, 신석희가 한나라 풍습에 무덤을 만들 때 예서로 '연년익수'延年益壽(수명을 연장하고 장수하라)라고 새기던 풍조[62]에 비겨 농담을 건네자, 옥수는 그 농담을 그대로 받아 앞으로 억만년을 살 것이니 저 한강변의 모래알을 다 세어야 내 삶이 끝날 것이라고 호기를 부리는 광경이 그려지고 있다. 여기서 '서강'은 김정희가 거처하던 '강상'의 우거를 가리키는 듯하고,[63] '억만당'은 억만년을 장수하겠다는 의미를 지닌 실제 옥수의 당호였다.[64]

60_ "比日生活, 日求怡堂二字額, 揭諸四壁. 韋史學士云, 隸一字, 壽一日. 盖嘲隸以求字生活. 余何辭焉. 仍有一絶而實其嘲."

61_ '운벽'은 『진서』晉書 「도간전」陶侃傳에 근거를 둔 표현이다. 도간은 일이 없으면 아침에 벽돌을 집 밖으로 옮겼다가(運甓) 저녁이면 다시 들여와, 나태함을 경계했다고 한다. 후에 '운벽'은 각고의 노력을 뜻하는 표현으로 쓰였다.

62_ 홍괄洪适, 『예속』隸續 권20, '연년익수곽제자'延年益壽椁題字 조 참조.

1863년에 쓴 「완당예서변」阮堂隸書辨의 전반부를 보면 이 시절 김정희와의 만남을 다음과 같이 추억하고 있다.

> 내가 몇 해 전 송애松厓에서 요양을 할 적에, 우연히 완당 선생님과 예서에 대해 이야기를 나누고는 마음이 몹시 기뻤다. 하지만 눈은 이미 침침하고 손가락은 벌써 추를 매단 듯 떨리니 그 회한이 어떠했겠는가? 이때부터 되는 대로 한두 폭씩 써서 완옹阮翁께 질정을 구하니 그 논의가 엄격했다. …… 완옹께서 손수 쓰신 것을 많이 얻어 보고, 또 한비漢碑 약간 본과 당인唐人이 쓴 작품 및 근대의 여러 첩과 탁본을 보니, 실실失實과 안묵贗墨이 매우 어지러워, 진실로 나 같은 소견으로는 비슷하게도 할 수 없었다.[65]

옥수가 김정희를 본격적으로 종유하기 시작한 1850년에는 그의 나이 이미 48세였으니, 적은 나이는 아니었다. 그러나 옥수는 나이에 구애받지 않고 새롭게 마음을 다잡았음이 위의 인용문에 잘 드러나 있다. 김정희는 옥수에게 엄격한 가르침을 내리는 한편으로, 또한 그를 매우 사랑하여 수많은 글씨[66]와 그림,[67] 고동[68]을 주었다. 과연 옥수는 '강상 시절' 김정희가 가장 사랑하던 제자였다고 할 수 있다.[69]

이 시절 옥수는 이상적李尙迪(1804~1865), 허유許維(1809~1892), 강

63_ 「산원춘」山園春(권9)의 제7수에서도 김정희를 추억하며 "서강의 모래와 돌에 신필을 전하다"(西江沙石傳筆神)라고 표현했다.

64_ 권4, 「일억삼천오백년첩에 쓰다」(題億三千五百年帖 幷解) 장12앞. "일억삼천오백년으로 거처하는 집의 이름으로 삼았다."(仍以億年三千五百年, 名所居之吟館.)

65_ "冕, 曩年養疴松厓, 偶從阮堂說隸而悅之. 然眼已花, 指已鎚, 此恨如何? 自是隨手, 得一二幅, 以質阮翁, 其論嚴. ……自是多得阮翁所自爲者, 又得漢碑若干本, 以至唐人所作, 近代諸帖搨拓, 失實贗墨多眩, 固非一斑得豹猶能髣."

위姜瑋(1820~1884) 등의 김정희 제자들과도 교분을 나누고, 이를 소재로 한 작품들도 다수 창작했다.⁷⁰⁻ 그런데 그 작품들을 통해 이제까지 잘 알려지지 않았던 일화들도 볼 수 있다. 예를 들어, 허유와 관련한 다음의 일화는 『완당전집』이나 『소치실록』小痴實錄에는 보이지 않는 내용이다.

66_ 『옥수집』을 보면 김정희는 옥수에게 '반담추수일방산' 半潭秋水一方山, '종횡일만리, 상하이천년' 縱橫一萬里上下二千年, '엄연천축고선생' 儼然天竺古先生'의 예서(권4, 「일이 없어 다시 완당의 운을 쓰다」無事 復用阮堂韻 참조), '청리래금' 靑李來禽의 행서(권4, 「청애당첩에 쓰다」題淸愛堂帖 三首 참조) 등을 써 주었다고 되어 있다. 이 작품 중에 '청리래금'은 현재 간송미술관에 소장되어 있다(한국민족미술연구소, 『간송문화』 63, 2002, 27면). 이 밖에도 간송미술관에 소장되어 있는 예서 '오봉이년' 五鳳二年, 행서 '난정병사첩' 蘭亭丙舍帖 등은 김정희가 옥수를 위해 써 준 작품들이다(위의 책, 10, 26, 35면). 그런데 예서 '오봉이년'에는 "완당 노인이 이것을 써서 이당 선생에게 주었는데, 선생은 나 김옥균에게 주셨다"(阮堂老人書此, 寄怡堂先生, 先生贈我玉均.)라는 기록이 있어, 김정희의 글씨가 옥수를 통해 김옥균에게까지 갔음을 알 수 있다.

67_ 김정희는 옥수에게 '묵란수선권자' 墨蘭水仙卷子도 주고(권4, 「완당 어른의 묵란수선권자에 쓰다」題阮堂丈墨蘭水仙卷子 三首; 권9, 「완옹의 묵란으로 오소산이 소장한 매석 한 개와 바꾸려 하다」欲以阮翁墨蘭 易吳小山所畜梅石一山), 청조의 화가 주학년朱鶴年이 그리고 옹방강이 제題한 소식의 초상화, 왕림王霖의 〈동파입극본〉東坡笠屐本을 모사하고 자신이 제題한 〈동파입극도〉도 옥수에게 주었다(권4, 「동파의 초상화 두 점을 걸다」揭坡像二幀 小解 장38뒤~39앞. "하나는 주야운이 오하의 진본을 본떠 그리고 담공이 글씨를 썼고, 하나는 왕춘파의 입극도를 거듭 본뜨고 완옹이 담옹을 본떠 글씨를 쓴 것이다. 실로 낭현의 옛 소장물인데 완옹이 지금 청성으로 귀양을 가서 합병할 수가 없다."一是朱野雲摹吳下眞本, 覃公有題, 一是重摹王春波笠屐本, 阮翁倣覃題者也. 實琅嬛舊藏, 阮翁, 今吟鵩靑城, 不可以合幷.). 유홍준, 위의 책, 95면에는 주학년의 〈동파입극도〉 도판(개인소장)이 들어 있다. 그런데 옥수가 말하는 주학년의 '파상' 坡像이 바로 이 그림인지는 확실하지 않다.

68_ 김정희는 한나라 기와로 만든 벼루인 '한와연' 漢瓦硏을 옥수에게 주었다(권4, 「일억삼천오백년첩에 쓰다」; 권30, 「한와연기」漢瓦硏記). 한편으로는, 옥수가 아끼던 '춘우재보용' 春雨齋寶用이란 글자가 새겨진 벼루를 김정희가 빌려간 일도 있었다고 한다(권30, 「춘우재연 소기」春雨齋硯小記). 이 글에 의하면, 김정희는 그 벼루를 잃어버리고 말았는데, 20년 세월이 흐른 뒤에 옥수는 다시 그 벼루를 만날 수 있었다.

69_ 김정희의 일생 가운데 1849~1851년을 '강상 시절'이라 부르는 것은 유홍준, 위의 책의 견해를 빌려온 것이다. 이 책에서 '강상 시절'의 애제자로 옥수를 들고 있다(694면).

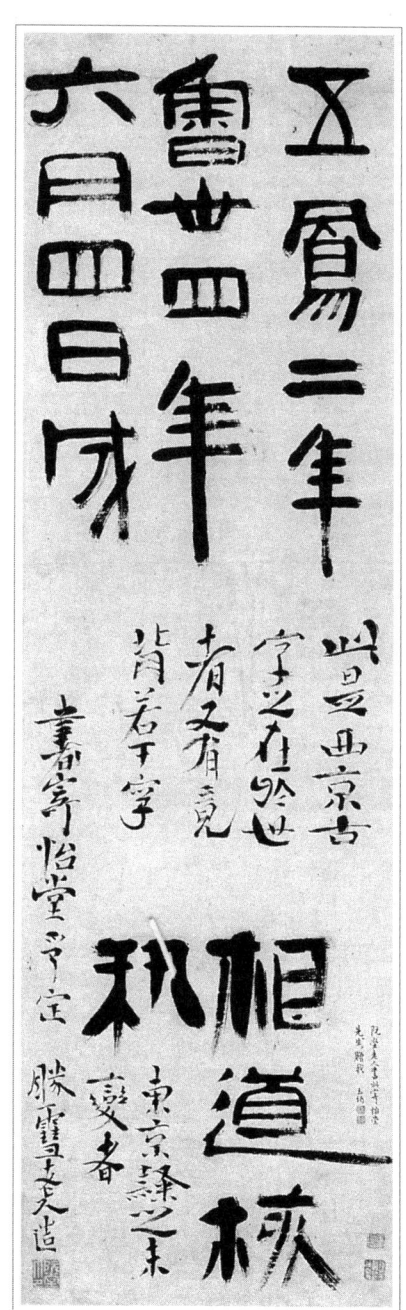

추사 김정희가 옥수 조면호에게 준 예서 〈오봉이년〉五鳳二年. 이 작품 오른쪽 하단에는 "완당 노인이 이것을 써서 이당 선생에게 주었는데, 선생은 나 김옥균에게 주셨다"라는 기록이 있다. 간송미술관 소장.

허소치가 완당의 문객이었을 때 소동파의 〈고목죽석도〉古木竹石圖의 분위기를 흉내 내어 그림을 그리고서는 스스로 신품이라 여겼다. 기뻐 소리 지르고 춤을 추며 하루 종일 밥도 먹지 않으니, 완당께서 보시고는 다만 홀로 웃기만 하다가 돌아가셨다. 저녁이 되어 소치를 불러 이르시기를, "나도 또한 하나의 '고목죽석'을 그렸다. 너는 보고 싶지 않으냐?"라 하시니, 소치가 믿지 않았다. 완옹께서는 이에 새로 쓴 해초楷草 한 폭을 펼치고 크게 꾸짖으시며, "나의 고목죽석이 너의 고목죽석과 견주어 어떠하냐?"라 하셨다. 곁에 있던 자들 가운데 눈을 휘둥그레 하지 않는 이가 없었으니, 책상 위에는 한바탕 풍설風雪의 번뜩임이 보일 뿐이었던 것이다. 서화가들이 이 이야기를 전하여 한 시대의 미담이 되었다. 지금 완옹의 묘에는 우거진 풀이 자라고, 소치는 또 호남을 떠돌고 있는데, 다만 이 부채만이 나를 따라 파주 집으로 와서 길고 짧은 낫·호미 등과 짝하고 있도다. 아!^{71_}

위 인용문은 「소치의 고목죽석 부채에 쓰다」(小癡枯木竹石扇 _권6)의 서문으로, 그 내용은 옥수가 '강상 시절' 김정희의 '삼묘서옥'三泖書屋에서 직접 목도한 것이다.^{72_} 제자의 치기어린 자만심을 바로잡아

70_ 「謝李藕船贈橋牋」(권4); 「壽李藕船六十一生辰 附小序」(권10); 「帶鍾 到季方新居 許小痴在坐 玉澗叔 又忽至 皆不期會也」(권4); 「小癡枯木竹石扇 題感 並小序」(권6); 「桐廬 携書農(金商懋 卽阮堂之子)許小癡[維]黃漢案(五) 越峴見訪 拈松穆館韻 共賦」(권7); 「又逃三韻 分屬書農桐廬小癡」(권7); 「題姜慈屺小照(阮堂先生韻)」(권4)

71_ 권6,「소치의 고목죽석 부채에 쓰다」(小癡枯木竹石扇 題感 並小序), 장59앞~뒤. "許小癡曾客阮堂, 倣坡公「枯木竹石」筆意, 自謂神品, 狂喜叫舞, 終日不食. 阮堂見之, 但孤笑而還之. 及夕, 進小癡而告之曰, "余亦作一枯木竹石, 子不欲見乎?" 小癡未知信, 阮翁乃展出新楷草一幅, 高喝曰, "吾枯木竹石, 何如君枯木竹石!" 傍列者, 莫不努眼, 只見一陣風雪閃曄几案間也. 書畫家, 傳爲一時美談. 今阮翁墓有宿草, 小癡又流落湖南, 獨是扇, 隨余在坡陵丙舍, 與長鎌短鋤爲伍也, 噫!"

주려는 스승의 준엄한 가르침이 인상적인 장면을 연출하고 있어, 김정희와 허유와의 관계를 이해하는 데 중요한 자료가 된다.

또 옥수는 '범금'范金이라는 이름을 가진 김정희의 시자侍者에 대해서도 기록을 남겼다.

> 김추사 선배의 시자인 범금은 추사에게 기특하다고 여겨졌으니, 대개 그가 지닌 서화의 기운이 장태악張太岳의 노복 학파鶴坡[73]와 같았던 것이다. 추사가 소장하고 있던 신품의 서화들이 많이 범금의 소장품이 되었는데, 범금이 죽자 도둑놈이 들어와 다른 물건들과 함께 훔쳐가 버렸다.[74]

72_ 권30,「묵의헌기」墨猗軒記, 장9앞~뒤. "몇 해 전 소치 허 군이 삼묘서옥에서 고목죽석을 그리고는 우쭐하게 흡족해하자 완옹께서 손수 해초를 써서 품평을 하니 서화가들이 미담으로 전했다."(曩年, 小癡許君, 寫枯木竹石於三泖書屋, 沾沾有自謙意. 阮翁以自書楷草, 甲乙之, 書畫家, 傳以爲好事.)
73_ 고염무顧炎武,『일지록』日知錄 권13, '노복'奴僕 조에는 "엄분의의 노복인 영년은 호를 '학파'라 했고, 장강릉의 노복인 유수례는 호를 '초빈'이라 했는데, 다만 권세를 부리고 뇌물만 받은 것이 아니라, 조정의 관원들이 시문을 주는 일이 많았으니, 엄연히 진신들과 더불어 빈주가 되었다"(嚴分宜之僕永年, 號曰'鶴坡'; 張江陵之僕游守禮, 號曰'楚濱'. 不但招權納賄, 而朝中多贈之詩文, 儼然與搢紳爲賓主.)라고 하여 주인과 대등한 관계를 누렸던 노복들을 비판적인 시각에서 소개하고 있다. 그런데 '학파'는 장강릉, 즉 장태악(장거정張居正, '태악'은 자字)의 노복이 아니라 엄분의(엄숭嚴嵩, '분의'는 그의 출신지)의 노복이다. 옥수가 잠시 착각을 한 것이 아닌가 한다.
74_ 권11,「나의 순일이 갑자기 죽었다. 목언을 시켜 그가 평소에 지니고 있던 물건을 찾아보게 하니 커다란 궤짝 하나가 있었는데, 가득가득 담긴 것은 크고 작은 글씨와 그림 수백 점과 아울러 목록만 있을 뿐 다른 물건은 없었다. 이는 어리석도록 집착하는 취미가 있어 모두 이것으로 그 안을 채웠던 것이다. 이에 절구를 지어 관 앞에 놓고 나의 슬픔을 기록한다」(余之順一 忽然死 使木焉 發其平日之私 一大櫃存 積積是大小書畫幾百本 並目錄而已 無他物 此其癡獸不移之好 悉以是實其內 乃題絶句 付之小要右 以志余悲) 장37앞~뒤. "金秋史先輩之侍者范金, 爲秋史所奇. 盖其書畫氣, 如張太岳之鶴坡也. 秋史所畜書畫神品, 多歸范金之藏, 范金死, 偸手入, 並其器而移之."

여러모로 흥미로운 일화가 아닐 수 없다. 김정희가 범금이라는 겸인傔人을 기특히 여겼다는 점도 눈길을 끌거니와, 범금이 소장하고 있던 김정희의 '신품'들이 도난을 당하고 말았다니 매우 애석한 일이 아닐 수 없다.[75]

이처럼 옥수는 김정희를 종유하며 본격적인 서예 수업을 받고, 고동서화에 대한 감식안을 기르며, 김정희 제자들과 교유하는 등 인생의 새로운 전기를 맞고 있었다. 그러나 이 기간이 그리 길게 지속되지는 못했다. 1851년 7월 철종이 등극한 이후 진종眞宗(사도세자의 형)의 조천祧遷 문제를 둘러싸고 벌어진 예송 논쟁에 휘말려 김정희가 북청 땅으로 유배를 가게 되었던 것이다. 김정희가 북청으로 떠나던 날, 옥수는 김정희를 전송하며 「남강에 나가 보니 길이 진창이 되어, 말 탄 이나 걷는 이나 모두 어려워 보였다. 마침 장례를 치르는 서너 대 수레까지 있었다. 이번 행차는 완당 어른이 북청으로 유배 가는 것을 전송하기 위한 것이다」(出南江 潦濘路艱 見騎步俱窘 時有送葬三數輀車 是行爲送阮堂丈人北靑之謫)라는 제목의 시를 지었다.

| 험한 곳 위태로운 행차, 무슨 말이 필요하겠나 | 險處危行不須論 |
| 평탄한 길이라도 말하기 어려운 점 있거늘. | 夷之行亦有難言 |

---

[75] 이 일화는 『완당집』의 해석에 도움을 주기도 한다. 『국역완당집 I』 137면에는 김정희가 그의 동생 김상희金相喜에게 주는 네 번째 편지(「與舍季相喜 其四」)가 실려 있는데, 그 편지 끝 구절인 "懋及范金許門及使另收之"에 대해서 "이해되지 않는 곳이 있어 우선 번역에서 제외하였다"는 주가 달려 있다. 그런데 여기서의 '范金'은 바로 위 인용문에 나오는 김정희의 노복인 것이 분명하고, '懋'는 김정희의 양아들 '김상무'金商懋를 지칭하는 것이라 생각된다. 또 '許'는 김상무와 잘 어울렸던 허소치를 말하는 것이 아닌가 한다. 그렇다면 위 구절은 "상무, 범금, 허소치 일행이 오면 각각 보관하게 하여라"라고 해석할 수 있을 듯하다.

막힌 듯 어두운 듯, 누워 가는 사람은	隔如冥如臥行者
세상의 인연과 빚, 눈 녹듯 사라지겠지.	世間緣債空雪痕
망아지 단속하고 일꾼 쉬게 한들 무슨 소용 있으랴	戒駒息徒都何補
상여 소리 한 가락만 천지에 가득하다.	戒駒息徒都何補

김정희가 유배를 떠나는 날, 마침 어느 집 상여 행차와 길을 함께 하게 되었던 모양이다. 그로 인해 김정희 일행은 더욱 비감에 휩싸였으니, 옥수는 스승을 떠나보내는 애통한 마음을 상여 행차의 서글픈 이미지에 겹쳐서 표현하고 있다. 일행은 상여 행차를 먼저 보내기 위해 잠시 길을 멈추었는데, 들려오는 상엿소리에 비감은 더욱 넘쳐나고 있다. 절절한 애상감에서 스승에 대한 옥수의 깊은 애정을 느낄 수 있다.

이후 김정희는 1년 뒤인 1852년 8월 해배되어 과천에서 살았다. 그러나 이때는 옥수가 말직이나마 다시 궁중에 드나들던 처지였기에 강상 시절만큼 빈번한 만남을 갖지는 못했고, 그 대신 주로 서신 왕래를 통해 사제의 연을 이어 나갔던 것으로 보인다. 산문이 제대로 수습되지 못한 『옥수집』에는 옥수가 1853년에 김정희에게 보낸 편지 한 통만이 실려 있지만,[76] 『완당집』에는 김정희가 '칠십' 즈음(1855년경)에[77] 쓴 「답조이당」答趙怡堂이 네 편 실려 있다. 이 편지들에는 서로의 안부를 묻는 내용도 들어 있지만, 대부분 학문과 예술에 대한 논의를

76_ 권28, 「김추사께 올리는 편지」(上金秋史正喜書 癸亥). 여기서 '계해' 癸亥는 서기로 환산하면 1803년이나 1863년이 되므로 1856에 사망한 김정희의 생애와는 맞지 않는다. '계축' 癸丑(1853)의 오기인 듯하다.

77_ 『완당전집』 권2, 「답조이당」答趙怡堂(冕鎬)에는 "칠십 노인이 추태를 부리니, 사람을 대하면 부끄럽다"(七十醜態, 對人愧怖.)라는 구절이 있다.

담고 있어 이 시기 옥수가 김정희로부터 어떠한 가르침을 받았는지 알 수 있다.

먼저, 김정희가 준 첫 번째 편지의 별지는 다음과 같이 시작된다.

> '안경강광루'鴈景江光樓의 예서 편액은 압록강 동쪽에도 이런 훌륭한 작품이 있을 줄을 미처 헤아리지 못했다. 나는 스스로 40년 동안 여기에 힘을 썼다고 자부해 왔으나, 이것을 보고는 나도 모르게 눈만 동그랗게 뜨고 뒤로 나앉고 말았다. 그래서 곧 좌석 한쪽에 붙여 놓고 끝없이 찬송하는 바이다.[78]

'안경강광루' 편액 예서는 물론 옥수가 쓴 글씨인데, 김정희는 최고의 찬사를 아끼지 않고 있다. 김정희가 이런 칭찬을 했으니 옥수의 서예는 그 수준이 상당했다고 보아도 좋을 듯하다. 편지는 계속해서 예서의 발생과 전개 과정을 '동용명'銅甬銘, '안족등'雁足鐙, '예기비' 禮器碑, '공화비'孔和碑 등 다양한 시대의 유물을 들어가며 대단히 전문적인 설명을 이어가다가, 다음과 같이 옥수의 글씨에 대해 따끔한 비평을 하기도 한다.

> 입필入筆의 묘는 순전히 역세逆勢를 쓰는 데 있거늘, 지금 보내온 글씨를 보니 모두 순세順勢에 가깝구나. 이것은 반드시 공중으로부터 곧바로 들어간 다음에야 비로소 그 묘를 얻을 수 있으니, 또한 갑자기 얻을 수 있는 것이 아니요, 큰 공부를 한 뒤에야 얻을 수 있는 것이다. 그리

78_ 위의 책, 같은 곳. "鴈景江光樓扁隸, 不料鴨水以東, 亦有此奇也. 自以爲四十年用力於此, 不覺瞠乎後矣, 卽爲貼之座右. 贊訟無窮."

고 결구結構의 묘는 또한 변환하여 헤아릴 수 없는 것이 있으니, 팔뚝 아래에 309개의 고비古碑가 들어 있지 않으면 역시 하루아침에 나오기 어려운 법이다.[79]

김정희는 옥수가 앞서의 칭찬에 안주할까 염려한 듯, 이와 같은 지적을 하고 있다. '역세'란 표면적으로는 '역입평출'逆入平出의 운필법을 말하고 있지만, 여기서는 옥수의 글씨에 '골기'骨氣가 부족함을 지적한 것으로 보인다. 글자 획의 배치를 뜻하는 '결구법'과 관련해서는, 한나라 때의 고비古碑를 따라 더욱 정진해야 좋아질 수 있다는 충고를 하고 있다. 옥수의 글씨에 기운이 부족함을 지적하는 것으로 볼 수 있을 듯하다.

두 번째 편지는 "강을 건너올 뜻이 있다 들었는데, 이웃이 되는 기쁨을 이룰 수 있을까"[80]라는 말로 시작하고 있어, 옥수가 과천으로 이사하려는 뜻을 비쳤음을 알 수 있다. 그러나 『옥수집』에는 그에 관련된 내용이 보이지 않는 것으로 보아, 이를 실행하지는 못한 것 같다. 편지의 말미에는 옥수가 지은 시구詩句를 질정하는 내용이 담겨 있다.[81]

---

[79] 위의 책, 장32앞. "入筆之妙, 純用逆勢, 今觀來字, 皆近順勢, 此必從空直勢然後, 始得其妙, 亦非可以襲而取之, 大下工夫而後, 得之耳. 且結構之妙, 又有變現不測者, 不有腕底有三百九碑, 亦難一朝之間出之易易耳."
[80] 위의 책,「이」二, 장32뒤. "聞有涉江之意, 可遂結隣之懽."
[81] 위의 책, 같은 곳. "시 가운데 난정을 말한 곳에서는 모두 소릉의 고사를 가져왔는데 크게 맞지 않는 것 같다. 지금 난정계사가 소릉과 무슨 관계가 있는가? 그대 시집의 맨 앞 첫 연이 매우 좋다. 압권이라 해도 좋겠다. 다만 '옥갑'玉匣 두 글자는 속기를 벗지 못해 옥의 티가 되었다. 내 생각으로는 '비궤'棐几 두 자로 고치는 것이 훨씬 좋겠는데 마음에 맞는지 모르겠다."(詩中凡說蘭亭處, 皆引昭陵故事, 恐大不合. 今作蘭亭稧事, 何與於昭陵耶. 尊什之頭句初聯極好, 雖壓卷可矣, 惟玉匣二字, 未免隨俗上下, 爲完璧之瑕, 淺見則以棐几二字, 改定更勝, 未知印合.)

세 번째 편지도 역시 금석과 서예에 대한 내용인데, 옥수가 보내온 시에 대한 다음과 같은 비평이 눈길을 끈다.

아이들을 통해 연구聯句를 보았는데, 다만 글씨만 좋은 것이 아니라 시정詩情은 더욱 묘하였다. 천기天機에 깊지 않다면 어찌 이런 작품을 지을 수 있겠느냐. 나는 네가 일개 벼슬아치(俗吏)인 줄로만 알았더니, 천심天心을 꿰뚫고 월협月脇을 내는 빼어난 솜씨[82]를 이 말세에서 얻을 줄은 생각지 못했느니라.[83]

이 인용문은 옥수 시문학에 대한 이해와 관련하여 주의를 기울여 검토할 필요가 있다. 일반적으로 '천기'는 인위적인 기교나 형식적 조탁으로는 도달할 수 없는 경지, 즉 '천연의 자연스러움'을 지칭하는 말로, 세속적인 욕심에 얽매인 사람은 성취할 수 없는 것으로 이야기된다.[84] 위 인용문에서 '천기'는 '속리'俗吏와 대비를 이루는데, 여기서 구태여 이러한 '천기'가 언급되는 것은 김정희가 옥수를 '속리'가 아닌 '시인'으로서 새롭게 인식하게 되었음을 나타내기 위해서였다고 보인다. 김정희가 옥수의 시인적 면모를 새롭게 인식하게 될 만큼, 이 시기 들어 시인으로서의 역량이 크게 성장하고 있었음을 위 인용문은 증언해 주고 있다. 이러한 점은 옥수 시문학의 대표적 성과들이 모두 김정희를 만난 1850년대 이후에 이루어졌다는 사실과도 부

82_ "하늘의 마음을 꿰뚫고 달의 옆구리를 낸다"(穿天心, 出月脇)는 표현은 황보식皇甫湜의 「고군집서」顧君集序에 나오는 말로, 사람을 깜짝 놀라게 하는 범상치 않은 말을 뜻한다.
83_ 앞의 책, 장33뒤. "從兒輩見聯字, 非徒字好, 詩情更妙. 此不深於天機, 何以辦之? 但知左右之一俗吏, 不料穿天心出月脇之佳手, 得之於像季."
84_ '천기'의 용례를 거슬러 가면 『장자』의 "욕심이 깊은 자는 천기가 얕다"(其耆欲深者, 其天機淺.)는 구절에 이르게 된다.

합한다.

김정희의 네 번째 편지 내용은 이러하다.

> 사詞의 근원은 『시경』의 비흥比興·변풍變風의 뜻과 『초사』의 「이소」離騷·「구가」九歌·「구장」九章에서 비롯되었다. 모두 사물에서 느낌을 받아 발하고, 비슷한 것에 나아가 널리 확대하여, 각각 귀의하는 바가 있으니 구차하게 아로새겨 아름답게 만드는 것만은 아니다. (중략) 송나라 때는 사가詞家가 극히 번성했다. 그러나 소식蘇軾·주방언周邦彦·신기질辛棄疾·강기姜夔·왕기손王沂孫·장염張炎의 작품은 그 질박함이 심원하지만, 이후로는 모두 방탕하고 음란하여 자못 현인군자들의 비통함이 서린 뜻이 아니다. 시험 삼아 다시 한 번 이 점에 착안해 보는 것이 어떻겠느냐? 보내온 시편은 대단히 재사才思가 있기는 하나, 다만 문로門路를 취사선택함에는 이르지 못했다.[85]

김정희가 이와 같은 내용의 답장을 보낸 것은 사詞에 대하여 옥수가 먼저 질문했기 때문일 것이다. 서론에서 소개했듯, 옥수는 이제현 이후 사詞의 일인자라는 평을 받을 정도로 사詞에 조예가 깊었다. 그런데 김정희는 이에 대해 우려를 나타내고 있다. 일반적으로 사詞의 양식은 남조 시대에 연원하고, 당나라 때부터 본격적으로 시작되었다고 알려져 있는데,[86] 김정희는 사의 연원을 『시경』과 『초사』에까지 올

---

[85] 『완당집』 권2, 장33뒤. "詞之源, 卽自詩之比興變風之義·楚騷九歌九章, 感物而發, 觸類條暢, 各有所歸, 非苟爲彫琢曼辭而已. (중략) 宋之詞家極盛, 然蘇軾周邦彦辛棄疾姜夔王沂孫張炎, 淵淵乎有其質焉. 過此以往, 皆未免流於放蕩淫靡, 殊非賢人君子纏綿悱惻之旨, 試更以是一着, 如何? 寶什, 極有才思, 但未及門逕之裁定耳."
[86] 이종찬, 『한문학개론』, 반도출판사, 1989, 188면 참조.

려 잡고, 그 성격에 대해서도 완약하고 조탁만 하는 것이 아니라는 점을 강조하고, 웅장호방하다고 평가받는 소식 등의 사를[87] 본받으라고 충고하고 있다. 옥수가 사의 완약함에 빠지지 않도록 하려는 의도가 있었음을 알 수 있다.[88]

그런데 여기서 김정희가 특별히 소식의 사를 언급했던 것도 주의해서 보아야 할 필요가 있다. 김정희는 소식을 매우 숭앙하여,[89] 소식의 생일이면 이를 기념하는 행사를 열고, 소식의 초상화를 그리는 것이 그 문도들 사이에 유행했으며, 시학詩學 분야에서도 동파 시의 중요성을 강조했다.[90] 위 인용문에서 소식을 언급하는 것도 이러한 동파 애호와 무관하지 않을 것으로 생각되는데, 이러한 점이 옥수에게도 큰 영향을 미친 것으로 보인다. 김정희를 만난 이후로 옥수는 동파 시로부터 깊은 영향을 받게 되고 결국은 시풍이 변모되기에 이르렀던 것이다.

김정희는 1856년 10월 10일(음력) 타계했다. 옥수는 그 소식을 듣고 만시輓詩를 지어 과천으로 달려갔으며,[91] 1860년에는 「경신년 2월

87_ 薛瑞生 箋證, 『東坡詞編年箋證』, 三秦出版社, 1998, 16~23면 참조.
88_ 그러나 옥수가 김정희의 가르침을 철두철미하게 따랐던 것 같지는 않다. 옥수의 사의 성격에 대하여 차주환은 다음과 같이 말했다. "소식蘇軾·진관秦觀 같은 북파사北派詞의 창시자들을 참고하기는 하였고, 그의 사에는 제언시齊言詩의 세계에서 피력되는 경지가 다루어져 있지 않은 것은 아니나, 아무래도 유연한 당唐·오대사五代詞의 경향이 농후하게 나타나 있고 또 그러한 면에 전례 없는 천재적인 재능이 과시되어 있다."(차주환, 앞의 논문, 32면)
89_ 후지쓰카 지카시藤塚鄰 저, 박희영 역, 『추사 김정희 또다른 얼굴』, 아카데미하우스, 1994, 104~114면; 김혜숙, 「추사와 자하의 문학적 교유와 그 영향」, 『대동문화연구』 26, 1991; 유홍준, 『완당평전』 2, 학고재, 2002, 498~504면 참조.
90_ 김혜숙, 앞의 논문, 143~157면 참조.
91_ 권12, 「열한 개의 돌에 예를 표하다」(禮十一石 幷識〔丁卯元日〕) 장22앞. "추사 옹께서 돌아가시매 나는 시를 지어 과주의 하손전사로 달려가 곡하였다."(秋翁赴道山, 髦有詩, 往哭于果州之下巽田舍.) 그러나 그 만시는 『옥수집』에 실려 있지 않다.

보름날 꿈에 추사 어른을 뵙다」(庚申二月之望 夢拜秋史丈人_권6)라는 제목의 추모시를 지었다. 또 같은 해 옥수는 꿈에서 김정희를 만나 서로 대화하는 형식을 취하여 5절 5수의 「기몽」記夢이라는 작품을 창작하기도 했다. 다음은 「기몽」 제3수의 본문과 주석이다.

노련한 장인과 의원은 모두들 좋아하면서	老匠老醫皆所好
어찌하여 이 노인의 글씨는 좋아하지 않는가.	如何不好老人書
양한兩漢의 졸박함은 참으로 배우기 어려우니	二京拙朴眞難學
임모하려던 예전의 뜻은 너무도 우활하였네.	曩日臨摹計太疎

내가 말했다. "예서는 갈수록 배우기가 어려움을 알겠습니다. 양한의 법식은 횡으로 할 수도 있고, 파임을 할 수도 있는데 그 졸박함을 어찌 2천 년 뒷사람이 임모로 얻을 수 있겠습니까?" 선생께서 말씀하셨다. "정말 그렇다. 또 한 가지 이상한 일이 있다. 내가 살펴보니, 집을 지으려는 이가 늙은 석공을 만나면 좋아하며 '확실히 일을 그르치지는 않겠구나'라 말하고, 병을 고치려는 이가 늙은 의원을 만나면 좋아하며 '약을 논할 수 있겠구나'라고 하면서, 유독 글씨에 있어서는 그렇지가 않아서 내 글씨를 보기만 하면 곧 욕하기를 그치지 않으니 정말 우스운 일이다." 서로 한바탕 포복절도하였다.[92]

이 시는 김정희의 글씨에 대한 세상의 몰이해를 비판하기 위해 지

---

[92] 권6, 장63앞. "冕曰, '隸古, 漸知難學. 二京法式, 可橫可磔, 至其拙朴, 豈後二千載人, 臨摹所可得者乎?' 先生曰, '儘然. 又有一種異事. 吾見, 作室人, 遇匠石之老者則喜之曰, 是當不償事. 治病人, 遇醫師之老者則喜之曰, 是可以論藥. 獨於書, 不然, 見老人書, 輒譏侮之不已, 甚可笑哉.' 相與一場絶倒."

은 것이라고 볼 수 있다. 옥수로서는 스승의 글씨가 이해되지 못하는 점이 안타까워, 이러한 꿈까지 꾸게 되었던 것이다. 그런데 김정희의 글씨를 비판하는 논거는 김정희의 예서가 '법이 없고'(無法), '예스러움을 따르지 않는다는 것'(不循古)이었다.[93] 이에 대한 옥수의 대응 논리가 전·결구에 제시되어 있다. 한나라 예서의 겉모양은 본뜰 수 있으나(二京法式, 可橫可磔) '졸박한 풍격'을 오늘날에 똑같이 재현하는 것은 근본적으로 가능하지 않다는 것이다. 또 옥수는 「완당예서변」(권30)에서 김정희가 "예스럽게 할 수도 있었지만 예스럽게 하지 않은 경우가 종종 있었다"[94]는 설명을 하기도 했다. 옥수는 김정희의 서화 예술이 한나라 예서에 바탕을 둔 것이지만, 그것에 매몰되지 않고 자신만의 독창적 세계를 이루었다고 보고 있는 것이다. 이처럼 스승의 예술 세계를 사람들에게 제대로 이해시키려 노력했던 점에서도 이들 사이의 돈독했던 사제 관계를 확인할 수 있다.

옥수는 평생토록 스승 김정희를 잊지 못하여, 김정희의 아들 김상무金商懋와 세교를 이었고,[95] '민옥'民屋이 되어 버린 추사의 옛집을 찾아가 감회에 젖기도 했으며,[96] 김정희의 북청 유배 시절 제자인 유치전兪致佺과도 오랫동안 교분을 나누었다.[97] 또 남에게 글씨를 써 줄

93_ 권30,「완당예서변」阮堂隸書辨(癸亥) 장47앞. "요즘 사람들이 완당의 예서를 비난하며 '법이 없다', '예스러움을 따르지 않았다' 고들 말하는데 진실로 무슨 까닭에 그렇게 말하는가?"(近日, 人譏彈阮隸曰, '無法', 曰 '不循古' 誠何故然歟?)
94_ 위의 글. "若其可古而不古處, 則往往有之焉."
95_ 권7,「동려가 서농 김상무, 소치 허유, 한안 황오를 데리고 고개를 넘어 찾아왔다. 송목관의 시에 차운하여 함께 시를 지었다」(桐廬 携書農〔金商懋 卽阮堂之子〕許小癡〔維〕黃漢案〔五〕越峴見訪 拈松穆館韻 共賦);「또 시 세 수를 지어 서농 동려 소치에게 나누어 주다」(又述三韻 分屬書農桐廬小癡)
96_ 권11,「어교(추사의 옛터)에서 느낌이 있어」(魚橋〔秋史舊址〕感事)
97_ 권17,「작별하는 유요선에게 주다」(贈別兪堯仙 小識)

때는 자신이 김정희의 제자라고 자임할 수 있는지 자문하며 부끄러워 했다.[98]

이상의 논의에서 드러나듯, 옥수의 예술 세계에 끼친 김정희의 영향은 지대했다. 그러나 그 관계가 일방적인 것만은 아니었으니, 김정희가 옥수에게 써 준 '난정병사첩'蘭亭丙舍帖에는 "아울러 틀린 곳을 바로잡아 주기 바란다"(並要指謬削定)[99]는 글귀도 남아 있어, 함께 절차탁마했던 사제 간의 아름다운 모습도 엿볼 수 있다.

---

[98] 권26, 「세 선비가 종이를 가지고 와서 내게 글씨를 청하였다. 기꺼이 허락하고는 앞의 운을 써서 지으며 스스로 웃노라」(三士攜紙 請得拙筆 恬然許之 用前韻 自笑) 장7앞. "부끄럽구나 김추사와 권이재의 문하에서 사랑을 받았었지."(羞在金〔秋史〕權〔彛齋〕字下塵)
[99] 한국민족미술연구소, 앞의 책, 26면.

서울 북촌시사를 이끌다

옥수는 일생에 걸쳐 다양한 시우詩友들과 교유하며 창작 활동을 했다. 그래서 그의 한시 문학은 시사詩社 활동의 산물이라 해도 좋을 정도이다. 옥수의 시우들을 살펴보면,[100] 위로는 김조순金祖淳(1765~1832)·김려金鑢와 같은 선배 세대부터, 아래로는 김옥균金玉均(1851~1894)·유길준兪吉濬(1856~1914)과 같은 초기 개화파 인물에까지 이르며, 멀리 관북 지방의 유생인 유창한劉昌漢·마도응馬圖膺·장락신張樂臣이라든가, 전라도 남원의 양상일楊相一이라는 낯선 이름들도 보인다.[101] 또한 주가록周家祿(1846~1909)·장건張謇(1853~1926)·주명반朱銘盤(1852~1893) 등 중국인도 옥수의 시우들이었다.

이처럼 옥수가 사귀었던 시우의 범위는 매우 넓었지만, 그의 주된

100_ 『옥수집』을 검토해 보면, 옥수의 시우는 대략 340명 가량 된다. 당시 서울에서 이름 있던 시인들은 거의 망라되었을 것으로 생각되며, 이러한 점에서도 『옥수집』의 자료적 가치를 확인할 수 있다.

101_ 권26, 「관북의 세 유생들에게 사례하다」(謝關北三儒); 권24, 「남원의 양상일에게 화답하다」(和南原楊相一)

활동 무대는 어디까지나 서울이었고 그중에서도 쟁쟁한 양반들이 모여 살았던 '북촌'北村의 시사詩社 즉 '북사'北社[102]였다. 옥수는 북촌에서 태어나고 북촌에서 생의 대부분을 보내다가 북촌에서 죽음을 맞이한, 그야말로 '북촌의 시인'이었다.

옥수가 1872년에 창작한 회인시懷人詩 「감시절구」感詩絶句(권16)의 서문을 보면 "내가 늦게 태어났지만 그래도 백사白社의 선배들을 뵈올 수 있어"[103] 다행이었다는 언급이 보인다. 여기서 '백사'는 김조순의 별장에서 김유근金逌根(1785~1840) 등이 주축이 되어 열렸던 시사인 '백련사'白蓮社를 일컫는 것인데,[104] 여기서 옥수는 김조순[105]· 김유근 부자를 종유하며 김이양金履陽(1755~1845), 김이교金履喬(1764~1832), 이복현李復鉉(1767~1853), 김려, 김조金照(?~1825), 이명오李明五(1750~1836)[106] 등의 선배들과 교유할 수 있었다.

102_ '북사'라는 말은 북촌에서 벌어지는 여러 시사들을 두루 일컫는 말이었다. 『옥수집』에 보이는 백련사白蓮社, 금천시사琴泉詩社, 송단시사松壇詩社(玉垂詩社), 죽림사竹林社, 계사溪社, 매화사梅花社, 자하시사紫霞詩社, 향사香社, 간사諫社 등을 모두 '북사'라 할 수 있다.
103_ 권16, 장26앞, "喟! 我生晚, 猶及白社典型, 磬欬于諸老宿."
104_ 김좌근金左根, 『하옥유고』荷屋遺稿 권1, 「삼청별서」三淸別墅. "어르신께서 연전에 이 터를 잡으셨으니…… 북촌의 노인들이 밤마다 연회를 열고 술을 마셨고, ……우리 형이 일찍이 백련사를 결성하였다."(大人年前卜此地, …… 北里老人夜宴飮, …… 阿兄早置白蓮社.)
105_ 김조순은 옥수의 외조부 김이도의 종질從姪이고, 옥수의 조부 조학춘에게 '잉헌'剩軒이라는 호를 지어 주기도 했으니(권32, 「선부군가장」), 옥수와 김조순은 매우 가깝게 지냈을 것이다. 그러나 두 사람은 나이 차이가 워낙 큰 탓인지 직접 수창한 시가 보이지 않고, 김조순 사후에 옥수가 김조순을 존모하는 마음을 담아 지은 시문들이 『옥수집』에 여러 편 보인다. 예를 들어 1861년에 지은 「꿈에 김충문공을 뵙다. 깨어나 절구 한 수 지어 동생에게 주다」(夢拜金忠文 覺以一絶示仲氏 _권7)를 보면, 『풍고집』楓皐集을 읽음으로써 "후학들의 문학이 절로 정치하게 된다"(後學自能精所發)며 김조순의 문장을 기리고 있음을 볼 수 있다.
106_ 이 인물들에 대한 설명은 이 책 4장에서 다룬다.

이외에 '수학기' 옥수의 시우들로는, 북해北海 조종영趙鍾永[107]-의 아들인 금주錦洲 조병헌趙秉憲(1800~1842)[108]-, 담헌湛軒 홍대용洪大容의 손자 삼사三斯 홍양후洪良厚(1800~1879), 옥수의 첫째 매부인 우산迂山 이승원李承元(1803~1841)[109]-, 옥수와 이종사촌 간인 해장海藏 신석우申錫愚(1805~1865)·위사韋史 신석희申錫禧(1808~1873) 형제[110]-, 옥수의 둘째 매부 유재悠齋 홍종서洪鍾序(1809~1868)와 그 형 작옥芍玉 홍종응洪鍾應(1803~1866), 규재圭齋 남병철南秉哲(1817~1863) 등과 같은 북촌의 신진기예들을 꼽을 수 있다. 이 가운데 홍양후·신석우 형제·홍종서 형제들과는 '한거기'에 이르기까지 긴밀한 교유를 이어 갔고, 그중에서도 신석우·홍종서 두 사람은 옥수와 가장 가까운 벗들이었다.

'수학기' 옥수의 시사 활동을 전반적으로 논한다면, 북사의 선배 세대를 이어 동배들과 함께 북사의 새로운 세대를 형성해 가는 과정이었다고 볼 수 있다.

그런데 이후 '사환기'에 들어서면 옥수의 시사 활동은 수학기보다 오히려 더 침체된다. 이는 옥수가 공무에 매여 창작에 그다지 열의가 없었던 것이라 생각되며, 또 지방관으로 나가 있던 기간이 길어 북촌시사에 참여할 수 없었다는 점도 직접적인 이유가 될 것이다.[111]- 옥수가 평양서윤에서 파직된 이후인 1850년대 초반에 추사 문인들과 교

107_ 조종영은 풍양 조씨 가문의 중요 인사로, 일찍이 박규수의 인물됨을 알아보고 세대를 뛰어넘어 망년지우를 맺었던 인물이다(김명호, 「환재 박규수 연구 1」, 『민족문학사연구』 4, 1991, 68~70면 참조).
108_ 자는 윤문允文, 벼슬은 호조판서에 이르렀다.
109_ 이승원은 한산 이씨로 자가 공일公一이며 또 다른 호로는 교남嶠南, 초사焦史, 독원讀園 등이 있다. 문집으로 『우산고시초』迂山稿詩抄 3권 3책이 규장각에 소장되어 있다.
110_ 신석우의 부친 신재업申在業은 홍양후의 외숙인 신재식申在植과 사촌 간이어서 신석우와 홍양후는 매우 가까이 지냈다.

유했음은 앞 절에서 이미 소개한 바이고, 이후 '한거기'가 시작되기 전까지 특기할 만한 시사 활동은 없었다.

옥수가 유배 생활과 파주 은거 생활을 끝내고 서울 북촌으로 완전히 돌아온 1860년대 전반기부터 그의 시사 활동은 본격화된다. 이때의 시우들로는 신석우 형제 등 수학기의 시우들에다가 연암 박지원의 손자 환재瓛齋 박규수朴珪壽(1807~1877), 연재淵齋 윤종의尹宗儀(1805~1886), 옥수의 족숙이지만 옥수와 동년인 진재晉齋 조기응趙基應(1803~1877), 그 외에 송석松石 심승택沈承澤(1811~1880), 우죽友竹 황진규黃鎭奎(1813~?) 등이 새로이 합류했다.

이들은 일상적으로 북촌에서 작은 시회들을 열다가, 7월이면 소동파의 「적벽부」赤壁賦를 기념하여 한강에서 큰 시회를 열기도 하고,[112] 12월이면 동파의 탄생일을 기리고, 그 7일 뒤에는 옥수의 생일을 축하하는 행사를 열기도 했다.[113] 또 진흥왕순수비 탁본을 돌려보기도 하는 등[114] 금석과 고동을 감상했다. 그러한 가운데 1862년 가을, 당시 금릉金陵(김포의 옛 이름)의 군수였던 윤종의가 벗들을 초대하

111_ 옥수가 평양서윤으로 있을 때(1848) 평양감사는 심암心菴 조두순趙斗淳이었다. 이때 이명오의 아들 동번東樊 이만용李晚用이 이들을 방문하여 작은 시회가 열린 일은 있었다. 권3, 「동번 이만용이 제안에 이르러 열흘 머물렀다. 순사 심암공이 편지를 보내 부르기에 절구 한 수를 지어 답장을 대신한다」(李東樊晩用 到齊安 留一旬 巡使心菴公 書邀而至 走成一絶 以替答織)

112_ 권8, 「가을 칠월 보름날 서호에서 배를 탔다」(秋七月望 泛舟西湖〔宋 元豊五年壬戌後 七百八十一年 十四回 壬戌之秋七月望 泛舟於西湖 海藏 韋史 紫園 海觀韓命源 竹西徐贊輔 丹广李明九 與之同修契 其翌 韋史 以公役 曉入都門 芍玉追至 舟中共賦 留翫旣望之月〕)

113_ 권8, 「동파공의 생일날 밤 입극도 앞에서 향을 살랐다. 새벽달이 창에 걸려 있어 동인들을 그리워하였다」(坡公生日夜 燒香于笠屐像前 曉月在窓 有懷同人); 「내 생일날 시사의 벗들이 모두 이르렀다」(賤降日 社伴俱至 幷引) 앞의 시에는 소동파의 생일날에 있었던 동인들과의 추억을 회상하는 내용이다.

114_ 권8, 「향관옥에서 다시 만나다」(又會香茗屋) 장33앞. "이때에 진흥왕비를 감상했다."(時有眞興碑覽賞)

여 금릉까지 뱃놀이를 하고 온 일도 있었다. 옥수는 이때의 일을 「금릉주유」金陵舟遊(권8)에 담아냈는데, 다음은 그 서문이다.

금릉태수 윤연재가 해장(신석우), 환재(박규수), 원옹園翁(장조張照) 및 나에게 편지를 보내 보름날 밤 용금루湧金樓에서 달구경 하자고 초청했다. 그 전날 밤, 우리 모두는 서강에 모여 시험 삼아 배를 타 보고는 밤이 되어 조 씨네 집에 묵었다. 해장이 큰 시축을 펴서 첫머리에 박연암 선배의 "우리집 문 밖은 곧 강가 머리 / 쌀 사려 소금 사려 몇 곳의 배들인가 / 서리 맞은 기러기 소리, 일제히 닻을 드니 / 배에 가득 달빛 담고 금주로 내려가네" 절구 한 수를 쓰고는, "이번 행차에서는, 이제부터 배를 타거나, 배 타고 금릉에 도착하며, 금릉에서 돌아올 때까지 전부 이 시의 운을 쓰도록 하세. 짓는 대로 적도록 하고, 많고 적음은 따지지 말기로 약조하세"라 하자, 모두들 "좋다" 하였다.[115]

여기서는 이들의 시사 활동이 지녔던 낭만적 분위기의 일단을 엿볼 수 있고, 또 특별히 박지원의 「강거만음」江居漫吟을 차운하기로 의기투합했던 것도 주목을 끄는 내용이다. 박지원의 문학이 19세기에 향유되는 일례로 볼 수 있겠다.[116]

이 시기 북사의 활동과 관련하여 또 한 가지 주목되는 바는 '남

115_ 권8, 장14뒤. "金陵守尹淵齋(宗儀), 書速海藏·瓛齋·園翁及余, 趁望夜, 玩月於湧金樓. 前一夕, 齊會西湖, 試舟, 夜宿曹氏家. 海藏展大軸賸, 首書朴燕巖先輩 '我家門外卽湖頭 米哄鹽喧幾處舟. 霜雁一聲齊擧碇 滿船①明月下金州'一絶, 約以是行, 自此而舟, 舟而金, 金而還, 全用此韻, 隨得隨書, 勿較多少. 僉曰 '唯'." ①『연암집』권4 「강거만음」江居謾吟에는 '船'이 '江'으로 되어 있다.
116_ 김명호, 「실학과 개화사상의 관련양상」, 『대동문화연구』 36, 성대 대동문화연구원, 2000, 132면 참조.

사'南社와의 활발한 교류이다. 아직까지 한문학 연구에서 '남사'의 의미가 명료하게 정리되어 있지 않은데,[117] 『옥수집』의 용례를 살펴보면, 남사는 '남촌' 즉 서울 남산 부근에 있었던 시사를 통칭하는 개념으로 쓰이는 듯하다. 옥수는 1862년 무렵부터 남사의 인사들과 교유하게 되는데, "이제부턴 남사니 북사니 말하지 마세, 매화 피는 아홉 마을 모두가 벗이라네"(從此休言南北社, 梅花九里是同群.)[118]라 노래하며 남사에 대한 친근감을 나타냈으며, 특히 남사를 대표하는 운고雲皐 서유영徐有英(1801~1874?)에 대해서는 "마음이 통하니 우리 늦게 만남을 혐의할 것 없네"(意足不嫌相見晩)[119]라며 친밀감을 표하기도 했다.

그리고 1863년에는 북사, 남사 그리고 낙산駱山의 '동사'東社가 함께 모이는 성대한 시회가 낙산에서 열리기도 했다. 옥수는 이때의 일을 「취석정에서 모든 시우가 모이다」(醉石亭 諸詩伴 俱會 _권9)에 담았다. 다음은 이 시의 제목에 달려 있는 주석이다.

> 전춘절餞春節 이틀 전에 작옥㚖玉(홍종응) 상서가 동생 유재悠齋(홍종서)를 데리고 낙산의 취석정醉石亭으로 가서 여러 시우들에게 편지를 보냈

---

[117] 장효현, 『서유영 문학의 연구』, 아세아문화사, 1988, 81면에서는 서유영이 1860년대에 활동했던 '남사'南社를 고유명사로 보고, '남사'는 경기도 양주 지방에 기반한 시사라고 보았는데, 이는 오류라 판단된다. 우선 옥수가 1862년에 지은 「서운고에게 증계를 보내다」(與徐雲皐證契)에는 "그대는 자각에 살고, 나는 백각에 있다"(君住紫閣, 僕在白閣)라는 주가 달려 있는데, 여기서 '자각'은 남산을 표현하는 말이므로, 이 시기에 서유영은 서울에서 살고 있었음을 알 수 있다. 또 1830년대에 홍현주가 중심이 되어 열렸던 시사도 '남사' 였으므로(심경호, 「수종사와 조선후기 문인」, 『한국한시연구』 5, 한국한시학회, 1997, 42면), '남사'는 서울 남촌에서 열렸던 시사들을 통칭하는 개념이 아닌가 한다.

[118] 권8, 「제야 이틀 전 밤 다시 중국의 연의를 모방하다」(除前二日夜 又倣中州議儀〔海藏宅 諸詩伴俱會 與徐雲皐尹淵齋共賦〕) 장52뒤.

[119] 권8, 「서운고에게 증계를 보내다」(與徐雲皐證契) 장52뒤.

다. 하의荷漪 임백경任百經, 소정邵亭 김영작金永爵, 우석友石 이풍익李豊翼, 소당蘇堂 조운경趙雲卿, 현거玄居 임긍수林肯洙, 운고 서유영, 연사蓮史 홍병위洪秉瑋, 우하雨荷 장형원張亨遠, 해관海觀 한명원韓命源 등이 모두 모였고, 나도 참여했다. 실로 요즘 북사 동사 남사가 처음으로 함께한 자리였다.[120]

여기에 참석한 이들은 서로 활발하게 교유했기 때문에, 어느 한 사람이 특정 시사에만 국한된다고 말하기 어려운 면이 있다. 그러나 홍종응 형제가 동촌의 낙산으로 옮겨 가는 것을 계기로 옥수가 이풍익(1804~1887), 홍병위(1805~?), 장형원 등과 결교하게 되는 것으로 보아 이들은 동사에 속했던 인물로 보이고, 서유영의 『운고시선』에 자주 등장하는 조운경(1800~1864), 임백경(1800~1864)은 주로 남사의 일원이었다고 생각된다. 그리고 김홍집金弘集의 부친이었던 김영작(1802~1868)은 서유영과도 절친했을 뿐만 아니라 옥수와도 가까이 지내는 시우였고, 한명원(1835~?)은 옥수를 잘 따르던 북사의 후배였다. 임백경, 조운경, 임긍수 등은 옥수도 이 자리에서 처음 대면한 사이였다.

이처럼 이 시기 옥수는 왕성한 시회 활동을 하며 교유의 범위를 확대해 나갔지만, 가장 가까운 벗은 역시 신석우·신석희 형제와 박규수, 홍종응 등이었다. 1864년에 지은 「옥수대취시」玉垂大醉詩의 자주自註에서 옥수는 "내게는 세 가지 두려운 바가 있다. 해장의 웅혼함, 위사의 화려함, 환재의 박식함이 그것이다. 이 세 군자들은 모두 요즘 사람들이 쉽게 쫓아갈 수 있는 바가 아니니, 내가 어찌 두려워하지 않

120_ 권9, 장26뒤. "餞春 前二日, 芍玉尙書偕弟悠齋, 往住樂山之醉石亭. 書速諸詩伴. 荷漪任百經·邵亭金永爵·右石李豊翼·蘇堂趙雲卿·玄居林肯洙·雲皐徐有英·蓮史洪秉瑋·雨荷張亨遠·海觀韓命源 俱會, 冕與焉. 實近日北·東·南三社之始混也."

을 수 있겠는가. 그러나 나로서는 나의 법(我法)을 쓸 뿐이다. 나는 이렇게 내 뜻대로 하련다"[121] 하고 심회를 토로하고 있어, 이들과의 교유가 옥수에게 큰 자극이 되었고, 옥수의 문학을 개성적으로 만드는 데 일조했음을 알 수 있다. 또 이들 사이에는 모종의 경쟁 심리도 있었던 듯, 신석우의 득의작에 대하여 옥수는 칭찬하고 기뻐하는 한편으로, "기뻐하기만 하고 부끄러워할 줄 모르면 이는 나를 버리는 것이다"[122]라며 자신의 분발을 다짐하기도 했다.

1860년대 중반을 넘어서면서부터는 옥수와 절친했던 동배들이 차차 세상을 떠났다. 남병철은 1863년에, 신석우는 1865년에, 홍종응은 1866년에 차례로 타계했고, 1868년에는 홍종서도 세상을 떠났다. 그 대신 이때부터 옥수 주위에는 후배 세대가 모이기 시작했다. 석릉石菱 김창희金昌熙(1844~1890)는 1865년 연행을 떠나며 옥수에게 증시贈詩를 받아 가고,[123] 김선의 손자 창산蒼山 김기수金綺秀(1832~1924)나 규정圭廷 서상우徐相雨(1831~1903) 등 개화 시국에 국내외에서 활약한 인물들이 1860년대 후반부터 옥수의 시사에 출입하기 시작했다.[124]

옥수가 1869년에 지은 「우리 시사의 젊은 벗인 서은경(서상우)과 신용빈(신관조)이 차례로 정목政目에 이름이 올랐다. 이 늙은이는 그들

121_ 권10, 장49앞. "玉垂有三畏, 海藏之雄渾, 韋史之彪炳, 該治則有讟齋. 是三君子者, 俱非近代人所可易追至, 玉垂安得不畏. 但到我, 用我法地, 玉垂便自唐突云爾."
122_ 권8, 「기쁨을 기록하다」(逑喜) 장39앞~뒤. "喜而不知愧, 猶自棄也."
123_ 권11, 「연경에 가는 석릉 김학사에게 주는 말」(贈言石菱金學士〔昌熙〕行輈赴燕). 이때 김창희는 중국에 가서 동문환董文渙을 만나 옥수와의 결교를 주선했다(董文渙, 『韓客詩存』, 書目文獻出版社, 1996, 337면 참고).
124_ 권13, 「현포오봉의 노래」(玄圃五峰歌). 제목의 주석에 "근래 시사의 계지 김기수, 우렴 김낙진, 용빈 신관조, 은경 서상우, 치삼 홍진유 등에게 부탁한다"(屬意于近詩社諸君金季芝綺秀, 金友濂洛鎭, 申用賓觀朝, 徐殷卿相雨, 洪致三晉裕.)라는 말이 있다.

이 포의를 벗고 인끈을 차서 우리 시사를 빛내 주기를 날마다 바란다」(社中少友 徐殷卿申用賓 次第檢擬於政目 老夫日企其釋褐牽絲 以光吾社 _권13)에는 "북촌 골짜기는 선비의 요람"(北山一壑士冀北)이라며 북사의 자부심을 고취시키고, "남들이 알아주기를 근심하지 말고 더욱 글을 읽으라"(無患人知愈讀書)고 충고하고 있다. 북사에서 옥수의 지위가 어느덧 선배요 어른으로 올라섰음을 알 수 있다.

1870년대에는 신석희(1873)와 박규수(1876)마저 세상을 떠났으나,[125_] 이 시기에 들어 계전桂田 신응조申應朝(1804~1899)[126_] · 기당祁堂 홍순목洪淳穆(1816~1884) 등이 새롭게 시우가 되었다. 그리고 흥선대원군 이하응李昰應(1820~1898)과도 이 시기에 활발한 시사 활동을 벌였다. 옥수와 대원군은 이전부터 알고 지내는 사이였는데,[127_] 『옥수집』에는 1870년 중반 이후에야 수창하는 시가 등장하고 있다. 이는 대원군이 실각한 시점(1873)과 관련이 있을 것으로 생각된다. 타의에 의해 권좌에서 물러난 대원군은 옥수 등의 '시인'들과 어울리면서 울울

125_ 권17, 「위사를 곡함」(哭韋史); 권19, 「환재 상공을 곡함」(哭瓛齋相公)

126_ 신응조는 옥수에게 종종 경제적 원조를 주기도 했다. 권17, 「신계전이 기사로 다달이 쌀을 보내와 내 입에 풀칠을 하게 해 주다」(申桂田 送耆社月致米 以糊余口)

127_ 「김효헌이 좋은 종이를 사서 조수를 타고 와서는 하루 낮 이틀 밤 동안 부탁을 했으나 그의 부탁을 들어줄 수 없었다」(金生孝憲 購佳紙 乘潮而至 困我一晝二夜 無以塞其意 _ 권6, 장4앞. 1858년작)에는 "석파가 내 글씨를 특별히 좋아한다"(石坡酷愛余書)라는 주석이 달려 있다. 김정희 문하에 출입한 인연으로 두 사람은 서로 알고 있었다고 생각된다. 또 「장생로」長生路(권11, 1866년작)에서 옥수가 경복궁 중건을 예찬한 것도 대원군과의 인연과 무관하지 않을 것이다.

128_ 권18, 「황석연의 생일날 시우들을 초청했는데 비가 와서 성사되지 못했다. 그 다음날 비로소 모이니 대원합하께서 오백닢으로 술을 보내셨다」(黃石然生朝 邀詩伴 雨未果 其翌始會 大院閣下 以五百銅 致酒資); 「석파합께서 내린 시에 삼가 차운하다」(謹次 石坡閣下賜詩韻 幷小序) 장46앞, "내 생일날 소 한 마리를 받았다."(冕鎬生日, 蒙賜一頭牛.); 권26, 「내가 쓰는 도장의 색이 갈라지고 마르자 대원합하께서 붉은 물감을 주시고 계화유를 주시다」(冕所用印 色渝乾 大院閣下命以硃盒進添 桂花油賜之)

한 심사를 달랬던 것이 아닌가 한다. 대원군은 옥수의 시사 활동을 물적으로 돕기도 하고,[128] 1875년에는 옥수를 자신의 별장이 있는 삼계三溪[129]로 불러 성대한 시회를 열기도 했다. 그때 지어진 시들을 모은 『호국계풍집』湖菊溪楓集이 현재까지 전하고 있는데 그 서문은 옥수가 쓴 것이다.[130]

그리고 이 시기에도 옥수를 찾는 후배들의 발길은 계속해서 이어졌으니, 일재一齋 어윤중魚允中, 고우古愚 김옥균金玉均,[131] 창강滄江 김택영金澤榮(1850~1927),[132] 양원陽園 신기선申箕善(1851~1909), 구당矩堂 유길준兪吉濬, 운양雲養 김윤식金允植(1836~1922) 등이 옥수를 찾아 함께 수창했다. 옥수는 이러한 후배들과 함께하는 것을 매우 기뻐하여, 신기선·유길준 등이 찾아왔을 때는 "제현들이 어찌나 나를 후대하는지, 함께 모여 이 누추한 집을 찾아 주었네"(諸賢何厚我, 聯武過蓬門.)라며 반가움을 표시하고, "선비의 기상은 나라의 근본"(士氣國之元)이니 앞으로 기대가 크다는 덕담을 하기도 했다.[133] 그런데 이들 가

129_ 현재 서울 세검정 부근에 있는 석파정石坡亭을 말한다. 원래 김흥근金興根의 소유였던 것을 대원군이 억지로 빼앗았다는 일화가 유명하다(『매천야록』梅泉野錄 권1). 그러나 김흥근 이전에는 조종영趙鍾永의 소유였으며(『옥수집』권2,「계당에서 느낌이 있어」溪堂 感事), 또 그 이전에는 옥수의 5대조 조정만의 소유였다고 한다(『옥수집』권2,「성곽을 나가 삼계의 선장으로 가다〔장원은 오재공이 조성한 것이다〕」出郭 抵三溪先莊〔莊爲 寤齋公所營〕).
130_ 규장각 소장, 3권 1책. 「호국계풍집 목록」에는 이 시회에 참석했던 이들의 명단이 실려 있다. 차례로 열거하면, 홍선대원군, 조면호, 최우형崔遇亨, 서돈보徐惇輔, 이중무李重務, 김기찬金基纘, 이봉기李鳳基, 황진규黃鑪奎, 서능순徐能淳, 이의로李宜魯, 김규락 金奎洛, 유익수柳翼秀, 정석봉鄭錫鳳, 송환기宋煥驥, 석釋 묘파妙坡 등이 나이순으로 기록되어 있다. 이 가운데 황진규는 옥수의 절친한 시우였고, 김규락은 『운하견문록』雲下見聞錄의 저자이다. 그동안 학계에는 김규락에 대한 정보가 알려진 것이 없었는데, 『호국계풍집』에 간단한 인적사항이 나와 있다. 자는 우홍禹洪, 호는 낭오浪五이며, 본관은 김해金海, 벼슬은 직장直長이며, 나이는 당시 48세였다.
131_ 권16,「고우의 시권을 빌려 읽다」(借讀古愚詩卷 附和). 1872년작.
132_ 권17,「김택영을 머물게 하여 함께 시를 짓다」(留金生澤榮 共賦). 1874년작.

운데 김옥균, 유길준 등과 수창한 시는 『옥수집』에 각각 한 편씩만 실려 있는 반면, 어윤중, 신기선, 김윤식 등과는 지속적으로 시문을 교환한 자취가 남아 있다. 대체로 후자는 이른바 '온건개화파'에 속하는 인사들이라 할 수 있다. 옥수의 사상적 지향이 이들과 더욱 상통하는 면이 있었던 것으로 생각된다.

1880년대에 들어서도 옥수의 왕성한 창작열은 조금도 식지 않았다.[134_] 황진규,[135_] 김창희, 김기수, 신기선, 어윤중 등의 시우들이 말년까지 옥수의 곁에 있었고, 미산眉山 한장석韓章錫(1832~1894)도 만년의 옥수와 교유가 잦았으며,[136_] 매천梅泉 황현黃玹(1855~1910)과도 시문을 주고받은 일이 있었다.[137_] 그리고 이 시기에는 1882년 임오군란을 계기로 조선에 들어왔던 청군淸軍에 속해 있던 중국 문인들과도 수창을 했다.

옥수가 청나라 문인들과 교유하게 된 계기는 임오군란의 이듬해인 1883년 7월 김창희가 주선하는 모임에서 제독 오장경吳長慶의 막료인 주가록,[138_] 장건,[139_] 주명반[140_] 등을 만나면서부터이다. 당시 김창희는 청군을 응대하는 영접관의 역할을 맡고 있었는데 산문 창작에는 자신이 있었으나 시문에 능하지 못했던 그는 중국 인사들에게 주는 시문의 대작代作을 옥수에게 부탁하는 한편,[141_] 옥수를 중국 인사

133_ 권18, 「이도재, 신기선, 김사필, 유길준, 어윤수 등이 밤에 찾아오다」(李聖一〔道宰〕申言汝〔箕善〕金景良〔思弼〕俞聖茂〔吉濬〕魚汝源〔允洙〕乘夜而至). 1875년작.
134_ 『옥수집』 전체 33권 가운데 21~28권이 1880년대 이후에 지어진 작품들이다.
135_ 황진규는 만년의 옥수와 가장 가까운 사이였다. 옥수는 "내 마음속의 일, 오직 석연石然만이 안다네"(玉垂心內事, 惟有石然知.)라고 말할 정도였다(권26, 「마음속 일」心內事 장19뒤).
136_ 『옥수집』에는 한장석에게 보낸 편지 17편이 수록되어 있다.
137_ 「황운경의 홍엽정 시에 차운하다」(次黃雲卿紅葉亭共賦韻 _권21); 「황운경의 금강산시권과 영재 이건창의 독본에 차운하다」(題黃生雲卿金剛詩卷・李寧齋〔建昌〕讀本 _권22)

들에게 소개해 주었던 것이다. 따라서 옥수와 중국 인사들과의 수창은 어느 정도 외교적이고 형식적인 성격으로 출발했다고 볼 수 있으며, 이때 지어진 옥수의 시문들도 상당부분 그러한 성격을 띠고 있다.

그러나 이들의 만남은 한중문학 교류사에서 특기할 만한 의의를

138_ 주가록은 전형적인 학자·문인이었다. 그의 문집 『수개당집』壽愷堂集(『近代中國史料叢刊』 83, 台北:文海出版社, 1967)에 붙인 장건의 서문에 의하면 그는 평생토록 각고의 노력으로 문장을 짓고 또한 고거考據와 수교讎校의 학문에 힘을 기울여, 『시전자의소증』詩箋字義疏證, 『삼례자의소증』三禮字義疏證, 『곡량전통해』穀梁傳通解, 『삼국지교감기』三國志校勘記, 『진서교감기』晉書校勘記, 『해문청도지』海門廳圖志, 『조선국왕세계표』朝鮮國王世系表, 『조선재기비편』朝鮮載記備編, 『조선악부』朝鮮樂府, 『국조예문비지』國朝藝文備志, 『반절고의』反切古義, 『공법통의』公法通義, 『수개당시문집』 등의 저술을 남겼다고 한다. 이 가운데 『조선국왕세계표』(조선 연표), 『조선재기비편』(조선에 대한 인문 지리서), 『조선악부』(조선의 풍정을 노래한 악부) 세 편은 한데 묶여 『오이조선삼종』奧篨朝鮮三種이란 서명의 책으로 따로 출판되었던 것인데, 조선에 있던 동안 보고 듣고 조사한 내용을 저술로 남긴 데서 그의 학자적 면모를 다시금 확인할 수 있다. 그리고 그의 문집인 『수개당집』의 권10은 '고구려집'高句麗集이란 부제가 있어 조선에 있을 때 지은 시문을 수록해 놓고 있다.

139_ 장건은 조선을 중국의 속방으로 만들어야 한다는 견해를 지닌 인물이었는데(『한국사 38』, 국사편찬위원회, 1999, 306면), 김택영이 중국으로 망명했을 때에는 김택영을 적극 후원하기도 했다. 『여한십가문초』麗韓十家文鈔에 실린 김택영의 「장계자시록서」張季子詩錄序는 장건의 시집 서문이다. 『장계자시록』張季子詩錄(『續修四庫全書』 1575, 上海古籍出版社, 2001)에는 장건이 옥수에게 지어 준 「조선 조옥수 참판의 이태동잠시권의 뒤에 쓰다」(書朝鮮趙玉垂參判〔冕鎬〕異苔同岑詩卷後)와 「옥수의 첩을 조롱함」(調玉垂逸妾 _이상 권4)이 실려 있다. 이후 장건은 실업가로서 더욱 큰 명성을 날렸다(宋希尙, 『張謇的生平』, 臺北:中華叢書編審委員會, 1963).

140_ 주명반은 대조선 정책에 있어 원세개袁世凱와 대립하는 온건한 인물이었다고 한다(김성남, 「19세기말 중국인들의 조선 기행 저술 연구」, 『근대전환기 동아시아 속의 한국』, 성대 출판부, 2004, 86~90면 참조). 주명반은 문집으로 『계지화헌유집』桂之華軒遺集(臺北:文海出版社, 1966)을 남겼다. 이 문집에는 「조선의 석연 황진규에게 화답하다」(和朝鮮黃鎭奎石然 _권3)란 시가 있는데, 여기에 "팔십 먹은 늙은 중추 옥수가, 황공의 절개가 각별하다 말했네"(玉垂八十老中樞, 爲道黃公節槩殊.)란 구절이 보인다.

141_ 권24, 「주만군을 전별하다」(贐別朱曼君〔銘盤〕) 장34뒤. "김석릉이 영접관이 되었다." (金石薐爲伴接官)『옥수집』에는 이때 옥수가 김창희를 대신해 지은 시들이 여러 편 보이는데, 주로 산문에 장기를 지녔던 김창희가 옥수에게 시작詩作을 부탁한 것이라 생각된다.

지닌 것이었다. 한중의 문학 교류는 유구한 전통을 지녔지만 명나라 멸망 이후로는 양국의 문사들이 조선 땅에서 만나지 못했는데, 임오군란을 계기로 양국의 문인들이 비로소 다시 조선 땅에서도 만나게 되었던 것이다. 그리고 이 시기부터 동아시아는 중세의 화이華夷 체제를 청산하고 본격적인 근대近代 체제로 진입하여 개인 자격으로 국경을 넘는 일이 가능하게 되는데, 이러한 전화轉化의 촉매제가 된 것이 또한 임오군란이라는 국제적 사건이었다.

옥수와 중국 인사들의 교유는 외교적 성격에서 출발했지만, 이들은 선배들이 줄기차게 이어 왔던 양국 문학 교류의 전통을 의식하며 자신들이 그 전통을 이어 간다는 의식을 가지고 시문을 교환했다. 나아가 이들의 교류는 변화된 시대 상황에 대응하여, 서세동점西勢東漸의 절박한 시국에 대처하기 위해서는 문화적 동질감을 바탕으로 한 동아시아의 연대가 필요하다는 인식에까지 이르렀다. 이러한 인식은 구래의 중화적 화이 관념으로부터 상당히 탈피한 것으로, 오늘날 우리 사회가 추구하는 '동아시아'의 원형적 모습으로 평가할 수도 있다.[142]

이처럼 옥수는 그 자신이 중국 땅을 밟아 본 일은 없었지만 만년에 국내에서 청조 인사들과 시문을 수창하는 기회를 가질 수 있었다. 하지만 그는 일찍부터 연행燕行에 참여하는 인편을 통해 중국 인사들과 시문을 교환하고 있었다. 옥수의 숙부 조기겸과, 옥수 집안의 문객이었던 이수민李壽民이 1828년 4월 각각 진하사절단의 서장관과 서기가 되어 연경으로 갈 때 옥수의 시문을 가지고 가서, 옥수玉水 조강曹

---

[142] 임오군란기 한중 문인의 교류에 대해서는 김용태, 「임오군란기 한중문인의 교유양상」, 『한문학보』 17, 우리한문학회, 2007 참조.

江,[143]_ 추음秋吟 장시蔣詩,[144]_ 난설蘭雪 오숭량吳嵩梁,[145]_ 운객雲客 웅앙벽熊昻碧,[146]_ 묘교卯橋 정태丁泰,[147]_ 다심茶心 여동훈厲同勛[148]_ 등과 교분을 틀 수 있었던 것이다.[149]_ 같은 해 10월 동지사행의 비장裨將으로 북경을 다녀왔던 박사호朴思浩가 웅앙벽을 만났을 때, 웅앙벽은 "행인幸人 조기겸 숙질叔侄과 영초靈樵 이수민 등을 못내 잊을 수 없다"고 말한 바 있는데,[150]_ '조기겸 숙질'이란 조기겸과 그의 조카 옥수를 가리키는 말일 것이다. 그러나 이후 옥수는 개인사의 부침 때문에 이 인연을 지속하지 못했고, 이것을 매우 안타깝게 여겼다.[151]_

그러다가 신석우가 1860년 동지정사로 북경에 가서 심병성沈秉成[152]_과 교류하며 옥수를 소개하자, 심병성은 옥수를 위해 대련을 써서 보

143_ 또 다른 호는 석계(石谿). 상해 사람이다. 일찍이 박제가, 유득공, 김정희 등과 교유했다. 유득공의 『연대재유록』燕臺再遊錄에 그에 대한 자세한 사항이 실려 있다.
144_ 자는 천백泉伯, 벼슬은 시어사侍御史에 이르렀다. 기윤紀昀의 문인으로, 기윤이 홍양호의 문집에 서문을 지어 줄 때 그 글씨는 장시가 썼다. 장시는 두 아들인 소천小泉 장월蔣鉞과 용재容齋 장방蔣鈁을 두었는데 두 아들도 옥수와 교유했다.
145_ 1766~1834. 또 다른 호는 철옹澈翁. 장사전蔣士銓과 옹방강翁方綱의 문인이며, 김정희 일파와 폭넓게 교유했다.
146_ 자는 금배수裵, 또 다른 호는 노유露薐. 이때 웅앙벽은 장시의 집에 우거하고 있었다.
147_ 자는 예안禮安. 1784년 생으로 1817년 진사에 올라 내각중서內閣中書를 역임했고, 문집으로 『선관려시집』仙卡廬詩集이 있다.
148_ 자는 관경冠卿. 강남江南 사람이다. 이상의 중국인들에 대해서는 박사호의 『심전고』心田稿 3, 「응구만록」應求漫錄에서 정보를 얻을 수 있다.
149_ 권28, 「매암 채태사에게 주는 편지」(與蔡梅盦太史書); 권16, 「감시절구」感詩絶句 제33수 참조.
150_ 박사호, 『심전고』 3, 「응구만록」, '유서관기' 楡西館記. "趙幸人基謙叔侄, 李靈樵壽民, 眷眷不能忘." 민족문화추진회, 『국역연행록선집 IX』, 253면 참조.
151_ 권16, 「노유 웅운곡에게 화답하여 부침」(和寄熊露薐雲谷) 장43앞. "제가 낙백하여 소식을 잇지 못했으니 이생의 지극히 안타까운 일입니다."(冕鎬落魄, 未克嗣音, 此生至恨者也.)
152_ 1823~1895. 자는 중복仲復, 절강성 귀안歸安 출신. 함풍 6년(1856) 진사시에 합격해 벼슬이 안휘순무安徽巡撫에 이르렀다. 백성들에게 잠상蠶桑을 강조하고 수리 시설에 관심이 많았으며 금석서화에도 일가견이 있었다. 『잠상집요』蠶桑輯要 등의 저술이 있다.

내 준 일도 있고,[153] 또 김창희가 1865년 동지사절의 서장관으로 가서 장병염張丙炎[154]으로부터 '옥수거사'玉垂居士라 쓴 편액을 받아 온 일도 있었다.[155] 그리고 1880년대에는 서상우徐相雨의 입연入燕을 계기로 채수기蔡壽祺,[156] 복문섬濮文暹[157] 등과 시문을 교환할 수 있었다.

북촌은 서울의 중심이자, 조선의 중심이었다. 학문과 예술에서 최신의 사조가 유행하고, 세계 정세에 대한 정보가 조선에서 가장 빨리 교환되었으며, 역사의 전면에서 활약했던 인사들이 모여 살던 곳이었다. 바로 그러한 북촌에서 벌어지는 시회詩會에 대하여 홍기문洪起文은 "철종 말년 또는 고종 초년에 이르러 서울 북촌에는 번창한 두 사랑이 있었으니 하나는 옥수 조면호요, 다른 하나는 환재 박규수다"[158]라고 언급한 바 있어, 옥수가 북촌시사의 중심적 인물이었음을 확인할 수 있다.

그런데 홍기문은 위 언급에 바로 이어 "전인의 사랑에는 오로지 음풍농월하는 시인 묵객들의 모임이었지만 후인의 사랑에는 다 각각 자기대로 경륜과 포부를 가져 천하를 놓고 대세를 의론하는 도당이었

153_ 권30, 「심병성이 써 보낸 주련에 쓰다」(題沈仲復〔秉成〕所書珠聯後〔癸亥〕).
154_ 1826~1905. 자는 오교午橋, 호는 용원榕園·약농藥農. 함풍 9년(1859) 진사시에 합격하여 벼슬은 염운사鹽運使에 이르렀다. 김영작金永爵과 특히 가까운 사이였으며 저서로 『빙구관사』冰甌館詞, 『용원총서』榕園叢書 등이 있다.
155_ 권16, 「장병염에게 주다」(贈張午橋編修〔丙炎〕).
156_ 자는 매암梅盦. 도광 20년(1840)에 진사시에 합격하여 벼슬은 서길사庶吉士를 지냈다. 저서로 『몽록초당시초』夢綠草堂詩抄가 있다.
157_ 1830~1909. 자는 청사靑士, 호는 수매자瘦梅子. 동치 4년(1865) 진사시에 합격하여 남양부 지부南陽府知府 등을 역임했는데 지방관으로서 명성이 높았으며, 『홍루몽』紅樓夢 연구로 일가를 이루었다. 저서로 『견재감집』見在龕集이 있다.
158_ 홍기문 저, 김영복·정해렴 편역, 『홍기문 조선문화론선집』, 현대실학사, 1997, 196면. 이 글은 『서울신문』의 지면을 통해 1946년 2월 28일~3월 6일에 걸쳐 연재된 「3·1운동의 민족사적 의의」라는 논설문의 일부이다.

다"고 덧붙였다. 이는 시인으로서의 옥수와 경세가로서의 박규수를 대비한 표현으로 이해할 수 있겠지만, 옥수의 사랑과 박규수의 사랑이 완전히 별개인 것처럼 표현하고 있는 것은 사실과 다르다.

우선 옥수와 박규수는 매우 가까운 벗이었고 교유 인물이 상당 부분 겹친다는 점을 상기할 필요가 있다. 물론 박규수는 당대의 대표적 경세가였고, 옥수는 그야말로 전문적인 시인이었던 만큼, 두 사람의 성격이 같을 수는 없을 것이다. 그러나 옥수는 넓은 의미의 '경화사족'에 속하기는 했지만, 상대적으로 빈한한 처지였기에 경화사족의 사치스런 문예 취향을 비판적으로 조감할 수 있었고, 또 박규수와 같은 경세가들과 긴밀히 교유하며 격변하는 세계정세에 대한 이해를 공유할 수 있었다. 그래서 옥수의 시 세계에는 경화사족으로서의 문인적 취향과 비판적 사의식士意識이 함께 담겨 있음을 볼 수 있다.

그리고 '철종 말년, 고종 초년'의 1860년대 전반기는 옥수가 환로에 좌절을 겪고, '자지자부지선생'自知自不知先生이라 자호하며 고아한 문인 취향의 예술 세계에 침잠하던 시절이었다는 점도 고려해야 할 필요가 있다. 또 병인년과 신미년 두 차례 양요가 일어났을 때 옥수가 창작한 「서사잡절」 전후편은 그야말로 '역사에 대응하는 문학'이었음도 기억해야 한다. 「서사잡절」 전후편에는 당시로서는 고급 정보에 속했을 법한 내용들이 상당히 많이 들어 있는데, 옥수가 이러한 정보를 접할 수 있었던 것은 그의 곁에 박규수와 같이 당대 역사의 전면에서 활약했던 북촌의 시우들이 있었기에 가능했을 것이다. 그러한 점에서 「서사잡절」은 북사가 낳은 작품이라고 볼 수 있다.

1881년 수신사가 되어 일본으로 떠나는 조병호趙秉鎬에게 옥수는 증서贈序를 써 주며, "이제 저 오기五畿의 형편, 칠도七道의 안팎, 삼도三島의 험조險阻를 그대는 하나하나 조사하고, 산천·풍토·성곽·궁실·풍속의 핵심을 파악하여, 복명하는 날 남김없이 아뢰도록 하라"[159]
는 충고를 하고 있고, 같은 해 영선사로 중국에 가는 김윤식에게는
"사士가 나라에 몸을 맡기면, 험하고 편하고 질고 마른 것을 감히 마
다하지 않는 것이 하늘과 땅의 이치이다"[160]라는 말을 해 주고 있음을
볼 수 있다. 단편적인 언급들이지만, 북촌 시우들이 공유하고 있던 사
의식을 실감할 수 있는 예화들이라 할 수 있겠다.

---

[159]_ 권29, 「수신사로 가는 재종제 문경을 전송하며」(送再從文卿信使序) 장27앞. "今五畿之體勢, 七道之表裏, 三島之險阻, 文卿 可悉其一一, 可攬其山川風土城郭宮室民物之綱領. 復命日, 敷陳."

[160]_ 권29, 「영선사로 가는 김윤식을 전송하며」(送領選使金洵卿允植序) 장28앞. "士許身於國, 夷險燥濕, 有不敢辭, 卽天經地義也."

2
시 정신의 형성과 그 지향점

소동파를 만나다

서울 북촌에서 시사 활동을 함께 하며, 옥수와 가까이 지냈던 남병철은 「회인시」懷人詩(三十二首)에서 옥수의 모습을 다음과 같이 그리고 있다.

묵궤와 서상 모두 가지런히 정리되니	墨几書床盡整齊
얼음처럼 맑아 얼룩 하나 볼 수 없네.	氷清不見一枕泥
근래 지은 '구루공청'[1] 구절을 들어보니	近聞勾漏空青句
이옥계가 환생한 듯하도다.[2]	髣髴三生李玉溪

---

[1] 옥수가 지은 시구를 지칭하는 것으로 생각된다. '구루'는 진晉나라 갈홍葛洪이 수련을 했다고 전해지는 '구루산'을 말하고, '공청'은 석약石藥으로 도교를 수련하는 사람들이 연단에 사용했던 '팔석'八石 중의 하나이다. 청대의 시인 오위업吳偉業이 지은 시구 가운데 "미관의 말직은 구루산에서 공청으로 양생함과 같네"(一官勾漏養空青,「수륙맹부칠십」壽陸孟鳧七十〔其二〕)라는 것이 있어 참고가 된다.

[2] 남병철,『규재유고』圭齋遺稿 권1, 장14. 이 시 뒤에는 「소발견백」梳髮見白(二首)이란 작품이 있고 그 서문에 "나는 올해 스물여섯이다"(余今年二十有六)라는 말이 보인다. 남병철이 26세였던 해는 갑진년(1844)이다.

이 시는 사십대 초반 옥수의 모습을 그리고 있다. 여기에는 다소 우호적인 과장이 있을 수 있겠지만, 남병철이 전하는 옥수의 인상은 매우 깔끔하고 맑다는 점이 인상적이다.[3] 그런데 여기서 보다 주목하고자 하는 것은 이 시기 옥수 시문학의 특징을 설명해 주고 있는 결구이다. 남병철은 옥수를 두고 '이옥계'의 환생이라고 칭송하고 있는데, 이옥계는 만당시晚唐詩를 대표하는 이상은李商隱을 가리킨다. 그런데 북촌시사의 또 다른 시우였던 조병헌趙秉憲 역시 옥수가 이상은의 구기口氣를 닮았다고 놀린 적이 있었다.[4] 또 이 시기에 지어진 옥수의 시 중에는 「발을 내리고 옥계를 흉내내다」(下簾效玉溪 _권1), 「지난날을 추억하며 옥계의 시운을 쓰다」(憶舊用玉溪詩韻 _권2)와 작품들을 볼 수 있다. 이런 점들을 보면 사십대 초반까지 옥수는 이상은을 대표로 하는 만당풍의 시에 심취해 있었다고 볼 수 있을 듯하다.

그리고 이 점은 어린 시절 옥수에게 시를 가르쳐 주었던 서원犀園 김선金鏇의 영향과 무관하지 않을 것이다. 김선의 형 김려는 「서원의 시집에 쓰다」(題犀園詩雋卷後)라는 글에서 김선의 시 세계를 이렇게 평가했다.

내가 우리나라 사람의 시를 읽어 보니, 고려 이후로 거장이라 칭할 수 있는 자들도 모두 겨우 본뜨고 억지로 끼워 맞춤에 불과하다. 유독 석주石州 선생만이 삼당三唐을 모의했으나, 종종 그림자를 붙들고 메아리

---

[3] 옥수의 부친은 어린 옥수에게 이렇게 가르침을 내렸다. "불초를 꾸짖으시며, '너는 옷이 깨끗하고 벼루와 먹이 정갈하기를 바라느냐? 이는 너의 고질병이다. 경계하라.'"(戒不肖曰, 汝欲巾裳潔乎? 研墨精乎? 是汝大病痼, 戒之哉! 권32, 「선부군가장」先府君家狀 장25앞.)
[4] 『습유』 권1, 「부화」復和. 이 시는 1830년대 후반에 지어진 것으로 추정된다. "금공이 와서 시를 이야기하다가 나보고 옥계의 구기라고 조롱하였다."(錦公來, 以詩話反之, 嘲余以玉溪口氣)

를 따라가고 말아, 일가를 이루지 못했다. 근래 죽장竹莊 이 공이 나름의 안목을 열고 뼛속까지 씻어내어, 아름답게 대아大雅의 성대함을 갖추었다. 서원犀園이 공을 따라 수십 년 노닐어 비로소 근본을 넓히고 문호를 활짝 열어, 그의 고풍古風은 위로 위진魏晉에 핍진하고, 그의 율시는 양당兩唐에 어깨를 견줄 만하니 아름답고도 훌륭하도다.[5]

김려는 이 글에서 우리나라 한시사漢詩史를 당시풍 중심으로 살피며, 중요한 시인으로 석주 권필權韠, 죽장 이우신李友信, 서원 김선을 들고 있고 김선에 대해서는 특별히 '위진'과 '양당'을 언급하여 그 시 세계를 설명하고 있다. 김려의 이 같은 평가를 신뢰한다면, 김선은 '당시풍'을 추구한 시인이었다고 보아도 좋을 듯하다. 그리고 옥수가 젊은 시절 이상은에 심취했던 것도 그의 시 스승이었던 김선의 당시풍과 무관하지 않을 것이다.

그런데 이러한 옥수의 시풍은 사십대 후반의 나이에 김정희를 본격적으로 종유하면서부터 변화하게 되는데, 그러한 변화를 추동시킨 주요한 요인의 하나로 동파東坡 소식蘇軾을 꼽지 않을 수 없다. 김정희 일파는 청조 고증학의 대가 옹방강翁方綱의 영향을 받아 소식을 각별히 애호했는데,[6] 옥수가 지은 「제경등루」題竟登樓(권4)를 보면 그러한 동파 추숭의 분위기가 어떠했는지를 볼 수 있다.

---

[5] 『담정유고』藫庭遺稿 권10, 「제서원시준권후」題犀園詩雋卷後 장22. "余讀東人詩, 自麗朝以後, 稱以鉅匠者, 皆不過規矩雌黃, 而獨石洲先生, 模擬三唐, 然往往捉影尋響, 未成一家. 近來竹莊李公, 別開心眼, 換滌骨髓, 渢渢乎大雅之盛, 而犀園從公遊數十年, 始恢拓基址, 廣闢門戶. 其古風上逼晉魏, 其律詩肩視兩唐, 猗歟偉哉!"
[6] 후지쓰카 지카시 저, 박희영 역, 『추사 김정희 또다른 얼굴』, 아카데미하우스, 1994, 104~114면 참조. 김정희 일파의 소식 애호는 그들이 그린 〈동파입극도〉東坡笠屐圖를 보면 단적으로 알 수 있다(유홍준, 『완당평전 2』, 499~504면 참조).

포석분7- 앞에다가 소식의 초상화 모시고	蒲石盆供蘇像前
명가의 글씨와 옛 예서를 빙 둘렀네.	名書古隷相周旋8-
향을 사르고 삼생게를 한 번 읽으니	瓣香一讀三生偈
푸른 기운 짙어져 누대는 안개에 잠기누나.	綠意濛濛樓似烟

전구의 "향을 사르고"(瓣香) 대목에 소식에 대한 숭모의 정이 직접 드러나 있다. '판향'은 불교에서 쓰는 말로, 사제 간의 연을 맺는다는 뜻이니, 옥수는 동파를 마음의 스승으로 받아들였던 것이다. '삼생게'는 무엇을 지칭하는지 분명치 않으나, 동파가 불교의 운문 갈래인 '게' 창작을 즐겨했던 것을 따라 옥수도 '게'의 형식을 통해 자신과 김정희, 옹방강, 소식 등 네 사람이 삼생을 통해 인연을 이어 가고 있다는 뜻을 담아냈던 것이 아닌가 한다.9-

『옥수집』의 또 다른 자료들을 보면, 옥수는 김정희가 소장하고 있던 주학년朱鶴年의 동파 그림과 오력吳歷의 〈동파입극도〉를 모사한 그림을 물려받아 자신의 방에 걸어 두고,10- 동파의 시를 차운하며, 해마

7_ 포석분은 돌 화분에 창포를 기른 것으로 문인들의 아취雅趣를 드러내는 소도구였으며, 서재의 공기를 시원하고 맑게 하는 기능도 있었다.
8_ 여기에는 다음과 같은 원주가 있다. "집에 동파공의 초상화, 담계(옹방강), 완당(김정희)의 예서 글씨를 걸어 두고 포석분을 그 앞에 두어 더위를 피하였다."(樓揭坡公像覃阮書隷, 供盆于其前, 作消夏緣.)
9_ 『옥수집』에는 옥수가 신석희, 박규수 등과 함께 게를 창작했던 자취가 남아 있다. 권27, 「명엽게」明葉偈(幷小記) 참조.
10_ 권4, 「동파 초상 두 점을 걸다」(揭坡像二幀). 이 두 그림에 대해서는 후지쓰카 지카시, 앞의 책, 140·141면 참조.
11_ 「坡公生日夜 燒香于笠屐像前 曉月在窓 有懷同人」(권8); 「玉垂賤降 後坡公七日也 今年無聊 不能作坡公生朝可恨 乃以賤降前宵 展坡公集 出舊蓄小石二十頭 作盆供一根水仙花 亦聞於其間」(권11); 「東坡生日是年丙子也 尤奇 瀹茶爇香於遺像 禮之」(권19); 「冷枕淹痾 聞淵齋公 往會竹圃書所 共作東坡生辰 恨未與焉 率寫一詩 以寄竹圃(東坡生辰 在於十二月 十九日)」(권21)

다 동파의 생일이 돌아오면 벗들과 어울려 기념하는 자리를 마련하기도 했다.[11] 옥수는 가히 당대 동파 유행의 한가운데에 있었다고 말할 수 있다.

그리고 '동파'라는 '인격'은 문학과 예술로서의 전범을 넘어 옥수의 삶에 큰 위안이기도 했다. 다음은 옥수가 1858년 강서江西로 귀양을 가는 길에 지은 「동파점」東坡店(권5)이다.

문호文豪란 칭호는 바라지도 않지만	文章稱號不干它
땅이 다르고 시대가 먼 것은 또한 어이할거나.	異地遙年且奈何
유배객이 되어 여기 이른 것은 마찬가지이니	同作逐臣今到此
나를 '조동파'라 불러도 무방하리.	無妨喚我趙東坡

'동파점'은 서북 지역으로 나아가는 길목인 파주에 있던 역驛이다. 유배객인 옥수가 이 역의 '동파'란 명칭을 보고 느꼈던 깊은 감회가 이 시에 표출되어 있으니, 기구와 승구에는 동파와 닮고자 하는 욕망이 역설적으로 드러나 있고, 전구와 결구에는 동파를 통해 위안을 얻으려는 심리가 드러나 있다. 동파도 황주黃州의 '동파'로 유배 간 일이 있음을 떠올리며, 은근히 자신과 동파를 동일시하고 있는 것이다. '조동파'라는 해학적 표현이 눈길을 끈다.

이처럼 옥수는 동파라는 존재를 마음 깊이 받아들였는데, 이는 시 문학 분야에서도 마찬가지였다. 송시풍宋詩風의 한 전형이라 할 수 있는 '동파체'東坡體는, 희소노매喜笑怒罵의 감정이 숨김없이 드러나고, 희학과 풍자가 풍부하며, 일상의 자잘한 일들이나 자조와 같은 자의식까지도 주요한 제재가 된다. 또 산문을 짓는 방법으로 시를 짓고(以文爲詩), 시를 짓는 방법으로 사詞를 짓고, 고체시의 방법으로 근체시

를 짓는 등 갈래의 경계를 넘나드는 것도 주요한 특징으로 들 수 있다.[12]

그 가운데 옥수가 특별히 주목한 것은 다음과 같은 점이었다.

책 속에서 동파공을 뵈오니	卷裏見坡公
공도 나처럼 빈한하였네.	公曾如我貧
종종 좋은 벗들이	往往同志好
처지를 잘 헤아려 주었으니	以有能及人
시 짓는 도구며 차를 도움 받느라	詩械資茗飮
감사하단 말 절로 넘쳤네.	謝語自紛綸
아! 해학을 잘도 하며	吁嗟善爲謔
글을 지음에 빛남을 기약하지 않았도다.	發揮不期彬

1863년에 지은 오언고시 「동파 시를 읽고 느낌이 있어」(讀坡詩有感 _권9)의 전반부이다. 이를 보면, 옥수는 동파도 자신처럼 가난했다는 점에 동질감을 느끼고 있으며, 동파 시의 호쾌한 해학에 호감을 나타내고 있다. 실제로 옥수의 시를 검토해 보면, 옥수가 동파를 애호하게 되면서부터 해학적 표현이 많아짐을 볼 수 있는데, '가난'과 '해학'이 옥수가 동파 시를 이해하는 두 가지 키워드였다고 생각된다.

1882년에 지은 오언고시 「우연히 동파집을 보다가 '화도걸식'을 읽고 느낌이 자못 깊어 이에 화운한다」(偶閱坡集 讀和陶乞食 根觸殊深 乃

12_ 이러한 동파 시의 특질은, 吉川幸次郎 編·小川環樹 注, 『蘇軾』, 岩波書店, 昭和 36(1962); 王洪, 『蘇軾詩歌研究』, 朝華出版社, 1993; 朱靖華, 『蘇軾新評』, 中國文學出版社, 1993; 呂肖奐, 『宋詩體派論』, 四川民族出版社, 2002, 第4章 '東坡體: 宋調的審美範形' 등에 정리되어 있는 내용을 주로 참조했다.

和之_권23)에서도 동파의 '가난'이 핵심적 시상이다.

도연명이 「걸식」을 지으매	淵明有乞食
소동파가 화운하니	子瞻乃和之
어진 사람의 곡진한 뜻이	仁人惻怛意
말에 담박하게 드러났네.	澹澄形於辭
걱정하지 마시오, '걸'은이란 한 글자가	毋傷乞一字
뒷사람 놀래어 눈을 휘둥그레 만듦을.	眼瞠驚後來
마치 이승에서 함께 만나	彷彿倂我世
세 사람이 술잔을 권하는 것 같아라.	三影相勸盃
이 감개를 어찌 그칠 수 있을쏘냐	感慨庸可旣
낭랑히 남긴 시를 읊노라.	朗然詠遺詩
그 자취 따를 수만 있다면	有能蹈轍去
재주가 있건 없건 중요치 않네.	不論才不才
사람에겐 먹는 것이 이렇게 중요함을	民食重如此
나는야 자손들에게 알려 주노라.	吾以子孫貽

도연명은 「걸식」에서 "배고픔이 나를 몰아가니, 어디까지 갈는지 모르겠네"(飢來驅我去, 不知竟何之.)[13]라 노래했고, 동파는 이 시에 차운하여 "아! 천하의 선비들은, 죽고 삶을 한잔 술에 맡긴다"(嗚呼天下士, 死生寄一盃.)[14]라고 노래했다. 옥수는 이 두 가난 노래에 이어 위의 시를 지은 것이다. 마치 세 사람이 함께 술잔을 기울이는 것 같다고 표

---

[13] 陶潛 著·袁行霈撰, 『陶淵明集箋注』 2, 中華書局, 103頁.
[14] 蘇軾, 『蘇軾詩集』 7, 中華書局, 2204頁.

현한 데서, 옥수가 이 두 시인에게 얼마나 깊은 애정을 지니고 있었는 가를 볼 수 있다. 옥수는 도연명과 소동파와 문학에서 깊은 위안을 받았고, 그러한 작풍을 계승하겠다고 생각했던 것이다.

또 1884년에는 「동파가 적벽부를 지은 이래로 고금의 문장가들은 동파를 보름밤의 주인으로 만들었으니 가소로운 일이다. 나 또한 상투적인 말에서 벗어나지 못하여 절구 3수를 짓는다」(東坡赤壁以後 古今 詩文家 以東坡作旣望主 可笑 玉垂亦免不得一例語 有三絶句 _권24)라고 하는 풍자적인 제목의 작품을 짓기도 했다. 이 시의 두 번째 수는 다음과 같다.

팔십 평생 보름밤에 노닐었거니	八十年間旣望遊
아득히 기억나지 않네, 돌아보지도 말자.	茫然不記莫回頭
저승에서 동파가 살아 와 말한다면	九原可作東坡語
오늘날 나는 몇 등이나 받을 수 있을까.	許我當今第幾流

동파가 "임술년 가을 칠월 보름밤에 나는 객과 함께……"로 시작되는 「적벽부」赤壁賦를 지은 이래로 이 작품은 셀 수 없이 많은 사람들에 의해 차운되어 셀 수 없이 많은 아류작들이 탄생되었던 사정을 위 시 제목은 매우 시니컬하게 전하고 있다. 표면적으로는 옥수 자신도 그러한 '셀 수 없이 많은 사람들'에서 벗어날 수 없다고 씁쓸히 말하고 있지만, 그 이면에는 자신만이 동파의 진정한 계승자라는 자의식이 담겨 있다.

한편 '가난'과 '해학' 이외에 동파 시의 '풍자'도 옥수에게 적잖은 영향을 주었다. 소동파는 비판하고자 하는 대상을 직접적으로 비판하고 울분을 토하기보다는 우회적으로 돌려 냉소적으로 풍자하는 수법을 선호했는데,[15] 이러한 수법은 뒤에서 살펴볼 「타전리사」打錢俚詞나 「서사잡절」西事雜絶 등에서 대단히 활발하게 사용되었다. 이 밖에 '이문위시'以文爲詩의 창작 방법이라든가, 소재를 자질구레한 일상생활에서 취한다든가 하는 점에 있어서도, 옥수의 시는 일정하게 동파 시의 영향을 받은 것으로 보인다.

그러나 "여산의 진면목을 알지 못하는 것은, 다만 몸이 이 산속에 있기 때문이네"(不識廬山眞面目, 只緣身在此山中. 「제서림벽」題西林壁)와 같은 시구로 대표되는 소동파의 '철리시'哲理詩류나, 도교적 지향은 옥수 시에서 찾아보기 어려운 점들이다. 이러한 점으로 미루어 볼 때, 동파 시를 대하는 옥수의 입장이 맹목적인 추종은 아니었으며, 자신에게 필요한 요소를 선택적으로 섭취하여 자기의 문학을 풍부하게 하는 데 활용하는 자세를 견지했다고 볼 수 있다.

그런데 동파의 시문학이 우리 한문학사에 미쳤던 영향은 그 역사와 범위가 유구하면서도 광범위했음을 상기하지 않을 수 없다. 고려시대 과거 합격자가 나오면 "올해도 또 30명의 동파가 나왔구나"라고 말했다는 유명한 일화[16]에서 짐작할 수 있듯, 고려조의 동파 문학에 대한 열기는 대단히 뜨거웠다. 그러한 분위기는 조선 전기까지 이어

15_ 예를 들어, 소동파는 정치적으로 반대했던 왕안석王安石의 '신법'新法이 시행된 이후 더욱 어려워진 백성들의 삶을 묘사하며, "농부들은 쟁기질을 그치고 여인들은 광주리를 놓으니, 흰옷 입은 신선들이 고당에 앉아 있네"(農夫輟耒女廢筐, 白衣仙人在高堂. 「우중유천축령감관음원」雨中游天竺靈感觀音院)라고 하여 의욕을 잃은 농민들의 모습을 역설적으로 '신선'이라 표현했다. 또 신법을 주장하는 관료들을 한나라 때의 어진 태수였던 공수龔遂와 황패黃霸에 견주어 "공수와 황패가 조정에 가득하거늘 사람들은 더 괴롭기만 하여 차라리 저 물 속 하백의 부인이 되는 것만 못하군"(龔黃滿朝人更苦, 不如却作河伯婦. 「오중전부탄」吳中田婦歎)이라고 조롱하기도 했다.
16_ 이규보, 『동국이상국집』 권26, 「답전리지논문서」答全履之論文書. "人人以爲今年又三十東坡出矣."

지다가,[17] 조선 중기 성리학의 영향과 조선 후기 의고주의 문학의 영
향으로 침체되었다.[18] 그러던 것이 조선 후기에 들어 '송시풍'이 문단
의 전면에 등장하게 되고,[19] 김정희의 시대에 이르러서 동파에 대한
애호가 다시금 뜨거워졌던 것이다.[20] 이처럼 옥수의 동파 시 애호는
옥수 개인에게만 관련된 문제가 아니라, 문학사의 흐름과 밀접한 연
관을 맺고 있다. 19세기 문학사를 이해함에 있어 동파 시의 수용 양상
은 앞으로의 주요한 연구 주제라고 생각되는데, 옥수는 동파 시 유행
에서 주체적인 수용 양상을 보여주는 좋은 사례라 할 수 있다.

한편, 옥수의 동파 애호는 조선 후기 문학사에 커다란 영향을 끼
쳤던 공안파公安派의 문학과도 일정한 관련성을 지니고 있다. 공안파
문학을 대표하는 원굉도袁宏道에 대해 옥수는 다음과 같이 언급한 바
있다.

> 이 분(公-원굉도)은 입각점이 바르지 않고 말이 어그러지기는 했으나,
> 혹간 그 밝게 견득한 곳은 정말로 보통 사람을 멀리 뛰어넘는다.[21]

이 글은 옥수가 신석우에게 보낸 「해장에게 주다」(1860년대 초반
작)의 일부로, 원굉도 척독의 한 구절을 인용한 뒤에 원굉도라는 인물
에 대해 이 같은 촌평을 덧붙인 것이다. 옥수는 원굉도의 사상이 훌륭

17_ 황위주, 「주자의 소동파 배격과 조선초기 한문학」, 『대동한문학』 5, 대동한문학회, 1993.
18_ 허권수, 「소동파시문의 한국적 수용」, 『중국어문학』 14, 영남중국어문학회, 1988.
19_ 이종묵, 「조선전기 한시의 당풍과 송풍」, 『한국한문학연구』 18, 1995, 236~237면 참조.
20_ 김혜숙, 「추사와 자하의 문학적 교유와 그 영향」, 『대동문화연구』 26, 1991; 유홍준, 『완
당평전』 2, 학고재, 2002, 498~504면 참조.
21_ 권28, 「해장에게 주다」(與海藏書) 장11뒤~13앞. "到今思之, 此公(袁宏道)立脚不經, 言
論乖戾, 而或其見得處之明, 果過人遠耳."

하다고 보지는 않았지만, 그 나름의 독자적인 안목에 대해서는 호의적인 평가를 내리고 있다. 또 1880년대 중반의 작품 가운데 「또 '원중랑집'을 읽다가 느낀 바 있어 드디어 한 수 지으니 또한 원중랑의 시를 모방하지 않을 수 없었다. 이날 바람이 불고 비가 내려 극히 어지러웠다」(又閱袁中郎集 有所感 遂拈一韻 亦不能不擬倣 是日風雨陰晴極眩幻 _권24)라는 작품도 있어, 옥수는 원굉도에 대해 꾸준한 독서를 했음을 알 수 있다.

원굉도는 소식의 문학을 대단히 애호한 문인으로, 개성의 표출을 문학의 제일의第一義로 삼는 문학론을 주창했으며, 송시풍을 추구하여 일상적인 일들을 일기 쓰듯이 시로 표현했고, 일상어나 백화어를 시어로 적극 활용했던 시인이다.[22]

이러한 점을 고려해 보면, 다음에 검토할 옥수의 '오시론'吾詩論은 일정 정도 원굉도의 영향을 받은 것으로 볼 수 있을 듯하다. 옥수는 개성의 표출을 매우 중시하여 그 누구의 시도 아닌 자신만의 독특한 '오시'吾詩(나의 시)를 창작하고자 했고, 그러한 시관詩觀은 까다로우면서도 독특한 구법의 구사로 이어지기도 했는데, 이는 바로 원굉도 시문학의 특징이기도 하다.

22_ 우재호, 「원굉도 시가 연구」, 서울대 박사 논문, 1995, 287~294면 참조.

'나의 시'를 찾아

옥수가 벼슬길에서 멀어져 한거하며 시작詩作에 몰두하기 시작하던 1860년에 지은 시 구절 가운데, "종이 가져다 미친 시 끄적이네"(覓紙寫狂詩)[23]라고 읊은 것이 있다. 자신의 시를 '미친 시'라 일컫는 데서 자신의 시문학을 대하는 옥수의 독특한 자의식을 느낄 수 있다.

또 1863년에 지은 시 가운데에는 그 제목이 「요즘 내 시의 성격(詩性)이 날로 촌스러워지니 시사의 벗들이 나무라고 비웃음이 더욱 심해져서 자못 부끄럽고 또한 고민스럽다. 이 시를 지어 나의 생각을 밝힌다」(近日詩性日野 社友訾笑益甚 殊可愧 亦可悶 爲此以自明 _권9)라는 작품이 있어, 옥수의 '미친 시'가 가까운 시우들에게조차 용납되지 못하는 분위기가 있었음을 볼 수 있다. 이에 대해 옥수는 이 시의 미련에서 "그대들의 법으로는 응당 '나의 법'(我法)을 용납하지 못하리니, 오리와 학의 길고 짧은 다리는 각기 천진天眞에 맡겨두세"(卿法不應容我法, 短長鳧鶴各天眞.)라고 항변하고 있다. 자기의 개성을 존중해 달라는

23_ 권6, 「늦은 저녁밥」(山廚得晚炊) 장61앞.

취지의 말이라 할 수 있겠다.

이처럼 옥수는 자신의 시문학에 대해 저항감을 느끼는 사람들이 많다는 것을 알고 있었지만, 당당하게 자신의 개성을 강조했다. 그러나 그 스스로 창작에 아무런 어려움도 느끼지 않은 것은 아니었다. 역시 1863년에 창작된 「회시」悔詩(권9)는 시문학에 대한 옥수의 고민을 보여주고 있다.

시도가 무언지 문득 깨달고 보니	詩道幡然覺
나는 더듬거리며 가는 맹인의 신세였네.	而余摘埴行
수달이 물고기 제사 지내듯 전고가 수고롭고	獺魚勞使事
봉요·학슬24_ 맞추지만 음조는 어긋날 뿐.	蜂鶴失諧聲
많이 읽고자 하나 한량이 없고	多見不知量
스스로를 속인다면 언제 이름을 내겠는가?	自欺何暇名
차라리 벼루와 먹을 불태워	無寧焚硯墨
혼돈 속에서 여생을 보낼까나.	混沌送餘生

'시도에 대한 깨달음'이란, 기존의 방식을 답습해서는 진정한 시인이 될 수가 없겠다는 자각이다. 기존의 방식이란, 각종 전고典故를 끌어오기 위해 마치 수달이 고기를 잡아 늘어놓듯이 온갖 책을 좌우로 펼쳐놓아야 하고,25_ 율시의 팔병에 속하는 봉요와 학슬을 피하기

24_ 봉요蜂腰와 학슬鶴膝은 한시 작법에서 피해야 하는 여덟 가지 금기 사항인 이른바 '팔병'八病에 속하는 것들이다. 팔병의 나머지는 평두平頭, 상미上尾, 대운大韻, 소운小韻, 방뉴旁紐, 정뉴正紐이다. 자세한 내용은 서경수 편저·엄경흠 역, 『한시의 미학』, 보고사, 2001, 241~242면 참조.
25_ 이는 본래 '달제어'獺祭魚라고 하여 이상은의 괴벽한 창작 태도를 지칭하는 데서 나온 말이다.

위해 억지로 글자를 바꾸어야 하며, 그 끝을 알 수 없는 수많은 고전을 숙지해야 하고, 온갖 규칙을 지키기 위해서는 자신의 감정을 스스로 속이기도(自欺) 해야 하는 것이다. 이러한 관습의 무게에 짓눌려 옥수는 잠시 절필까지 생각했음을 볼 수 있는데, 논의의 핵심은 그러한 복잡한 규칙을 지켜서는 자신의 생각을 자유롭게 펼치지 못하고 스스로를 속일 수밖에 없다는 점이다.

또한 위 시와 비슷한 시기에 지은「조용한 방에서 불을 끄고 누워 근래 지은 몇 편 시를 외워 보니 모두 성운에 맞지 않는다. 이에 스스로 경계한다」(靜室休燈 臥誦近作數詩 都覺不諧 遂自警 _권10)에서도 역시 시작詩作에 대한 고민을 토로하고 있다. 이 시는 칠언율시 2수로 이루어져 있는데, 첫째 수의 마지막 구가 "남은 생애, 나를 속임은 면해 보자"(餘生免自欺)는 것이어서, 역시 '자기'自欺에 대한 우려를 볼 수 있다. 그 둘째 수는 이러하다.

시 짓는 것, 사람들은 하찮게 여기지만	爲詩人小之
잘 짓는 사람 드물도다.	人鮮克爲詩
천 번쯤 거듭 생각이 쌓여도	積有千重案
한 글자의 잘못도 고치기 어렵네.	祛難一字私
눈금이 없으면 저울질을 못하고	無星無秤道
자가 없으면 줄을 그을 수 없다네.	不規不方時
음풍농월이나 엮어서야	批抹風和月
어찌 나 자신을 속이지 않을 수 있겠는가.	那能暗室欺

이 시를 보면 옥수가 개성을 강조하기는 했지만 그저 속에서 나오는 대로 읊는 것이 시의 전부라고 생각하지는 않았음을 확인할 수 있

다. 천 번을 곱씹어도 한 글자를 고치기 어렵다고 한 것에서 시작이 얼마나 지난한 작업인가를 철저히 인식하고 있었음을 볼 수 있고, '눈금'과 '자'의 필요성을 말하는 데서 '시법'의 필요성도 인정하고 있었음을 볼 수 있다.[26] 그런데 이 시에서 가장 주목해야 할 대목은 미련이라 할 수 있다. '음풍농월'이 자기 자신을 속일 수밖에 없다는 것은, 음풍농월의 천편일률적 상투성을 비판하는 것이며 이는 옥수 시의 제재가 다양하다는 점과 연결되는 문제의식이라 할 수 있다.

한편, '스스로를 속이는 것'을 극도로 경계하는 옥수의 시관은 다음과 같은 자의식과 밀접하게 연관되어 있다고 보인다.

세상사람 모두 할 일이 있거늘	世人皆有事
나만 홀로 없네.	而我獨無之
이미 부자가 되지도 못하고	旣不能爲富
관직도 그만두니 어디에 얽매이랴.	解官何所縻
장인이나 상인과도 관계가 없어	非關工與賈
열 손가락 매달아 놓은 듯.	十手如懸縋
(중략)	(중략)
다만 가슴속의 글자들이	但有胸中字
밖으로 나와 제멋대로 시가 되는데	發爲汗漫詩
시가 이루어지면 사람들 눈을 놀라게 하니	詩成駭人見
나보고 특이한 벽癖이라 하네.	謂我癖之奇
내가 시에 벽이 있는 것이 아니요	非我於詩癖

---

[26] 1876년에 지어진 「동생에게 보이다」(示季氏_권19)의 "사람은 글자를 많이 알아야, 시문을 지을 수 있다네"(人能多識字, 乃可爲詩文.) 구절도 같은 맥락에서 이해할 수 있다.

실상 할 일이 없어서인데.	定因無事爲

「조롱에 해명함」(解嘲 _권10)이라는 제목으로, 자신을 희화시키는 과장이 개입되었다는 것을 염두에 둘 필요가 있다. 그러나 다른 할 일이 없어서 시나 짓는다는 말은 보다 면밀히 살펴볼 필요가 있다. 특히 전반부의 부자도 될 수 없고, 관리도 될 수 없고, 장인도 될 수 없고, 상인도 될 수 없다는 말은 더욱 비상한 주목을 끈다. 옥수는 이 문제를 농조로 토로하고 있지만, 실상 그에게는 매우 심각한 문제였을 것이다. 탐장죄로 유배까지 다녀왔으니 사대부로서의 자존심에 큰 상처를 입었고, 그렇다고 다른 직업을 갖는 것도 쉬운 일은 아니었을 것이다. 옥수는 사대부로서의 자기 정체성에 위기를 맞고 있었다고 하겠는데, 그러한 상황에서 시에 탐닉하고 또한 '자기'自欺를 애써 경계했다는 것은, 시를 통해 위안을 찾는 한편 자신의 내면과 거짓 없이 마주하고자 했던 것으로 이해된다.

이러한 논의와 관련하여 다음과 같은 시구들은 옥수의 자의식을 이해하는 데 시사점을 주고 있다.

등불 앞, 내가 나를 대하니	燈前我對我
알 수 없네, 이 사람은 누구인가.[27]	不識此何人
이 적막하고 고독한 몸을 느끼며	感玆幽獨身
내가 나와 이야기를 나눈다.[28]	吾與吾相語

---

[27] 권13, 「몸이 아파 옛 원고를 들추다가」(病中 閱舊藁 甚憫然 遂書三絶 呈澹人)

때때로 내가 나에게 묻노니	時時我問我
나는 어떤 사람인가.²⁹⁻	我是如何人
휴우 길게 탄식하고	噓噓長歎息
내가 나를 돌아본다.³⁰⁻	玉垂顧玉垂

이 시구들에는 마치 근대적 개인을 연상케 할 정도로 '개아'個我에 대한 인식이 뚜렷하다. 옥수가 얼마나 치열하게 '나'에 대해 탐색했는지를 생생히 느낄 수 있는데, 이러한 자세가 그의 시 정신을 형성해 가는 원동력이었을 것이다.

다시 시법에 관한 논의로 돌아가서, 1872년에 창작된 「증소산학사」贈素山學士(권16)의 서문을 보면 본질적으로 시를 어떻게 볼 것인가 하는 문제에 대해 이론적으로 심화된 생각이 드러나 있다.

> 문장이란 것은 정해진 성질(定質)과 정해진 형태(定形)가 고착되어 변하지 않는 것을 말하지 않는다. 신神과 운韻이 형태와 성질의 사이에서 저절로 유동하고, 형태와 성질의 밖으로 신령스럽게 움직여 어떤 기상氣象을 형성하면 그것이 형태와 성질로 옮겨 가게 되는 것이니, 형태와 성질은 그렇게 해야 참됨을 얻게 된다. 어찌 반드시 네모, 동그라미, 굽은 것, 곧은 것, 붉은색, 녹색, 검정색, 누런색 가운데 (어느 하나만을) 고집하여 '이것이 문장이다'라고 할 수 있겠는가!³¹⁻

28_ 권23, 「효침」曉枕
29_ 권24, 「자위」自慰
30_ 권24, 「칠석날」(七夕次崔顥韻)

이 인용문의 논리는 다음과 같이 재구성해 볼 수 있다. 문학에서 형식적 요소(네모 동그라미 등등)를 지나치게 강조하게 되면, 문장은 '정질'[32]과 '정형'으로 고착되고, 그렇게 되면 문학은 '진'을 잃어버리게 된다. 그러니 '진'을 살리려면, '신'과 '운'으로 표현되는 작가의 정신세계나 창조력이 먼저 어떤 '기상'을 형성하고, 그 '기상'이 동그라미 네모 등의 형식적 요소를 규정해야 한다는 것이다. 시법에 대한 옥수의 고민이 형식적 요소에 앞서 작가의 창조적 개성이 우선해야 한다는 이론적 확신에 도달했음을 보여주는 자료라 할 수 있는데, '내용'과 '형식'의 관계를 변증법적으로 사유했다고 해석할 수도 있을 듯하다.

또 옥수는 1870년대 후반에 들어 자신의 시문학이 당시풍과는 거리가 있음을 명시적으로 표명하기에 이른다.

시의 격식은 내가 얻은 것 없어 부끄럽지만	詩格愧吾無所得
성정이 흘러넘침은 각기 천성을 따르는 법.	性情流出各隨天
당인의 시법과는 맞지 않음을 내 알았으니	自知不合唐人法
두목杜牧과 노동盧仝을 서먹하게 바라보네.[33]	越視樊川與玉川

이상은과 함께 '만당'晩唐을 대표하는 두목(803~853)과 '중당'中唐

31_ 권16, 「중소산학사」 장62앞. "文章者, 非定質·定形釘著不運之謂. 特神與韻之自然流動 於形質之間, 靈活於形質之外. 團成一氣象, 傳之形質, 而形質乃得其眞, 何必方圓曲直·朱 綠玄黃, 拗而執之曰 '此文章也哉!'"
32_ 고전에서 '정질'의 용례는 그다지 많이 볼 수 없는데, 다음 소동파의 편지글이 주목된다. "(문장은-인용자) 떠다니는 구름이나 흐르는 물과 같아서 애초부터 정해진 성질이 없고, 다만 응당 가야할 곳에 항상 가고 그쳐야 하는 곳에서 항상 그친다."(如行雲流水, 初無定質, 但常行於所當行, 常止於不可不止. _「여사민사추관서」與謝民師推官書)
33_ 권19, 「다시 짓다」(復用前韻 遂成四疊)

의 유명한 시인인 노동(795~835)을 직접적으로 언급하며 자신이 추구하는 시풍이 당시풍과는 거리가 있음을 확언하는 데서, '나의 법'에 대한 모색의 향방을 가늠해 볼 수 있다. 이 시기 옥수는 절제된 미의식을 추구하는 당시풍보다는, 제재가 확대되고 산문적 서술 방식을 취하는 송시풍을 더 선호하게 되었음을 볼 수 있는 것이다.

나아가 옥수는 자신의 시법을 '무법'無法이라 칭하기도 했다.

광부狂夫의 흥겨움 뉘라서 꺾을쏘냐?	狂夫高興孰令低
수풀 사이 달빛 밟고 동네 서편 지나노라.	踏月修林過巷西
나막신 소리에 뭇 개들 어지러이 짖어대고	屐齒亂挑群犬虐
지팡이 소리에 자던 새 깜짝 놀라 지저귀네.	筇頭驚觸宿禽啼
꿈같은 지난날 노닒이 끊임없이 떠오르네	前遊如夢心心印
갖가지 무법의 시 지었지.	無法之詩種種題
상정常情을 가지고 득실을 논하지 말지니	莫把常情論得失
옛날부터 만물은 가지런히 할 수 없었네.	古今通患物難齊

인용 시의 제목은 「미친 시」(狂詩疊前韻 _권22)로 도도한 시흥에 아무런 거리낌이 없는 낭만적 분위기가 넘쳐난다. 경련에서 옥수는 자신의 지난 시작詩作 과정이 '무법'이었다고 회고하고 있다. 미련의 내용으로 미루어 '무법'의 의미를 추측해 보면, 인간의 보편적 정서로는 재단할 수 없는 자신만의 개성을 표현하기 위해 기존의 '법'을 탈피하고자 하는 것이 '무법'의 뜻이라 이해할 수 있다. '무법의 시'는 옥수가 자신의 개성을 추구하던 끝에 도달한 개념이었던 것이다.

이상의 논의는 일단 다음과 같이 정리해 볼 수 있다. 옥수가 '나의 법'에 대해 지속적으로 고민하고 모색한 것은, '자기'自欺에 빠지지

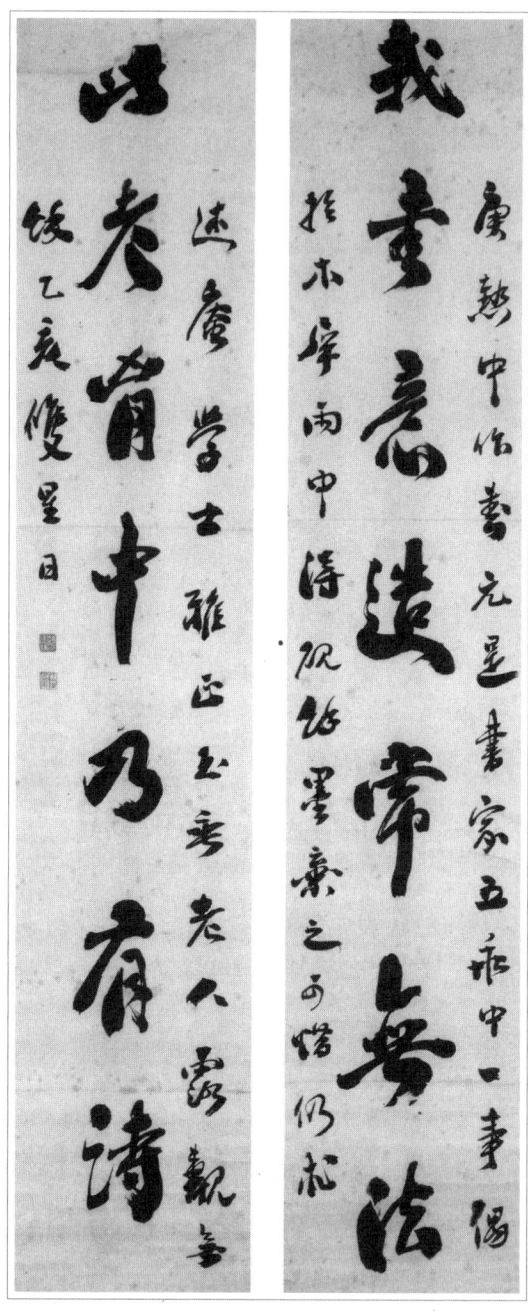

옥수가 쓴 〈무법 유시〉無法有詩. "나의 글씨는 마음이 쓴 것이라 언제나 법이 없고, 이 노인의 가슴엔 시가 있네."(我書意造常無法, 此老胸中乃有詩)
글씨에서도 무법無法을 말하는 데서 옥수의 취향을 엿볼 수 있다. 본래 '아서의조상무법'我書意造常無法은 소식의 시 구절인 '我書造意本無法'에서 가져온 것이다. 개인 소장.

않으려는 목적에서였다. 그런데 옥수가 그토록 '자기'를 경계했던 것은, 자신의 정체성을 냉철하게 성찰하고 삶의 좌절을 넘어서려 했던 내면의 문제와 깊은 관련이 있다고 할 수 있다. 이러한 옥수의 고민은, 한시의 복잡한 형식에 얽매여서는 자신을 제대로 표현할 수 없다는 이론적 확신으로 이어졌으며, 특히 당시풍과는 의식적으로 거리를 두게 되고, 전통에 구애받지 않는 자신만의 독자적인 의경意境을 추구하기에 이르렀다.

이러한 '나의 법'에 대한 옥수의 모색은 1880년대에 들어 '나의 시'(吾詩)에 대한 인식으로 이어지게 된다. 『옥수집』에서 '오시'吾詩라는 말은 1880년대에 들어 본격적으로 등장하는데, 다음과 같은 용례들에서는 이전의 자료에서 볼 수 없던 어떠한 단호함을 느낄 수 있다.

> 오늘날 시인들이 애써 한다는 것이 고작 옛사람들의 시에 주석이나 다는 것임에 분격하노니, 그것을 어찌 '나의 시'라고 할 수 있겠는가! 그래서 나는 시의 아름답고 추하고는 가리지 않고, 다만 내가 하고 싶은 말을 하여 '나의 시'를 지을 뿐이다.[34]

> 선인들이 남긴 작품을 답습한다면 어찌 '나의 시'라고 할 수 있겠는가. 나는 내가 쓰고 싶은 것을 쓸 따름이다. 어떤 사람은 (나의 시가) 시학詩學이 없는 것이 흠이라고 하는데, 나는 또한 거기에 대해 "한위漢魏 이래로 삼당三唐의 여러 작가들에 이르기까지 어찌 한 번이라도 앞 사람의 시학을 사용한 경우가 있더란 말인가"라고 대꾸하겠다.[35]

---

[34] 권24, 「창산에게 주다」(寄倉山幷小叙) 장67뒤. "盖激憤於近日詩家之役役爲前人箋注而已, 何足稱吾詩乎! 所以僕不顧詩之佳惡, 但道吾所欲言而作吾詩."

앞서 보았던 자료들에는 자신의 개성을 강조하면서도 갈등하고 고민하는 모습을 떨치지 못했는데, 이 자료들에는 그와 달리 '앞 사람들의 시학에 얽매일 수 없다'며 매우 단호한 태도를 보인다. 자신이 하고 싶은 말을 마음껏 표현하기 위해서라면, 작품의 '아름다움'(佳惡)이나 '한시로서 갖추어야 하는 규칙'(詩學) 등은 희생시켜도 좋다는 쪽으로 그의 '오시론'吾詩論이 정립된 것이다.

다음의 자료들도 옥수의 '오시론'에 대한 이해를 돕는다.

고금의 사람들이 지은 시문은 각기 쓰고 싶은 바를 썼을 따름이어서, 실상 어떤 것이 좋은 것이고 어떤 것이 좋지 않은 것인지 알 수 없다. 나는 다만 늙어 이렇게 아무 거리낌이 없는 것인데, 만일 내가 쓴 시문이 십분 득의작이라 한들 어느 누가 득의작임을 알아줄 것이며, 십분 득의하지 못했다 한들 어느 누가 득의작이 아님을 알아볼 것인가?[36]

내가 하고픈 말에 따라	信吾所欲語
그림자가 따르듯 쏟아내는 것이라.	輸寫若影隨
그렇게 나의 시가 지어지나니	所以吾詩作
내 어찌 시 짓기 좋아해서랴.[37]	吾豈好詩爲

35_ 권28, 「신양원에게 주다」(與申陽園書) 장52뒤. "曰 踏襲前人咳唾之餘, 惡足曰吾詩, 吾則寫吾所欲寫而已, 或曰無詩學可欠, 吾又應之曰, 漢魏下 以至三唐諸家, 何曾用前人詩學?"
36_ 권28, 「한장석에게 주는 편지」(抵韓經香章錫書〔甲申七月二十二日〕) 장37뒤. "古今人詩若文, 各寫其人所欲寫而已, 實未知如何是好, 如何是不好. 玉垂特老無忌憚若是, 假使玉垂所爲詩若文, 十分得意, 人誰曰得意, 十分不得意則人誰曰不得意."
37_ 권22, 「해조」解嘲

| 내 어찌 꼭 시 짓기 좋아한다 하리오. | 玉垂豈必嗜爲詩 |
| 시가 혹 종이에 올라와 나를 부르기도 하는 걸.[38] | 詩或登牋款玉垂 |

    첫 번째 인용문을 보면 문학의 객관적 기준을 완전히 무시하고 있어 마치 주관적 내면만을 추구하는 양명학자의 언설처럼 들리기도 한다. 두 번째와 세 번째 인용문은 이와는 조금 다른 측면이다. 그 요지는 시가 저절로 지어진다는 것으로, 이는 '창작의 충동'을 스스로 통제할 수 없다는 말로 이해할 수 있다. 그렇다면 결국 이것 또한 개성 표출을 중시하는 입장을 극단적으로 표현한 것으로 볼 수 있을 것이다. 자신도 잘 통제하지 못하는 사이에 지어지는 시문을 두고서 '잘되고 못되고를' 논하는 것은 아무 의미가 없고, 다만 '진솔한가 아닌가'만이 의미 있는 잣대로 남게 된다.

    또한 옥수는 이 시기에 들어 '나는 요즘 근체시에 너무 염증이 난다'[39]고 하여 직접적으로 근체시에 대한 혐오를 드러내고 고체시 형식에 상당한 애정을 기울였다. 또 시어를 선택함에 있어서는 자신만의 독창적인 어휘를 사용하려 했는데, 이러한 점들도 역시 '나의 시'의 실천과 관련된 문제들이었다.

    음풍농월이 시가 되는가? 내가 스스로는 평생 79년간 시를 지었다고 생각했는데, 여기에 고착되어 있었을 뿐이었다. (중략) 종성鍾惺과 담원譚元春이 선집한 한위 시집을 보니, 악부樂府와 가행歌行이 대부분이었다. 읽어 보니 오묘한 데는 너무나 오묘하고, 속된 곳은 너무나 속

38_ 권26, 「사학」寫謔
39_ 권23, 「석연이 근체시 한 수를 보여주었다. 나는 요즘 근체시가 너무 싫어 고체시로 화답한다.」(石然以近體一首示之 僕近日酷厭近體 以古意和之)

되었다…….[40]

근래에 새로운 깨달음이 있다. 뜻을 취하고 글자를 놓을 때 이미 다른 사람이 썼던 말을 사용한다면 곧 이백과 두보 문하의 한 노예가 되는 것이다. 옛말에 이르기를 차라리 닭의 주둥이가 될지언정 소꼬리는 되지 말라고 한 것은 바로 이 때문이다.[41]

첫 번째 인용문의 도입부가 인상적이다. 앞에서도 '음풍농월'의 문제점을 지적한 자료를 보았는데, 여기서는 음풍농월은 아예 시가 될 수 없다는 인식에 도달해 있음을 볼 수 있다. 옥수는 근체시의 고식적 내용에 염증을 느끼던 차에 경릉파竟陵派를 대표하는 종성(1574~1625)과 담원춘(1586~1637)이 편찬한 『고시귀』古詩歸와 같은 악부 고시 선집을 접하고서 새롭게 고체시의 다채로운 세계에 매료되었던 것이다. 물론 이 시기에 옥수가 근체시를 짓지 않은 것은 아니지만, 고체시에 대한 애호는 형식과 내용에서 옥수의 시를 다채롭게 만드는 데 상당한 역할을 했다.

두 번째 인용문은 논의가 표현과 어휘의 차원으로 구체화되었다는 점이 주목된다. 전인前人의 표현을 답습하는 것을 '노예'라고 하는 데서, '나의 시'의 실천을 위해서는 남들이 쓰지 않은 '자신만의 시어'가 필수적이라는 생각에 도달했음을 볼 수 있다. 옥수가 생각하는

---

[40] 권29, 「한수초고에 쓰다」(捍睡初藁自叙〔辛巳〕) 장26뒤. "批風抹月. 詩乎? 冕平生所自謂詩七十九年, 釘于此而已. 今年消夏, 居不庇雨暘, 食且匱, 衰力頹, 闃無所事, 睡侮而至, 計猾之, 閱鍾譚選漢魏詩爛卷, 率樂府歌行居多. 讀之, 奧太奧, 俚太俚……."
[41] 권28, 「김석릉에게 주다」(抵金石陵〔善根〕書〔丁亥正月十八日〕) 장55뒤. "近有新覺, 取意下字, 用經人語, 便一奴隸於李杜之門. 古所云, 寧爲鷄口, 無爲牛後, 正以此耳."

새로운 시어란 다름 아닌 '언문'諺文 '육담'肉談 '상담'常談 '누설'陋說 '진담'陳談 등이었다.

> 요즘 내가 말하는 시와 문은 세상에서 알아보는 사람이 없다. 무슨 까닭에서인가? 다른 사람의 시와 문은 진서眞書로 된 시와 문이지만, 나의 시와 문은 언문諺文으로 된 시와 문이기 때문이다. 그 언문이란 것도 고대의 언문이 아니라 곧 목하의 육담肉談과 상담常談이니 누가 그것이 시와 문임을 알아볼 수 있겠는가?[42]

새해 들어 짓는 시, 새로운 법 익혔으니	新年得句工新法
누설陋說과 진담陳談이 구절마다 나오네.[43]	陋說陳談句句生

여기서 '진서'는 한문의 문언적 표현을 뜻하고 '언문'은 일상의 구어적 언어를 지칭하는 말로, 흔히 국문을 언문이라 하는 용례와는 같지 않다. 표기 수단과 관계없이 일상생활에서 쓰는 어휘를 뜻하고 있다. '육담' '상담' '누설' '진담' 등은 언문의 하위 개념으로, 보다 구어적 표현들을 지칭하는 표현으로 생각된다.

실제로 옥수의 한시에는 한국어 고유의 속담이나 구어적 표현, 토박이말, 일상생활의 구기口氣가 스민 말들, 19세기 들어서 만들어진 신조어들이 대거 시어로 활용된 것을 볼 수 있다. 이러한 창작 경향은

---

[42] 권26, 「언문으로 지어 김석릉에게 보이다」(諺示金石陵〔善根〕並小識) 장59뒤. "近日, 玉垂所謂詩與文, 世無知見. 曷故耶? 他人詩與文, 眞書詩與文也, 玉垂詩與文, 諺文詩與文. 諺文者, 非古諺, 卽目下肉談常談, 誰當知見其詩與文?"

[43] 권26, 「새해 들어 육담시 짓기를 즐기다」(自人新年戲作肉談詩) 장51뒤. "新年得句工新法, 陋說陳談句句生. 老矣難收形外影, 固哉猶發夢中聲. 頻逢笑謔王參奉, 間或疎趙櫸明. 不入司空詩品語, 世人豈許玉垂名."

한시의 격조를 떨어뜨리는 금기를 범하는 것이지만, 내면의 거짓 없는 표출을 강조하는 '나의 시'에 있어서는 필연적으로 나아갈 수밖에 없는 길이었을 것이다. 바로 이 점이 '나의 시'의 가장 특징적 국면이 아닐까 한다.

그런데 이처럼 개성 표출을 중시하고 토속어를 한시의 시어로 활용하는 것이 옥수에게서 처음 시도된 것은 물론 아니다. 옥수에 앞서 한국한문학사에는 허균許筠, 김창협金昌協, 박지원朴趾源 등등의 걸출한 작가들이 족출하여 개성적 문학을 강조했고, 조선적 정취와 조선적 어휘를 중시하는 '조선시풍' 또한 조선 후기 문단의 중요한 흐름이었다.44 옥수는 어디까지나 김선, 김정희와 같은 스승들을 통해 이러한 흐름을 계승하는 위치였던 것이다.

그렇다면 그러한 흐름 속에서 옥수만이 지닌 차별성은 무엇인가? 이 문제는 조선 후기 문단을 전체적으로 포괄하는 광범하고도 면밀한 연구를 통해야만 그 답을 찾을 수 있겠지만, 잠정적인 가설을 세워 본

44_ 조선시풍에 관련한 주요한 선행 연구로는 이동환, 「조선후기 한시에 있어서 민요취향의 대두」, 『한국한문학연구』 3~4; 송재소, 『다산시연구』, 창작과비평사, 1986, 33~56면; 진재교, 『이조후기 한시의 사회사』, 소명출판, 2001, 276~277면; 이정선, 「조선후기 한시의 조선풍 연구」, 한양대 박사학위논문, 2001; 김동준, 「조선후기 '朝鮮風' 漢詩에 대한 재론」, 『국문학연구』 10, 2003~12 등을 들 수 있다. '조선시풍'의 개념을 간략히 정리한다면, 한시 양식에 조선어의 언어 감각을 불어넣어, 조선의 역사와 현실을 담아내는 것이라 할 수 있다. 조선의 언어 감각에 가까워지기 위하여, 고유한 속담이나 한국식 한자어 등이 활발히 활용되었고, 엄격한 한시 규율에서 벗어나려는 형식적 시도가 있었으며, 내용적으로는 조선의 민풍 토속을 담아내고, 민중의 피폐한 삶을 고발하며, 조선의 산천과 역사가 구가되었다. 이러한 '조선시풍'이라는 개념 속에는 우리 문학사를 민족주의적 관점에서 해석하려는 입장이 강하게 반영되어 있는 것이 사실이다. 그런데 최근 들어 젊은 연구자들을 중심으로 이를 회의하는 분위기가 일고 있다. 이들은 조선시풍을 산생시킨 주된 요인을 민족의식의 고양에서 찾기보다는, 한시 양식상의 문제로 파악하고자 한다. 그러나 본고는 근대적 의미의 민족 개념은 아닐지라도, 조선 후기에는 이에 근접하는 '조선'이라는 집단적 자의식이 고양되어 가는 시기였고, 조선시풍은 이러한 흐름에서 추동된 것이라고 보는 입장이다.

다면 개성을 강조하고 언문을 사용하는 문학 경향의 실천에 있어 옥수는 보다 '자각적'이고 '단호'했다는 점에서 그 단서를 찾을 수 있지 않을까 한다. 그리고 옥수의 단호한 태도는 옥수 당대 문단의 상황과 관련지어 보아야 할 문제로 보인다. 옥수가 지적했듯이 당대의 문집들을 살펴보면 각종 시회를 중심으로 창작되었던 엄청난 양의 근체시들을 볼 수 있는데, 그 작품들은 많은 경우 '음풍농월'의 상투성을 벗어나지 못하는 것으로 판단된다. 그러한 작품들에 견주어 보았을 때 옥수 시문학의 성취는 가히 독보적이라 말할 수 있을 정도로 빼어난데, 옥수의 '오시론'은 이러한 당대 문단에 대한 문제의식의 소산으로 보는 것이 타당할 듯하다.

한편, 19세기 한시사의 중요한 현상 가운데 김삿갓과 같은 '방랑 문인'들의 '희작화 경향'이 있다.[45] 이러한 경향은 '언문풍월' 諺文風月과 같이 더 이상 한시로 볼 수 없는 장르 해체로까지 이어지는데, 옥수의 '오시론'은 그러한 희작적 태도와 상통하는 일면이 있다. 그러나 실제 작품에서 옥수의 시는 그러한 파격성에까지 이르지는 않았거니와 다음 자료를 보더라도 문학에 임하는 옥수의 자세는 김삿갓류의 희작적 태도와는 거리가 있는 것이었음을 확인할 수 있다.

> 백 사람이 모두 '시가 아니다'라 말하더라도, 나는 반드시 이것이 시라고 말할 것이다. 이치를 거스르지 않고 적실한 감정을 얻었는데도 시가 아닌 것이 있는가? 나는 반드시 이것이 시라고 말하나니, 시를 아는 사람을 기다리노라.[46]

---

[45] 임형택, 「이조말 지식인의 분화와 문학의 희작화 경향」, 『전환기의 동아시아 문학』, 창작과비평사, 1985 참조.

자신의 시문학에 대해 지녔던 자의식과 자부심이 뚜렷하게 표출되어 있어, 희작적 경향의 한시가 지닌 완세적玩世的 태도와는 성격이 다름을 볼 수 있다. 이치를 거스르지 않고 적실한 감정을 얻는 것이 시의 요체라고 본 옥수의 시론은 오늘날의 시론으로 내놓아도 그 의의가 인정될 정도의 보편성을 획득하고 있다고 판단된다.

옥수가 생애 마지막 해인 1887년에 지은 「비몽사몽간에 짓다」(似夢非夢詩 _권25)라고 하는 희학적 제목의 시는 다음과 같이 끝을 맺고 있다.

장차 이웃 나라에 이름을 날리고	將欲聞隣國
또한 후생들에게도 알리고자 하노니	亦以詔後生
물노니, 이는 누구인가?	問是何許者
조선의 조면호로다.	朝鮮趙冕卿

이 시는 비몽사몽간에 지었다 했으므로 옥수 스스로 희시戱詩임을 표방하고 있지만, 앞에서 검토한 「가소」可笑에서도 "여기는 어느 곳이냐, 조선의 한양성이라. 여든세 살 늙은이, 스스로 조옥수라 하네"라고 하여 '조선의 옥수'임을 강조했던 바와 연관 지어 볼 때, 단순히 농담으로만 볼 수 없는 점이 있다. 아마도 이는 청나라 인사들과의 활발한 교유를 통해 자신의 시가 중국에서도 널리 알려지기를 원했던 옥수의 소망이 부지불식간에 표출된 것일 터인데, 조선의 시인을 넘어 동양의 시인이 되고자 했던 옥수의 원대한 포부가 신선하게 느껴진다.

46_ 권24, 「새벽에 짓다」(曉作 幷小叙) 장17뒤. "百人皆曰不詩, 吾自謂必詩, 順於理而得其情, 然而不詩者有乎? 吾自謂之必詩, 以俟知詩."

3
문사의 일상과 멋

가난한 일상의 노래

조선 후기에 들어 관직을 갖지 못한 채 서울에서 살았던 대부분의 사대부들이 경제적으로 몹시 가난했듯이,[1] 관직에서 멀어졌던 '한거기'의 옥수 또한 궁핍한 삶을 살았다. 그의 집안이 비록 서울에서 세거하던 경화사족이긴 하지만, 이른바 '벌열'은 아니었기에 부친이 생존해 있던 시기와 그가 관직을 맡았던 시기를 제외하면, 옥수는 빈한한 삶을 살았다.[2]

그래서 일상생활을 일기 쓰듯이 시로 표현했던 옥수였기에, 그의 시 세계에서 '가난'은 가히 중심적 소재라 할 수 있을 정도이다. 그런데 가난을 노래한 옥수의 시들은 단순한 생활상의 반영에 그치는 것

---

[1] 이우성, 「실학연구 서설」, 『한국의 역사상』, 창작과 비평사, 1982, 15~20면; 임형택, 「이조 말 지식인의 분화와 문학의 희작화 경향」, 『실사구시의 한국학』, 창작과 비평사, 2000, 266~284면 참조.

[2] 옥수의 시에서 묘사하고 있는 옥수 자신의 삶은 '극빈'의 처지이다. 관직에서 완전히 소외되지는 않았던 옥수의 경력을 고려할 때, 여기에는 어느 정도의 문학적 과장이 개입되었다고 보아야 할 것이다. 그러나 옥수가 주로 어울렸던 북촌의 경화세족들과 견주어 본다면, 옥수는 상대적으로 몹시 빈한한 축이었다고 볼 수 있을 것이다.

이 아니라, 그 안에는 사대부로서의 정체성에 대한 갈등과 고민이 담겨 있는데다가, 솔직하면서도 흥미롭게 표현되었기에 독자들을 흡입하는 매력이 있다. 그리고 젊었을 때 지은 작품과 만년에 지은 작품들 사이에는 일정한 차별점이 있어, 이를 통해 시기별 옥수 시의 변모상도 아울러 가늠해 볼 수가 있다.

순안현령으로 재임 중이던 부친이 1827년 작고하기 전까지는 옥수도 가난에서 자유로웠다. 이 시기의 시들에서는 가난의 그림자를 찾기 어려우며, 오히려 부친의 임소를 따라 북방 이곳저곳을 유람하는 등 여유가 느껴지기도 한다. 그러나 그 시기가 지나고 나면 가난을 노래한 작품이 보이기 시작한다. 다음은 1829년 겨울에 지은 오언고시 「애궁」哀窮(권1)의 일부이다.

다 부서진 집은 바람을 막지 못하고	屋敗不蔽風
베 이불은 쇠처럼 차갑네.	布衾寒似鐵
아이는 울지만 먹일 것 없고	兒呱況無食
아내는 근심하다 끝내 울고 마네.	婦愁終以啜
아, 너의 가난은 누구를 탓하랴	嗟汝貧何罪
네가 본래 생계에 무능해서인걸.	汝本謀生拙
무능한 자는 사람들이 업신여기고	拙者人所賤
하늘도 따라 멸하리.	天亦從之滅

이 작품의 시적 화자는 자신에게 닥친 절박한 상황에 완전히 압도당하고 있다. 손발이 묶인 것과 같은 무력한 상태이기에, 절망하는 것 이외에 별다른 행동을 할 수 있을 것 같지 않다. 누군가를 원망하지도 못하고 그저 자멸감에 괴로워하고 있다. 이 시기의 호된 경험은 '가

난'에 대한 아픈 상처로 남아, 가난에 대해 깊이 성찰하는 계기가 되었던 것으로 보인다.

이후 옥수는 경릉참봉, 삼등현령, 순창군수, 평양서윤 등을 역임하게 되는데, 이때는 가난을 노래한 시가 보이지 않는다. 그러다가 평양서윤에서 파직되고 나서 가난은 다시 중요한 문제로 떠오르게 된다. 다음은 1852년에 창작된 「가족들에게 사과함」(謝家人 _권4)으로, 오언율시 2수 가운데 첫째 수이다.

생계를 도모함 내 본래 졸렬하여	謀生因余拙
관직을 그만두니 빈손이 되었네.	赤手解官年
이제 식솔들이 비웃나니	眷屬今相笑
대장부 신세 가련하구나.	丈夫此可憐
도연명은 귀거래사를 부르고	淵明彭澤賦
범려는 배 타고 오호五湖로 갔었지.	范蠡越湖船
천년 뒤에 논정하자니	論定千秋下
누가 현명했는지 알 수가 없네.	未知何者賢

여기서 '범려'는 '와신상담' 고사에 등장하는데 월왕越王 구천句踐의 복수를 도와 오나라를 멸망시키고 홀연히 배를 타고 떠나가 거부 '도주공'陶朱公이 되었다는 인물이고, 도연명은 팽택彭澤현령을 지내다가 전원의 삶이 그리워 귀거래歸去來한 후 '궁경걸식'躬耕乞食의 청빈을 실천했던 인물로 유명하다. 옥수는 완전히 상반되는 삶을 살았던 두 인물을 대비하고서, 자신은 어떤 삶을 살아야 할지 모르겠다는 고민을 토로하고 있다. 사실 사대부의 규범을 상기한다면, 고민할 것도 없이 정답은 도연명이다. 하지만 집안을 이끌어 가야 하는 '장부'

로서 이에 대해 고충이 없을 수 없었을 것이다. 이러한 내적 갈등이 윤리적 당위론에 견인당하지 않고 솔직하게 표현되고 있다는 점이 이 시의 매력이자 나아가 옥수 시의 주요한 특징이라 할 수 있다.

그런데 이 시의 두 번째 수는, "청풍 명월과는 결코 마음의 약속을 저버리지 않으리"(淸風與明月, 端不負心期.)라며 임하인林下人이 되겠다는 뜻을 밝히고 있어, 도연명 쪽을 따르겠다는 소회가 표방되고 있다. 하지만 이렇게 해서 그의 갈등이 해소되는 것은 아니었다.

1854년에 창작된「혜원을 맞으러 갔으나 마침 외출하여 만나지 못하다」(邀蕙園 値出未遇 _권5)에 이르면 이는 더욱 문제적인 양상으로 표출된다. 이 시는 7언 160구 1,120자의 장편 고시로, 앞에는 서序가 달려 있다. 서에 담긴 사연인즉, 옆집에서 옥수에게 술과 고기를 보내주자 옥수는 그것을 함께 먹으려고 혜원蕙園 신석면申錫冕을 불렀는데, 마침 그가 집에 없었다는 내용으로, "안타깝다. 그 때문에 우스개를 적어 웃노라"[3]라는 말로 맺고 있다. 다분히 희작적戲作的 분위기의 작품임을 알 수 있으니, 서두에서는 술과 고기가 얼마나 맛있는지 모른다며 너스레를 떨고는[4] 다음의 구절을 이어 간다.

이런 즐거움은 대저 돈이 있어야 하니	此樂大抵有錢事
돈 없으면 어찌 하나, 창자에 푸성귀나 채울 밖에.	無錢則那膓覓葵
혜원과 함께 못함 너무도 안타까우니	大恨不與蕙園共

3_ "申蕙園(錫冕), 余靑少隣知也. 中歲寓郭外貽澗, 近卜居于芳幽局(北園有石 可一人踞者 篆刻芳幽局三字 甚古勁 未知誰人所爲). 北便一室, 適有饋酒肉余者, 佇邀蕙園, 値其出, 可恨. 爲寫俳諧以笑."

4_ "遠人饋我厚歲儀, 有肉一盤酒一瓺. 酒淸如吸玄圃瀣, 肉爛勝食齊房芝. 匪我偏副芙棗好, 食指之動驚叫奇."

이 맛은 그대를 상쾌하게 만들지 않았겠는가?	問君旨不醒君脾

여기서는 직접적으로 '돈'을 문제 삼고 있음에 주목하게 된다. 또한 그 해학이 걸쭉한데, 이는 '돈'이 없어서 그와 같은 맛난 음식을 먹을 수 없는 자신과 혜원에 대한 자조가 아닐 수 없다. 이러한 자조는 계속 이어져, "거친 밥이라도 먹으면 다행, 아니면 굶어야 하니, 여름에 베옷도 입기 어렵거늘 하물며 겨울에 장막인들 구할 수 있나"[5]라고 한탄한다. 그리고 그 한탄은 이 세상에서 자신들과 같은 선비들이 제일 불쌍하다는 인식에까지 이르게 된다.

의원, 역관, 일관, 계사, 화원, 사자관들 넉넉하고	醫譯日計畵寫裕
서리, 포교, 군졸, 하인 모두 제 힘으로 살아가네.	胥校軍皀皆自治
경저리 풍족하고 장사치들 돈 버네, 장인 석공들도	貢饒市利又匠石
각색 사람들 헐벗지 않고 잘들 살아가서	色色不匱好生涯
청주며 탁주에 술병이 비질 않고	淸酤濁醪瓶不罄
철따라 돼지 잡고 소 잡아 먹는다네.	殺猪椎牛隨節時
심지어는 패랭이나 털벙거지 쓴 자들까지	以及平凉與毛笠
범 같은 힘을 팔아 주머니엔 돈냥 푼 들어 있지.	粥力如虎囊有資
하늘이 백성을 낳으매 귀천 없이 각기 생업 있거늘	天生貴賤各有業
어찌 유독 선비에게 야박할 수 있는가.	何獨於士偏崎嶬
오호라! 비참하다 한미한 선비여	嗚呼毒哉寒士者
뱃속에 곡식 넣고 몸뚱이에 옷 걸칠 재주가 없구나.	無術腹穀而身絲

5_ "幸而疏糲否則空, 夏絺猶艱矧冬帷."

이 부분은 한시라는 고도의 문언체 문학이라기보다는, 오히려 판소리 사설과 같은 분위기를 풍긴다. 거론되고 있는 하층민들의 생활상이 다소 과장되었다 하더라도 현실과 영 동떨어진 것은 아닐 것이다. 옥수는 그들과 사대부의 처지를 비교함으로써, 생업에 종사하지 않는 사대부의 무기력함, 무능력함을 극명하게 부각시키고 있다.

그런데 이 정도 인식에 이르게 되면, '사대부'라는 존재에 대해서 근본적인 물음을 묻지 않을 수 없었으니, 이에 대한 옥수의 생각은 다음과 같은 것이었다.

다만 바라는 것, 이 '사'士 자字 타파하여	但願打破這士字
명칭 없는 곳으로 흩어져 살고픈 대로 살았으면.	散置無名任所爲
그러면 일 년 삼백육십 일	然後三百六十日
매일매일 돈 벌지 않는 날 없으리.	日日莫非生貨期
재물로 발신함이 군자가 아니던가	貨以發身非君子
더욱이 예와 이제는 서로 다름이 있는 법.	抑且有古今異宜
노소 모두 배를 채워 각기 즐거워하면	老少咸哺各其樂
요순도 널리 베풀지 못함 걱정하지 않으리.	堯舜亦當不病施

이 글만을 놓고 본다면, 옥수는 '사' 계층을 해체하여 사농공상 따위의 명분에 얽매이지 않고 자유롭게 생산 활동에 종사하도록 하자는 매우 파격적인 주장을 하고 있다. 그리고 『대학』大學에 나오는 "어진 사람은 재물을 잘 써서 명성을 얻는다"(仁者以財發身)는 구절을 가져와 자신의 주장이 경전의 가르침과 어긋나는 것이 아니라는 주장도 하고(貨以發身非君子), 또 백성들을 널리 구제하는 것은 요순과 같은 성군도 능히 하지 못해 걱정하던 바였다는 『논어』論語 「옹야」雍也 편의

이야기⁶까지 끌어와 자신의 주장을 정당화하고 있다. 물론 그 어조는 '해학 기미'를 벗어나지 않고 있긴 하지만, 그 내용만큼은 대단히 파격적이다.

그런데 옥수는 바로 다음 구절에서 "앞의 말은 농담이요 사가 사됨은 독실히 공부하고 힘써 행함에 있노라"(前言戲耳士爲士, 在篤學而力行而.)⁷라고 하며 자신의 주장을 거두어들인다. 그리고는, 각종 경전에 나오는 어휘를 동원하여 전통적인 사의 덕목을 나열한다.⁸ 이 갑작스러운 전환에 독자들은 다소 당황하게 되는데, 다음의 작품 결말 부분을 보면 옥수의 생각을 이해할 수 있다.

지금 저 많은 무리들, 모두 사가 아니니	今者云云擧非士
사와 무슨 관계있나, 망령되고 어리석거늘.	何有於此妄且癡
제 한 몸 스스로 건사하지도 못하니	自家一身自不濟
죽어 구렁텅에 처박힌들 오히려 늦었다 하리.	塡乎溝壑尙云遲
만일 안목 갖춘 진시황이 있었더라면	若有隻眼秦始帝
분명 이 무리부터 파묻었으리.	必從此輩先坑之
가장 나쁜 버릇이 성격이 되어	最是惡習與成性
고담준론 뻐기거나 아부하거나	峻論高談自夸毗

6_ 『논어』「옹야」. "자공이 말했다. '만일 널리 백성들에게 베풀어 대중을 구제하면 어떠하겠습니까?' 공자가 말했다. '어찌 인에만 관계되겠는가? 반드시 성인의 경지이다. 요순도 어려워했다.'"(子貢曰, 如有博施於民而能濟衆, 何如? 可謂仁乎? 子曰, 何事於仁, 必也聖乎! 堯舜, 其猶病諸.)

7_ 여기서 '前言戲耳'는 『논어』 「양화」陽貨 편의 "공자가 말했다. '예들아, 언의 말이 옳다. 앞서 내가 한 말은 농담이다'"(子曰, 二三者, 偃之言, 是也. 前言戲之耳)에서 나온 말이다.

8_ "弘毅任重道遠志 本之溫溫維德基. 或如高岡鳳翽翽, 或如淇園竹猗猗. 其儀則魚魚雅雅, 其功則翼翼孜孜. 藹藹之吉多濟濟, 笙鏞黼黻昭代熙. 玉琢成器大厥用, 箭刮而羽美厥姿. 模楷典刑不外是, 磨能磷乎涅能緇……."

가난한 일상의 노래

| 스스로 말하는 것, 우리 가문 번창한다. | 自言門閥好瓜葛 |
| 스스로 말하는 것, 우리 당파 이어간다. | 自言黨目善裘箕 |

　옥수의 생각을 이해하기 위해서는 '사'를 당대 현실 속의 사와, 본원적인 의미의 사로 나누어서 살펴보아야 한다. 옥수는 '독학'篤學과 '역행'力行을 근본으로 하는 본래적인 의미의 사가 갖는 의의는 적극적으로 인정하지만, 실제 생활에 무능력하기 짝이 없어 제 한 몸조차 건사하지 못하는 가난뱅이이면서도 맹목적인 당파심에 눈이 먼 현실 속의 사에 대해서는 맹렬히 비판했다. 그렇다면 위의 '사 해체론'이 이러한 현실 속의 사를 겨냥한 것임은 자명해지는데, 가난에 대한 옥수의 개인적 고민이 선비로서의 정체성에 대한 성찰로 이어지고, 이것이 또한 사대부 일반과 관련된 사회적인 문제로 확장되고 있음이 인상적이다. 요컨대 옥수는 사대부 계층의 무능력을 통렬히 자아비판하며, 변화하는 현실에 능동적으로 대응해 나가야 함을 강력히 촉구하고 있는 것이다.

　그런데 이 작품 이후 옥수는 탐장 죄인으로 유배를 다녀오는 등 삶의 굴곡을 겪게 되고, 그러한 개인사의 변화에 따라 가난을 노래하는 시들도 그 성격이 변모하게 된다. 1863년에 지은 「나는 날마다 벼루와 먹으로 소일하고, 날마다 거문고와 피리를 일삼으니, 어떻게 일을 해서 생산을 할 수 있겠나? 장난삼아 이어俚語로 짓는다」(翁日以硯墨爲事 日以琴簫爲事 奚由作業生産 戲題俚語 _권10)에는 이 시기 옥수의 자의식이 드러나 있다. 이 시는 칠언절구 3수로 이루어져 있는데, 다음은 그 첫째 수이다.

| 선생의 벼루와 먹은 원래 쉴 틈이 없으니 | 先生硯墨元無暇 |

동자의 거문고와 피리가 어찌 쉴 수 있으랴?	童子琴簫汔可休
뱃속 채우는 곡식, 몸 두르는 피륙 이로부터 나오니	穀腹絲身從此出
산학가算學家는 응당 가장 남는 장사라 하리.	算家應作最良籌

　기·승구는 문인 취향의 예술 세계에 침잠하던 1860년대 전반기 옥수의 생활 모습이 반영되어 있고, 전·결구에는 이에 대한 그의 자조적 시선이 내비치고 있다. 사로서의 경륜을 펴는 것도 아니고, 그렇다고 '작업 생산'에 종사하는 것도 아닌 자신의 삶에 대한 씁쓸한 유머라 할 수 있겠는데, 모종의 체념도 감지된다.

　위 시와 같은 해에 지은 시제詩題 가운데 "옛사람들은 가난을 하소연하더라도 그 즐거움을 바꾸지는 않았는데, 요즘 사람들은 가난을 말하지 않지만 그것이 인간의 감정에 초탈해서 그런 것은 아니다. 가난하면서도 억지로 통달한 체하려는 사람들을 나는 싫어한다"[9]라는 것이 있다. 고인들이 가난을 한탄하는 말을 많이 했지만, 속으로는 가난 속에서 도道를 즐기는 마음을 버리지 않았다는 것이다. 그러니 자신도 그런 삶을 좇아 가난을 편히 받아들이겠다는 심회가 표출되어 있다. 또 같은 해에 지은 「산계가」山溪歌(권11)에는 "가난하나 부귀를 구하지 않으며, 또한 미천하나 관직을 구하지 않겠노라"(我非貧求富, 又非賤求官)라는 구절도 보인다. 역시 가난을 담담히 받아들이겠다는 말이다. 이러한 언급들은 이 시기 들어 가난에 대한 옥수의 생각이 바뀌었음을 보여주고 있다. 실제로 이 시기 이후의 옥수의 시에서 가난은 더 이상 고민이나 갈등의 대상이 아니라, 해학의 소재가 된다.[10]

　1865년에 지은 「비유」肥儒(권11)는 5언 48구의 고시로, '비유'라는

---

[9] 권9, 「古人語貧 而未必改樂 今人不語貧 亦未必忘其情 余惡夫窮且强達者」(1863)

말은 청어靑魚의 토속어인 '비웃' 또는 '비어'를 '유자儒者를 살찌움'이라는 뜻을 갖도록 음차音借한 것이다. 작품의 전반부는 서울 서강西江에 청어잡이 배가 들어오고 그것이 팔려 나가는 장면을 묘사하고 있고, 후반부에는 옥수가 식구들과 함께 청어를 먹는 장면이 그려져 있다. 다음의 전반부는 가난과 직접적 관련이 없는 내용이지만, 여기에는 '생활'을 대하는 옥수의 독특한 시선이 담겨 있다.

이월이나 삼월 중에는	二月三月中
고깃배 서강에 모이는데	漁船到西湖
큰 배가 먼저 들어오고	上船旣先到
작은 배들 차례로 열을 맞추네.	下船次第俱
배마다 진동하는 비린내	船船張腥臭
고약하기 마치 비부鄙夫를 만난 듯하지.	惡哉若鄙夫
스무 마리 묶어 한 두름	二十編作級
한 두름, 얼마에 팔까.	一級幾錢沽
청어 두름 세 보고, 사람 수 헤아려 보면	計級計人口
어느 쪽이 많은지 알 수가 없는데	未知孰贏輸
햇살이 어물전을 덮고 보면	暄日覆鮑肆
값은 금세 하늘과 땅 차이.	翔賤頃刻殊

10_ 『옥수집』에는 이런 유의 작품이 매우 많다. 대표적인 것을 들면 다음과 같다. 「稱飢日 得石然寄詩 以謔語和之」, 「從叔幸老公 善謔 以謔語爲詩若干篇 以寄老姪 亦以謔語謝」(권17); 「坐食 俚語」(권18); 「疑鼠」(권20); 「卽事」, 「歎謔」(권21); 「謝申小坡(錫游)」(권22); 「偶閱坡集 讀和陶乞食 悵觸殊深 乃和之」, 「春寒(全用俗諺)」(권23); 「偶語綴句」, 「漏床可悶」, 「移拜同敦寧牌招肅命歌次得詩」, 「近日貧而多閱我者 感激 不可言 始知貧勝於富也 偶有短絶以謝」(권24); 「受祿」, 「愛睡歌」(권25); 「不佞虛縻同知銜 石然亦縻僉知銜 每日相會」, 「自笑」, 「卽事」, 「喫豆粥」, 「又自愧」, 「每夜失睡」, 「朝得飯 夕又得粥」, 「三日絶火 此夕始作飯」, 「漏屋 懷石然」, 「歎」, 「冬至前夜」, 「此日應接 惟評蔦論筐」, 「檢書帖」(권26)

| 소금에 절일 겨를도 없어 | 鹽薤所未暇 |
| 상한 놈은 바로 길바닥에 버리네. | 餒必棄之道 |

배들이 차례로 들어오는 모습이라든가 진동하는 생선 비린내에 대한 묘사가 실감나게 눈과 코를 자극하고, 뒷부분의 청어 값에 관련된 내용도 흥미롭다. 청어 두름 숫자와 사람 숫자를 견주어 보는 것은, 청어 값이 '수요와 공급'에 의해 결정되기 때문이다. 또 청어 값은 시시각각 변하니, 햇볕이 강해지면 상할 위험도 커서 값이 금세 떨어지게 되는데, 급기야 상해서 버려야 하는 사태에 이르기도 한다. 그렇게 되면 상인들은 남은 것을 팔아 치우기 위해 청어를 메고 거리로 나서게 된다.

우르르 짊어지고 팔러 나가니	職職走擔賣
어지럽기 마치 가을 파리 왕왕거리듯.	紛似秋蠅麖麖
'생선 사려' 소리가락 하늘을 날고	響亮飛賣唱
외치는 소리가 서울을 진동시켜	唱聲咽城都
멀리로는 저 교외 밖까지 이르고	遠至郊坰外
깊숙한 이 산동네까지 들어오네.	深入山巷隅
유자儒者도 비로소 구미가 당기고	儒家始動指
물고기가 찬 부엌에 오르도다.	水○[11]登寒廚

생선이 상하기 전에 조금이라도 많이 팔기 위해 분주히 움직이고,

11_ 규장각본과 고려대본 모두 이 부분의 글자가 빠져 있다. 내용상으로는 '族'일 가능성이 크다.

목청껏 외치는 장사꾼들에 대한 사실적 묘사가 작품에 활기를 불러일으키고 있다. 장사꾼들이 옥수가 사는 북촌의 산동네까지 이르렀을 때는 값이 상당히 헐해졌기에, 그제야 가난한 옥수도 생선을 맛볼 수 있게 되었다는 사정도 재미있게 그려져 있다.[12] 이처럼 이 시는 소재나 제재가 일상생활에 밀착해 가던 1860년대 이후 옥수 시의 특징을 전형적으로 보여준다.

그런데 이 대목은 김려의 「황성리곡」黃城俚曲 중 제4수와 인상적인 유사성을 보이고 있다.

청어 장수 외치는 목청 우레와 같고	鯖魚過賣吼如雷
비 오듯 땀 흘리니, 장날이 돌아왔구나.	汗雨淋漓亥市廻
팔백 잎으로 한 바리나 살 수 있음은	八百銅文當一馱
어선들 고슴도치처럼 포구에 몰려 있기 때문이라.[13]	漁船蝟集海門隈

청어 장수의 외치는 소리를 실감나게 표현한다든가, 청어 가격의 형성에 주목한다든가 하는 소재의 선택과 구체적인 표현에 있어, 옥수의 「비유」와 매우 유사함을 발견할 수 있다. 옥수와 김려의 밀접한 관계를 고려해 볼 때, 옥수는 「황성리곡」에서 착상을 얻어 「비유」를

12_ 이옥李鈺(1760~1812)의 『백운필』白雲筆(연대 소장본)에 다음과 같은 기사가 실려 있어 참고가 된다. "일찍이 들으니, 사오십 년 전에는 청어가 정말 싸서 열 마리에 1전이었다. 그래서 매양 해주의 상선이 도착하면 한강은 온통 비린내가 진동하고 서울의 가난한 유자들도 비로소 고기 맛을 볼 수 있었기에 '유어'儒魚라고 칭했다 한다."(嘗聞, 四五十年前, 靑魚極賤, 十尾一錢, 每海州商舶至, 則三江盡腥, 洛下窮儒始得開素, 故稱之曰, 儒魚.)
13_ 김려, 『담정유고』 권2, 「황성리곡」 장23뒤. 여기에는 다음과 같은 주석이 달려 있다. "청어는 스무 마리가 한 두름이고 백 묶음이 한 바리이다. 배를 빌릴 때는 값이 극히 비쌌는데, 금년에는 집주선이 다시 나와 값이 다시 싸졌다."(鯖魚二十尾一級, 百級一馱. 賃船之時, 魚極貴, 今歲執篝船復出, 魚更賤.)

창작했다고 보는 것이 타당할 것이다. 김려가 짤막한 칠언절구로 그려냈던 제재를, 옥수는 장편의 오언고시 형식을 통해 가난한 유자들의 삶을 해학적으로 그려내는 모티브로 활용함으로써 단순한 기속시를 넘어서는 결과를 가져왔다. 다음은 다시 「비유」에서 청어를 먹는 장면이다.

굽기도 하고 삶기도 해서	燔之又烹之
식구들 모이라고 서로 부르네.	眷屬聚相呼
물에서 잡은 것은 요리하기도 쉽거니와	蒸汕易其致
하물며 그 맛이 농어와 맞먹음에랴.	矧美敵淞鱸
온 집안 사람들 한 해를 기다려서야	闔門通一歲
이런 진미 한번 배불리 먹어 보네.	一飽此珍羞
아아! 생선 내음 피어나니	噎噫發魚香
산동네의 궁기窮氣를 통쾌히 씻어주누나.	快洗巖澤臊

"유자의 식사엔 고기가 없이"(儒者食無肉), "먹는 것이라곤 다만 냉이와 씀바귀뿐"(所咬但薺荼)이던 처지에, 오랜만에 먹어 본 생선 맛의 행복감이 해학적으로 표현되어 있다. 이처럼 이 시기 이후의 작품에서는 가난에서 오는 비애감에 절망하거나, 관념적 '안빈낙도'安貧樂道에 안주하는 것이 아니라, 궁핍한 삶을 유머로 승화시키는 '해학적 가난 타령'으로 변모하게 된다.

1885년에 창작된 「냉기에 상하다」(傷冷 _권26) 같은 작품은 옥수가 스스로를 우스꽝스럽게 그려 냄으로써 웃음을 자아내는 수법을 활용하고 있다. 제목에 달린 주를 보면, "위로는 오한이 나고 아래로는 설사가 나서 거의 정신을 잃어버리니, 가속들 중에는 흐느끼는 자까지 있었다. 엽전 몇 닢을 얻어 구들을 데우고 이불을 따듯하게 하며, 솥에 물을 끓여 연이어 입에 부으니 순식간에 소생했다. 엽전의 오묘한 공능은 말로 할 수가 없구나"14라는 사연이 농조로 설명되어 있다. 그 시는 다음과 같다.

석가여래의 마음과 편작의 손이	如來心得扁鵲手
경각에 달린 목숨, 순식간에 되돌렸으니	頃刻之危瞬息回
천하 고금에 그 누가 대적할쏘냐?	天下古今誰敢敵
상평통보가 가장 신묘하여라.	常平通寶最神才

사정인즉 딱하기 그지없다. 여든이 넘은 노인이 냉방에서 지내다가 정신을 잃었으니 자칫 목숨도 위태로운 상황이었을 것이다. 그런데도 옥수는 상평통보의 능력이 참으로 신통하다며 부러 자기 자신을 주책없는 늙은이로 만들어 웃음을 자아내고 있는 것이다. 또한 '상평통보'와 같은 조선식 '이어' 俚語를 시어로 차용함으로써 한시가 갖는 보편적 언어 감각을 파괴하는 것도 이 시의 특징이다.

이러한 풍의 시들은 만년에 이를수록 그 희학의 도가 심해지는데, 「장난삼아 지은 담배 노래」(戲作蔫詩 _권26, 1886년작)와 같은 작품에서 그 전형적 모습을 볼 수 있다. 제목에는 "담배는 요즘 습속에서 그만둘 수 없는 일이 되었다. 올해는 담배가 금값보다 비싸거늘 높은 분들은 그런 것 신경 쓰지도 않아서, 다 피우지도 않은 것을 내버린다"15-고 주가 달려 있다.

14_ 권26, 장8뒤. "上戰下瀉, 殆沒省覺, 家屬至有歔泣. 得貨泉幾許葉, 溫突而煖被, 煎水於鐺, 連灌於口, 瞬息間快能回甦. 貨泉之功妙, 不可言."
15_ 권26, 장37앞. "吸蔫卽近俗不可已之事. 今年蔫貴於金而達客不顧也, 未爇而棄之."

담배 아끼기 보화 아끼듯 함은	愛蔫如愛寶
한번 빪에 생사가 달려 있기 때문인데	一吸關生死
귀한 분들 한껏 거드름 피우느라	貴客多生驕
재떨이엔 연기가 꺼지질 않네.	灰盤煙未已

옥수는 대단한 골초였다. 1859년 파주에서 은거하던 시절에는 손수 담배 농사를 지은 일도 있고,[16] 만년에 담뱃값을 마련하기 힘들어지자 "담배 피우기 괜히 배웠네"[17]라며 울적해하기도 했다. 사실 담배 한 모금에 생사가 달려 있다거나, 마음 놓고 담배를 피울 수 있는 자들이 너무 부럽다던가 하는 말들은 지극히 사적私的이고 사소한 내용이다. 그리고 이런 감정을 과장되게 표현함에 일말의 궁상스러움이 없는 것도 아니다. 하지만 탈권위적이고 소탈한 시인의 태도가 독자들에게 모종의 흥취를 주는 것 또한 사실이다. 그리고 이러한 태도는 어디까지나 '자기희화'여서 '자기비하'나 '자기혐오'와는 엄연히 구별된다는 점도 지적할 필요가 있다. 이러한 '자기희화'가 가능하기 위해서는 자신의 자아를 편안하고 넉넉하게 대할 수 있는 정신적 여유가 있어야 한다는 점이 바로 이 시가 주는 흥취의 원천이 아닌가 한다.

한편, 옥수의 '해학적 가난 타령'에는 사詞 형식을 활용한 작품도 있어 주목된다.

| 심란하다, 축축한 자리에 곰팡이 번져 가니 | 懊惱黴痕狀堯 |

16_ 권6, 「반 이랑 되는 땅에 손수 담배를 심어 열 두름쯤 따서, 묶고 말리고 펴고 썬 뒤에 피웠는데 너무 힘든 일이었다. 장난삼아 율시를 짓는다」(半畝力菸 摘十許級 編而曬而貼而切 而後及吸之 大覺弊弊然 戱書一律)
17_ 권22, 「늙은이의 농담」(耄譃) 장6앞. "悔學吸蔫(烟茶)誤"

울적하다, 발 너머 주룩주룩 빗줄기.	傷悁雨絲簾映
빗물 새는 띳집은 배와 다름없어	茅齋漏如船
억지로 새로 시 지어 높이 읊조리노라.	强把新詩高詠
병도 많고 병도 많아	多病多病
서쪽 연못 연꽃 줄기 괜히 심어 두었네.	虛負西池荷柄

「여몽령」如夢令(和尹寶山)(권27)이라는 제목의 사詞 작품이다. 이 작품 이외에도 『옥수집』에는 '여몽령'이란 사패詞牌를 이용한 작품이 세 편 더 있다. 옥수는 사詞 형식을 이용해 '그리움'과 같은 애잔한 정서를 주로 읊었지만, 위의 경우와 같이 자신의 빈한함을 소재로 하기도 했다. 특히 이 작품의 경우는 표현이 과장된 면이 있어 해학 기미를 띠고 있다는 점이 주목되는데, 소식의「여몽령」가운데에도 희작이 있다는 점이 참고된 것으로 보인다.[18]

이상에서 확인한 바처럼, 대략 1860년경을 기점으로 하여 옥수 시에서 해학적 가난 노래가 왕성하게 늘어났다. 그런데 이러한 자기희화적 한시를 옥수에게서만 볼 수 있는 것은 아니다. 예를 들어 다음의 김정희 작품에서도 이러한 분위기를 느낄 수 있다.

바늘낚시 걸려든 오십 마리 은조어는	五十銀條針生花
강가의 고기잡이 집에서 보내왔네.	來自江亭漁子家
어부는 고길 잡아 스스로 먹지 않고	漁子得魚不自食
꾸러미에 고이 싸서 먼 손에게 부쳤구려.	包裹珍重寄遠客
앙상한 마른 폐가 참깨 마늘 내음 맡으니	槎牙枯肺因麻蒜

[18] 薛瑞生 箋證, 『東坡詞編年箋證』, 三秦出版社, 1998, 447~449면 참조.

입가에서 흘러내린 군침을 자주 닦네.	口角屢拭饞津零
냉락한 부엌 사람 기쁜 빛이 낯에 도니	冷落廚人喜動色
식단에 성찬이 오를 것을 기대했네.	將見食單登珍錯
밤이 오자 쥐떼들이 틈새를 파고들어	夜來穴隙壯哉鼠
모두 다 훔쳐가고 한 치도 남김 없네.	偸盡了無遺寸許[19]

은어를 먹을 기대에 흘리는 군침, 쥐에게 빼앗긴 서운함 등을 담고 있는 이 시는 옥수의 시 못지않게 해학적이며 자기 자신을 희화시키고 있다. 또 김정희의 선배 세대인 정약용丁若鏞의 작품에서도 이러한 분위기를 느낄 수 있다.

발 너머로 들리는 왁자지껄 웃음소리	哄堂大噱隔簾帷
아마도 포복절도 우스운 일 있음이라.	定有人間絶倒奇
느릿느릿 일어나 아이 불러 물어보니	徐起呼兒問委折
아무 일도 아니요, 그저 웃었다 하네.	但云無事偶相嬉[20]

이 시에 등장하는 화자의 모습에서 대학자 정약용의 모습을 느끼기는 쉽지 않다. 그야말로 '뒷방 늙은이 신세' 그대로이며, 그 신세를 스스로 희화시켜 표현하고 있다.

이처럼 옥수의 '해학적 가난 노래'는 일정하게 한시사적 배경을 가진 전통임을 확인할 수 있다. 그런데 자기희화를 한시로 표현한 옥수, 김정희, 정약용 이 세 사람에게서 공통점을 찾자면 자연스레 '소

---

[19] 김정희, 『완당전집』 권9, 「은어를 쥐에게 도둑맞고서 초의에게 보인다」(銀魚爲鼠偸示艸衣) 전반부. 해석은 우전 신호열 선생의 번역을 바탕으로 한 것이다.

[20] 정약용, 『여유당전서』與猶堂全書 제1집 권7, 「늙음을 자조함」(耄甚自嘲五絶句) 첫째 수.

동파'를 떠올리지 않을 수 없다. 김정희와 옥수가 소동파를 열렬히 추숭했음은 위에서 언급한 바 있거니와, 정약용의 경우에도 소동파의 일부 학설에 대해서는 직접적인 비판을 가했으나 시문 창작에서는 그 성취를 대단히 높게 평가했던 것이다.[21] 이 세 사람이 자기희화의 한 시에 관심을 갖게 된 데는 다음과 같은 소동파 시의 영향이 있었을 것이다.

우습다 일생토록 입 때문에 바쁘더니	自笑平生爲口忙
늘그막에 일들이 더욱 어이없어라.	老來事業轉荒唐
장강이 성곽을 감돌아 물고기는 맛이 좋고	長江繞郭知魚美
좋은 대나무 산에 많아 죽순은 향기롭네.	好竹連山覺筍香
유배객은 원외랑員外郞이 되어도 괜찮으니	逐客不妨員外置
시인은 으레 수조랑水曹郞이 되는 법.[22]	詩人例作水曹郞
다만 부끄러운 건 추호의 보탬도 없으면서	只慙無補絲毫事
관가의 곡식 축내 술배나 채우는 것일세.	尚費官家壓酒囊[23]

이 시는 소식이 45세 되던 해 황주로 유배 가서 지은 작품으로 자조적 표현이 전면에 드러난다. 사士로서의 당당한 자부심이나 사명감은 전혀 찾아볼 수 없고, 단지 술값이나 챙기고 먹고 살기 위해 관직 생활을 해 왔다고 하는 자조와 풍자는 완연히 앞서 보았던 시들과 흡사함을 느낄 수 있다. 이런 점에서 볼 때, 옥수의 '해학적 가난 타령'

21_ 김상홍, 「다산의 소동파론」, 『남명학연구』 18, 경상대 남명학연구소, 2004 참조.
22_ 당나라 이후로 유배된 자는 정원 이외의 관원, 즉 '원외랑'이 되었다 한다. '수조랑'은 수로水路를 관장하는 관원으로, 하손何遜·장적張籍·맹빈孟賓 등의 시인들이 수조랑을 역임한 바 있다.
23_ 蘇軾, 『蘇軾詩集』 4, 1031면, 「처음 황주에 도착하여」(初到黃州) 전문.

은 단순히 궁상스런 삶의 반영이 아니라, 동아시아 한시사에서 면면히 이어 내려온 '청빈을 구가하는 해학적 노래'를 적극적으로 계승하고 있다고 할 수 있겠다.

그런데 이처럼 궁핍한 삶에 대한 노래를 각별히 선호하는 심리 상태는 자본주의 사회를 살아가는 현대인들에게 언뜻 이해되지 않는 측면이 있다. 현대사회에서는 부를 추구하는 것이 아무런 윤리적 문제가 없으며, 오히려 가난은 속히 벗어야 할 굴레로 여겨진다. 이에 반해 전통 시대 동아시아의 사士들에게는 '청빈'淸貧이 시대를 초월한 보편적 가치로서, 적극적으로 추구하고 실현해야 하는 덕목이었다. 비록 실제로 전통 시대의 사士들이 모두 진지하게 청빈을 실천했다고 생각되지는 않지만, 적어도 윤리와 명분의 차원에서 청빈을 거부할 수는 없었다. 옥수 등이 그처럼 자신의 가난을 전면에 내세울 수 있었던 데에는 이러한 윤리와 명분상의 자신감이 있었던 것이 아닌가 한다.

그런데 이러한 당당한 청빈의 가치를 말하면서 왜 자기희화를 했을까? 이는 앞서 살폈던 옥수의 말 가운데 "가난하면서도 억지로 통달한 체하려는 사람들을 나는 싫어한다"에서 그 까닭을 발견할 수 있을 듯하다. 청빈이나 안빈낙도가 아무리 전통 시대의 보편적 가치였다 하더라도 그것을 실천하는 것은 매우 어렵고, 쉽사리 관념이나 허위의식에 빠지기 쉬웠을 터이다. 옥수는 이러한 태도를 문제 삼고자 했던 것이다. 정리하면 '해학적 가난 노래'는 관념적 안빈낙도와는 거리를 두면서도, 청빈을 예술적으로 흥취 있게 표현할 수 있는 수단이었기에 동아시아 문학사에서 지속적으로 애호되어 왔던 것이라 하겠다.

한편, 옥수의 해학적 가난 타령이 실제 삶에서 늘 작동할 수 있는 것은 아니었다는 점을 지적하지 않을 수 없다. 옥수 자신이야 가난의 고통을 해학적 문학으로 승화시킬 수 있다 하더라도, 그것을 다른 사람들에게까지 강요할 수는 없었던 것이다. 가난한 살림에 고생만 하던 며느리가 몸져누워 있을 때 지은 「4일에 며늘아기가 병들어 누웠는데 밤새도록 신음을 하였고, 듣는 이 또한 마음이 아팠다」(四日 子婦 病臥 作達宵叫苦 聽者亦悶 _권18)를 보면 다음과 같다.

가난한 집 살림에 며느리 노릇 어려웠으리	貧家事事婦難爲
몸과 마음 다 짜냈으니 병이 온 것 당연하네.	勞力勞心致病宜
안타깝다, 이 몸이 용렬하고 늙어	却恨此身庸且老
편안함은 못 주고서, 이런 지경 초래했네.	未遺安樂到今時

고생하는 며느리에 대한 미안한 마음이 크기에 해학 따위가 들어설 여지는 없어 보인다. 이처럼 아무리 해학을 즐기는 옥수라 하더라도 가난 때문에 고통을 당하는 가족들을 대하면 괴로운 마음을 감추지 못했다. 특히 살림을 도맡아 고생하는 여인들에 대해서는 그 미안함이 각별했던 듯, 위의 시 이외에도 여러 작품을 통해 그들의 어려움을 시에 담았다.[24] 다음은 「새벽 다듬이질」(曉砧 _권23)이라는 제목의 시이다.

딱하다 남자의 몸뚱이여	可憐男子身
모든 것을 여자 손에 맡기다니.	都付女人手
내일 아침 떨쳐입고 나가서는	明日拂衣行
의기양양 얼굴 또한 두꺼울 테지.	揚揚顔亦厚

[24] 「聞砧行」(권19), 「聞砧有感」(권21), 「曉砧」(권23), 「搗女歎」(권24), 「偶題」(권26).

이 시는 시적 화자가 근대 이전의 남성이라는 것이 믿기지 않을 정도로 매우 새롭다. 오늘날 여성주의로 각성한 여성들의 남성 비판이라 해도 크게 부족함이 없을 듯하다. 여기서 옥수는 여성들이 '가사노동'을 전적으로 맡아야 하는 부당함을 반성하고 있는데, 그 인식이 매우 철저하여 오늘날 현실에서도 그 의의가 인정될 수 있을 정도이다. 또 「다듬이질 하는 여인의 탄식」(擣女歎 _권24) 같은 작품은 그 풍자와 비판이 더욱 구체적이다.

툭탁 툭탁 툭탁 툭탁	刁刁切切聲
추운 날 방망이질에 날이 새었네.	冷杵徹天明
서둘러 낭군 옷 지어 놓으면	催作郞君服
분주히 사방팔방 입고 다니지.	紛紛四處行
여기선 재리를 도모하고	是處謀財利
저기선 공명을 바라다가	是處希功名
혹여 하나라도 얻고 나면	倘有得其一
여자가 죽건 살건 개의치 않네.	不論女死生
때때로 나오는 긴 탄식	時時長歎息
'손 터진 것 알아나 줬으면.'	龜手若爲情

같은 소재로 여러 편의 작품을 창작한 것으로 보아, 새벽녘에 들리는 다듬이질 소리는 옥수의 시심詩心을 각별히 자극했던 모양이다. 여성의 고통에 대한 연민을 넘어, 남성들의 '이기심'에 대한 비판에까지 인식이 미치고 있다는 점을 높이 평가할 수 있는 작품이다.

최치원崔致遠의 「강남녀」江南女 이래로 노동하는 여인을 노래하는 창작 전통은 한국 한시사에서 면면히 이어져 왔다. 그 가운데는 빈한한 여인과 부유층의 대비를 통해 사회의 모순을 통렬히 고발하는 작품도 있고,[25] 여성의 입장에서 남성을 꾸짖는 작품도 있지만,[26] 이 작품처럼 남성이 스스로의 몰염치를 자아비판하는 경우는 거의 그 유래를 찾기 어렵다. 여성주의적 관점에서 한국 한시의 성과를 검토할 때, 이들 작품은 반드시 중요하게 평가되어야 할 것이다.

그런데 이러한 옥수의 시선은 단지 집안의 여인들에게만 머물러 있던 것이 아니라, 농민, 하인, 거지 등 사회적 약자에까지 미치고 있다.[27]

갖은 고생에 머리는 온통 백발이니	辛苦艱難白盡頭
일생에 얼마나 편히 쉬어 보았을까.	一生能得幾時休
몸 편한 게 뭔지 알게 한다면	若教解好身閒事
부자와 고관대작 굶겨 죽이리.	餒殺朱門萬戶侯

옥수의 시 중 비교적 초기작이라 할 수 있는 「농부」(권2, 1830년대 후반)의 전문이다. 애민시 분야에서 풍성한 성과를 이루었던 현실주의적 표현 수법의 잣대로 본다면, 이 작품은 그다지 높게 평가하기 어렵다. 하지만, 전·결구에 담긴 시각만큼은 매우 독특하고도 심각한 측면이 있다. 옥수 이전의 애민시들에서 농민들의 비참한 삶에 착목한

25_ 앞에 언급한 최치원의 「강남녀」가 바로 그러한 작품이다. 조선 시대 여인의 고난이 한시로 표출된 예로는 임형택 편역, 『이조시대 서사시』 상하, 창작과비평사, 1992 참조.
26_ 박영민, 『한국 한시와 여성 인식의 구도』, 소명출판, 2003, 246면 참조. 이 책에서는 육용정陸用鼎(1843~1917)의 「노처녀 노래」(老處女吟)를 소개하고 있는데, 육용정은 옥수보다 후대의 인물이다.
27_ 「農夫」(권2); 「行路記見」(권4); 「行路裡語」, 「江廠 還過打麥場」, 「安平倉閱租」(권5); 「路見」(권17); 「早熱轉劇 叫囔達宵 煩悶欲殊 見婢子汲井而過 呼飲一大梡 遂題三絶句 鑑質 淵齋品山」(권19); 「扇之謠」(권23).

경우는 많이 있었으며, 나아가 부귀한 자들의 풍요로운 삶이 결국은 농민들의 살과 피로 이루어진 것임을 고발한 작품도 적지 않았다. 그러나 옥수처럼, 만일 농민들이 안락함이 무언지 알게 된다면 지배층의 안락한 삶은 곧 붕괴되고 만다는 점을 날카롭게 지적한 경우는 찾아보기 어렵다. 고금을 막론하고 근면을 강조하는 윤리는, 윤리인 동시에 지배 이데올로기인 것이 사실이다. 오늘날 노동운동의 용어를 빌린다면, 옥수는 태업怠業(sabotage)의 위력에 대해 언급하고 있는 것이다.

또 눈먼 거지 여인을 보고 지은 「길에서 보다」(路見 _권17)를 보면 다음과 같다.

쑥대머리 늙은 눈먼 여인	蓬首老盲女
짧은 베옷 자락마다 찢어져	短布幅幅裂
왼손엔 한 자 되는 어린아이 붙들고	左手扶尺孤
맨발로 느릿느릿 걸어서 가네.	赤脚行鱉鱉
귀는 발소리에 어둡지 않아	耳不盲於屨
오는 사람 가는 사람 분별해 내고	去者來者別
바람을 맞으며 오른손 뻗어	向風張右手
애면글면 한 푼 줍쇼 구걸을 하네.	一錢丐屑屑
여인은 배가 고파 말하기도 고달픈데	女飢其辭苦
아이는 배가 고파 울음을 우는구나.	孤飢其泣啜
아! 그대들도 사람이거늘	嗚呼爾亦人
운수가 어찌 그리 위태로운가.	賦命太扤隉
길에는 끊임없이 지나가는 사람들	悠悠行路心
어쩌면 저리도 무심히 쳐다보나.	視之何決絕

| 휘황찬란 좋은 옷 빛이 나지만 | 燦服生輝光 |
| 그대들 졸박함에 부끄럽지 않겠는가. | 不愧于爾拙 |

    너무도 애절한 장면이다. 또한 옥수의 탁월한 묘사에 감탄하지 않을 수 없다. 장님 거지와 아이의 행동 하나하나가 모두 눈앞에 살아 있는 듯 그려지고 있다. 늙은 장님 여인과 어린아이라고 하면 사회에서 가장 힘없는 약자라 할 수 있는데, 이들의 처지에 대한 진실한 공감이 없었다면 이런 묘사는 나오지 못했을 것이다. 또 이러한 공감이 작품의 후반부에서 약자에게 무관심한 세태에 대한 비판으로 확장되고 있음에서 옥수가 사士로서의 책무를 잊지 않고 있음을 볼 수 있다.

    그런데 이상에서 검토한 옥수 시의 두 가지 흐름, '해학적 가난 노래'와 '약자들에 대한 연민'이 외적으로는 서로 무관해 보이지만, 내적으로는 긴밀히 연관되어 있다고 할 수 있다. 두 경향 모두 '사士로서' 혹은 '남성으로서' 자신을 반성적으로 성찰하는 가운데 나온 것이라 할 수 있는 것이다. '자고자대'自高自大하는 사람이 자신을 희화시키지는 않을 것이며, 자신의 특권적 지위를 당연시하는 사람이 약자들의 고통에 연민을 느끼지는 않을 것이다. 그러한 견지에서 보았을 때, 해학과 연민을 담은 옥수의 '가난한 일상의 노래'는 선비로서의 자기반성이 그 기저에 깔려 있다고 할 수 있다.

    옥수의 이러한 성찰이 새로운 사상에 대한 모색과 정치적 실천으로 이어지지 못한 점은 아쉬운 일이지만, 여기에 기반하고 있는 옥수의 시들은 오늘날의 독자들에게도 공감을 불러일으킬 수 있는 만만치 않은 울림을 갖추고 있다.

청빈 속의 멋 – 매화와 돌

앞의 서론에서 잠시 언급했듯이, 학계에서 옥수의 존재를 잊고 있었을 때에도 매화와 수석 애호가들은 옥수라는 이름을 전설처럼 전하고 있었다. 이럴 수 있었던 것은 매화와 돌에 관련된 옥수의 일화들이 입에서 입으로 전해져 오늘에까지 이르렀기 때문일 것이다. 이러한 점만으로도 옥수가 매화와 돌을 얼마나 애호했는지 짐작할 만하다.

조선 후기에 들어 경화사족 사이에서 '원예 취미'는 대단한 유행했다.[28] 그리고 옥수 또한 "올해도 삼백육십 날, 반은 도서에 반은 꽃에 썼네",[29] "꽃으로 목숨을 삼고 시로 생활을 삼으니, 모르겠네 이 늙은이 어떤 늙은이인가?",[30] "국화꽃 피려 하니 시인은 바빠지고, 사랑스런 이 계절 애가 끊어지도다"[31]라고 노래한 것으로 보아, 그러한 시

28_ 이에 대해서는 심경호, 「당벌의 장에 핀 매화」, 『한국한시연구』 4, 한국한시학회, 1996; 신익철, 「18세기 매화시의 세 가지 양상」, 『한국시가연구』 15, 한국시가학회, 2004; 정민, 「18·19세기 문인지식층의 원예취미」, 『18세기 조선 지식인의 발견』, 휴머니스트, 2007 참조.
29_ 권4, 「제석」除夕 장52뒤. "今年三百六旬日, 半費圖書半費花."
30_ 권17, 「미당의 시에 차운하다」(次眉堂三詩) 장19뒤. "以花爲命詩爲活, 不識此翁何許翁."

대적 분위기를 공유하고 있었음을 볼 수 있다.

「여종의 말」(婢說 _권26)은 제목 그대로 여종의 목소리를 통해, 옥수가 얼마나 꽃 가꾸기에 심취해 있었는지를 알려 주는 재미있는 일화를 담고 있다.

나리께서 심고 가꾸기 즐기시기에	知公嗜栽種
쇤네가 이웃집에 말해설랑은	婢子說隣家
푸릇푸릇 이파리 한 움큼이나	盈握青青葉
과꽃을 얻어 왔어요.	得來唐菊花

꽃에 대한 옥수의 사랑이 소박하면서도 정감 있게 표현되어 있다. 이러한 시 구절들에서 드러나듯, 옥수에게 꽃은 독서와 작시作詩에 버금가는 중요한 존재였다. 그는 매화, 국화, 수선, 백합, 무궁화, 개나리, 과꽃 등을 가꾸었는데, 그중에서 가장 마음을 기울인 대상은 매화였다. 이웃 사람들은 그를 '매벽'梅癖[32]이라고 칭했다.

그리고 옥수는 매화를 가꾸는 데 그치지 않고 '매화시'를 일생토록 즐겨 창작했다. 그 시편들 또한 옥수 시 특유의 개성을 잘 드러내고 있어, 옥수 시의 주요한 성과로 볼 수 있다. 그런데 앞에서 보았던 가난 노래와 마찬가지로, 매화시에도 수학기의 작품과 한거기의 작품 사이에는 일정한 차이가 있다. 먼저 수학기인 1830년에 지어진 작품

31_ 권17,「국화」菊花 장29뒤. "黃花欲發詩人忙, 愛此年芳自斷腸."
32_ 권7,「마을 사람들은 나를 매벽이라고 칭하지만 나는 거의 사십년 간 병 때문에 잘 가꾸지도 못했고 가난해서 무얼 사서 갖추지도 못했다. 차가운 집안의 도서들도 거의 꼴이 아니니 이 때문에 탄식하노라」(鄕人 以余梅癖稱 垂四十年撝來 病不得畜之 貧不能購之 冷屋圖書 殊失顏色 爲之可歎)

부터 보면 다음과 같다.

고인古人과 금인今人은 아득히 떨어져 있어	邈若前塵與後塵
한겨울의 심사를 의탁할 데 없구나.	歲寒心事托無因
나부산 아래 달 뜬 삼경의 시각	羅浮山下三更月
나도 인간세상 조씨 성 사람이라오.	儂是人間姓趙人

전체 칠언절구 3수로 이루어진 「매화」梅花(권1)의 두 번째 수이다. 이 대목은 매화가 피기를 기다리는 시적 화자의 내면을 그린 것으로, 일반적으로 매화시에서 흔히 볼 수 있는 나부산 고사를 주된 모티브로 활용하고 있다. 그 전고의 내용인즉, 중국 수나라의 조사웅趙師雄이란 사람이 추운 겨울밤 나부산에서 한 미인을 만나 함께 술을 마시고 즐겁게 이야기를 나누었는데, 아침에 일어나 보니 여인은 간데없고 커다란 매화나무만이 옆에 있더라는 이야기이다. 옥수는 자신도 조사웅과 같은 '조'씨이니, "매화선녀는 어서 나타나시라"(매화꽃이여 어서 피어라)라고 말하고 있는 것이다. 시상이 재치 있기는 하나 시인의 깊은 내면을 느끼기는 어려운 작품이라 하겠다.

1832년에 창작된 「매화문답」梅花問答(呈錦洲詞伯)(권2)은 시적 화자와 매화 사이의 문답을 가설하는 수법을 취하고 있다. 화자가 칠언절구 한 수로 물으면 매화가 칠언절구로 답하는 7절 4수의 형식인데, 이 또한 매화시에서 종종 활용되는 방법이다.[33] 시적 화자가 두 번째 물음에서 매화에게 '아직 눈도 녹지 않았는데 무엇 때문에 이렇게 고

---

[33] 이황李滉의 유명한 매화시 「한성우사분매증답」漢城寓舍盆梅贈答, 「분매답」盆梅答, 「계춘지도산산매증답 2수」季春至陶山山梅贈答二首(『퇴계집』退溪集 권5) 같은 작품이 예가 될 것이다.

생스럽게 일찍 피었느냐'고 묻자, 매화는 다음과 같이 대답한다.

향기로운 꽃들과는 더불어 알고 싶지 않으니	不欲芬華共與知
이내 삶의 본분은 겨울을 인내하는 것.	此生本分耐冬枝
공평무사 하느님이 하시는 일이라	無私自有天公管
이르건 늦건, 피는 건 마찬가지랍니다.	早晚一般成就時

매화의 목소리가 들리고 있어 흥미롭기는 하지만, 매화를 '인고忍苦'의 상징으로 보는 전통적인 관습을 그대로 따르고 있다는 점이 확인된다. 인용한 두 편의 시에서 볼 수 있는 것처럼, 옥수가 젊었을 때 지은 매화시들은 일반적인 매화시의 수법과 이미지를 습용襲用하는 경향이 있다.[34]

그러나 후기로 갈수록 이런 작풍은 변모했다. 옥수가 1863년에 지은 「박환재가 편지를 보내왔다. 매화 소식이 들어 있었는데, 그의 매화가 일찍 꽃망울을 터뜨려 섣달까지 가지 못했다는 것이다. 나의 매화는 아무 소식도 없다」(朴瓛齋有書訊及梅信 盖其所藏者已花 無以消受臘也 余所藏者尙渺然 _권10)라는 시를 보면 다음과 같다.

그대는 이르다 탓하고, 나는 더디다 탓하니	君嫌太早我嫌遲
매화도 이 세상 처신하기 어렵겠네.	梅亦難爲處世宜
봄바람을 기다려서 그 빚을 갚으리니	待到春風看了債
푸른 잎 일제히 가지마다 피어나리라.	一般葉綠滿枝枝

34_ 「次錦洲梅花詩」,「酔梅(幷辭三首)」(권1);「水仙」,「定梅篇」(권2) 등의 작품이 그러하다.

우리나라에서 매화가 꽃을 피우는 시기는 대개 양력 3·4월경이지만, 이 시에서 말하는 매화는 방안에 두고 기르는 분매盆梅이니만큼, 그 개화 시기는 환경에 따라 차이가 클 수밖에 없다. 여기 박규수의 분매처럼 너무 일찍 꽃피는 경우도 있었음을 알 수 있다. 박규수가 이에 대해 불만을 토로하니, 옥수는 위의 시를 지어 준 것이다. 봄바람이 불어 푸른 이파리가 일제히 돋아나면, 그 아름다움이 또한 꽃에 못지않으리니 그러면 실망감이 보상될 것이란 이야기다. 전반적인 시상이 전통적인 매화의 이미지와는 아무런 관련이 없음을 볼 수 있으며, 이 시의 핵심은 승구의 해학에서 찾을 수 있다. 매화 자신의 뜻과는 아무 상관없이, 사람들이 제멋대로 자신들의 욕구를 매화에 투영하는 행태를 가볍게 풍자함으로써 멋스런 웃음을 유발하고 있다.

　　1880년에 지어진 「생일날 매화에게 농담을 나누다」(生日謔梅)는 매화와 수선화가 등장하여 서로 대화를 나누는 구성 형식을 취하고 있어, 위의 「매화문답」과 유사한 면모를 보인다. 그러나 매화의 이미지는 서로 판이하게 다르다. 다음은 그 전문이다.

매화와 수선화가 이야기한다	梅共水仙語
주인님 생일날이 돌아왔단다.	主翁生日臨
우리들이 주인님과는	吾輩與主翁
사귐이 전부터 두터웠거늘	契好從前深
어이하여 생일주를	如何生日酒
우리와 함께 기울이지 않으실까?	不同吾輩斟
주인님이 어찌 돈 걱정에 집착하느라	翁豈憂錢癖
아끼고 아끼기를 금 아끼듯 하시랴?	愛愛如愛金
실은 딴 일이 아니니	委實非他故

희희낙락 시만 읊조리느라	嘻嘻但沈吟
낡은 집엔 풍설만 가득하고	敗屋饒風雪
솥엔 먼지요, 아궁이는 검지 않단다.	甑塵堗不黔
이제 우리들 얼어 죽어도	至今吾輩凍
끝까지 신의를 지킬 수 있겠다.	足以一槪諶
대저 오늘의 일은	大抵今日事
흉금을 터놓고 이야기할 수 있겠다.	堪共語淸襟

매화와 수선화 간의 대화를 가설한 우언적 구성도 특이하거니와, 그 대화 내용과 어투는 더욱 기발하면서도 유머러스하다. 그 가운데 '희희낙락' 시만 좋아해서 집안이 영락했다는 대목은 앞의 가난 노래에서 보았던 '자신에 대한 희화'와 같은 맥락이다. 그리고 이 시 속의 매화는 주인이 생일주를 함께하지 않는다고 서운해하는 지극히 인간적인 존재로서 주인과 동고동락하는 의리를 지니고 있기도 하다. 요컨대 이 매화는 '가난한 삶의 동반자'로 그려지고 있는 것이다.

전통적으로 매화시는 '비타협의 고독한 정신', '절개를 지키는 고고함', '흔들리지 않는 꼿꼿함'의 정신세계를 표현해 내는 갈래였고, 그러한 매화의 이미지는 오늘날까지 면면히 이어오고 있다.[35] 그런 점에 비추어 볼 때, 옥수 매화시의 남다른 면모는 저절로 드러난다. 전통적인 매화시가 고고한 정신의 세계를 표현한다면, 옥수의 매화시는 지극히 일상적인 생활의 정서를 표현하고 있다.

1881년에 지어진 「늦게 핀 매화 아래서 달빛을 받다」(晩梅下得月

---

[35] 박혜숙, 「조선의 매화시」, 『한국한문학연구』 26, 한국한문학연구회, 2000; 김현자, 「동방의 예지와 성자의 의미 – 한국의 현대시에 나타난 매화」, 『매화』, 생각의 나무, 2003.

_권22)는 옥수와 매화의 일체감이 간결하면서도 인상적으로 드러나 있는 작품이다.

더디 피는 이 매화꽃	有此晚梅花
아름다운 달이 와서 비추네.	好月來相照
주인과 이야기 나누려는 찰나	欲與主人言
주인이 먼저 웃음 짓네.	主人先一笑

전구와 결구의 표현이 매우 절묘하다. 여기의 '주인'이 옥수임은 분명한데, 시적 화자는 매화와 주인을 전지적 시점에서 바라보고 있다. 매화가 막 꽃망울을 터뜨리려는 순간을, 매화가 주인에게 말을 걸고 싶어 하는 것으로 표현한 것도 신선하고, 주인이 그러한 매화의 마음을 알아채고 먼저 미소 짓는다는 결말도 흥취가 넘친다. 승구의 긴장과 결구의 이완이 적절히 배치되어, 그야말로 말은 짧지만 뜻은 길게 남는 전형적인 예로서 옥수의 시인적 감각이 돋보이는 작품이라 할 수 있다.

이상에서 살펴본 옥수의 후기 매화시 3편은 해학적이고, 전통적인 매화의 이미지에서 탈피했으며, 옥수와 매화의 일체감이 강조되고 있다는 점 등을 그 특징으로 꼽을 수 있다. 그런데 그 일체감이란, 고고한 정신성을 매개로 한 것이 아니라, 삶의 고단함을 함께하는 데서 오는 것이라는 점이 옥수의 매화시에서 또한 중요한 의미를 지닌다.

매화가 옥수와 함께해야 하는 삶의 고단함 중에서 가장 큰 일은 바로 얼어 죽지 않고 무사히 겨울을 나는 일이었다. 앞에서 보았듯 옥수는 냉방에서 겨울을 나다가 죽을 뻔한 적도 있었으니, 그것은 매화도 마찬가지였던 것이다.

겨울이 되기만 하면 가난한 옥수는 매화를 얼리지 않기 위해 갖가지 지혜를 짜내야 했고, 그러한 사연은 매화시의 소재로 종종 활용되었다. 옥수는 급한 마음에 화로를 빌려다가 매화를 따뜻하게 해 주기도 했는데, 사람들은 그러한 옥수를 보고 "매화를 뜸뜨는 자"(灸梅漢)라 놀리기도 했고,[36] 추운 방에서 꽃을 피우기 위해 물을 입에 머금었다가 뿜어 주는 방법을 터득하고는 "따뜻한 장막과 화덕이 있으면 이 방법 필요 없으니, 이 새로운 방법은 부잣집에 알려 주지 말자"[37]며 해학적으로 노래하기도 했다.

그러나 옥수가 그저 삶의 궁핍함을 드러내는 소재로 매화를 활용한 것만은 아니었다. 그가 매화와 가난을 자꾸 연결시킨 데에는 나름의 문제의식이 없지 않았다. 「매화 이야기」(梅說 _권30)라는 산문에서 옥수는 매화의 품성을 다음과 같이 설명했다.

> 무릇 봄날이 화락하여 비와 이슬이 적셔 주면 모든 초목이 꽃을 피워 무성하게 우거져, 스스로 만족하고 기뻐하지 않음이 없는데, 매화만이 홀로 움츠러들어 그들과 다투질 못한다. 뿌리를 감추고 본성을 보존하다가 섣달에 이르러서야 꽃봉오리가 맺혀 비로소 때늦은 계책을 실행하니 내가 그 둔함을 알 만하다. 때는 바야흐로 산과 언덕에 눈이 쌓이고 시냇가 집엔 켜켜이 얼음이며, 창틈의 바람이 화살보다 매섭고 자리는 얼어 쇠꼬챙이로 찌르는 듯하여, 메마른 선비와 가난한 유자들 중에 벌벌 떨며 몸을 오그리지 않는 자가 드문데, 매화만이 얕은 뿌리와 섬약한 몸통으로 한줄기 양陽의 기운을 가지고 맞서니 또한 그

36_ 권12, 「매화에 미치다」(癖梅).
37_ 권20, 「정월 보름 매화에 물을 뿜어 주다」(正月望日噀梅), 장21뒤. "煙帳烘爐無待此, 新方莫向富家傳."

무모함을 알 만하다. 매화가 동류를 찾는다면 둔하고 무모하기로 나 같은 사람을 버려둘 수 있겠는가?[38]

여기서 옥수는 매화에 대한 상투적 인식을 뒤집고 있다. 흔히 매화는 '일찍' 피는 꽃이라고 하는 것을, 옥수는 '늦게' 피는 것이라 했고, 흔히 매화는 겨울의 매서움에 굴하지 않는 '강인함'을 지녔다고 하는 것을, 옥수는 '무모하다'고 표현했다. 그리고 그렇게 '둔하고' '무모하다'는 점에서 자신과 매화는 서로 통한다는(氣類) 것이다. 그러나 둔하고 어리석다는 것이 겉으로는 부정적인 뜻이지만, 실은 옥수의 단단한 자부심이 담긴 말임을 다음의 후반부에서 확인할 수 있다.

만일 휘황한 장막 안에서 술잔을 홀짝이며 나지막이 읊조리는 것을 지극한 매화 사랑이라고 한다면, 매화는 그것을 치욕으로 생각할 것이며, 나 또한 치욕이라 할 것이다.[39]

매화를 화려한 장막 안에 두고 그 곁에서 풍류를 즐긴다는 것은 당대 부호들의 호사스런 매화 취향을 두고 한 말이다.[40] 그러나 매화와 자신은 그것을 치욕으로 여긴다고 했으니, 이는 곧 사치스런 풍속에 대한 혐오라 할 수 있다.[41] 그러므로 '둔하고' '어리석다'는 말에는

38_ 권30, 장25뒤~26앞. "夫春日載和, 雨露斯濡, 凡草木之榮者, 靄靄然欣欣然, 莫不自得而樂, 梅獨嗇然不能競, 晦其根, 葆其眞, 至臘蓓蕾, 始爲遲暮之計, 吾知其鈍也已. 時方積雪山阿, 澗屋層氷, 窓風銛於箭弩, 榻冷穿以鐵札, 枯士窮儒之不凌兢闠縮者幾希, 梅獨薄殖厗質, 抵以一縷之陽, 亦知其頑也已. 求諸氣類而人之鈍且頑者, 梅其能捨余?" 이 글의 정확한 창작 연대는 알 수 없으나, 편집 체제를 볼 때, 대략 1860년대 후반에서 70년대 초반 사이의 글이다.
39_ 권30, 장26앞. "苟曰 銷金帳中, 淺斟低唱, 爲愛梅之至, 梅所以恥之, 余亦恥之."
40_ 당시 원예 취미의 실상에 대해서는 정민, 앞의 논문 참조.

이러한 풍조에 대한 강한 반발과, 자발적으로 '청빈'을 택하겠노라는 의지가 담겨 있다고 볼 수 있다.

1882년에 지어진 오언고시 「매화를 경계하다」(戒梅俚語 _권23)는 당시 호사스런 매화 완상 풍조를 직접적으로 비판하는 내용을 담고 있는 작품이다. 총 34구로 이루어져 있는데, 우선 그 전반부를 인용한다.

세상에선 매화 감상이 풍속이 되어	世成看梅俗
열 집에 아홉은 매화집이라.	十家九梅家
아! 저들의 감상법이란	繫其取看法
가지도 아니고 등걸도 아니니	不枝而不楂
화분을 성대히 치장하고선	盆供盛位置
오로지 꽃에만 정신을 팔지.	湊情專在花
꽃이 적으면 소슬하다 일컫고	花少稱蕭瑟
꽃이 많으면 번화하다 말하네.	花多曰繁華
어찌하여 꼬챙이에 꿰어	胡不貫於串
궤안에 비스듬히 꽂아 두지 않는가.	插之几案斜
그래서 솜씨 좋은 정원사들은	所以橐駝技
매화 값 올리며 생계를 도모하네.	儲價作生涯
운치와 격조를 알지 못하니	韻格相忘地
무엇으로 차등을 정하겠나?	于何定等差
남들의 말에 따라 호오가 결정되고	好惡隨人口
눈에는 두꺼운 장막이 드리웠네.	眼羃一重紗

41_ 「憤時風」, 「悶俗 自贈」, 「隣有新廷官屬 謔作一絶」(권25); 「朝廷議鑄當五錢 爲富國裕民之術 今行之四年」, 「戲寫」(권26) 등의 시들은 당대 사치 풍조에 대한 비판을 담고 있다.

옥수는 이 시를 통해, 당시의 과열된 매화 취미가 드러내기 시작한 속물성을 직접적으로 비판하고 있다. 이미 당시의 매화 취미는 '매처학자'梅妻鶴子라는 고사로 표상되는 고아한 은사의 풍류가 아니라, 전문적인 기술자[42]에 의해 재배되고 시장에서 가격이 매겨지는 '상품'이 되어 버렸음을 지적하고 있다. 작품은 계속해서 '매신'梅神을 등장시켜 그러한 세태를 꾸짖는다.

매신이 이런 사정 안다면	梅神會此意
반드시 이같이 말하리.	必有以言加
개나리 진달래 등속들도	辛夷杜鵑屬
공들여 가꾸면 그 꽃을 뽐낼 만하고	鬱養花足夸
가화假花도 또한 꽃의 족속이라	假花又花族
알록달록 오색 노을 같거늘	斕爛五色霞
무슨 일로 나만을 후대하는가!	何事偏厚我
혹여 이름 좋는 어리석음 아닌가!	無或嗜名痴
내 모습, 내가 부끄러우니	我影我自愧
팔려 감이 벌써 적지 않구나.	見賣已不些

화려함만을 취한다면, 개나리나 진달래도 그에 못지않게 화려하고, 조화造花 또한 아름다우니 차라리 그것들을 애호하는 것이 낫지

42_ 18세기 서울의 상업적 번성을 형상화한 중암重菴 강이천姜彛天의 「한경사」漢京詞에도 꽃을 전문적으로 재배하여 부호들에게 파는 자들이 등장한다(방현아, 「중암 강이천의 한경사 연구」, 성대 석사 논문, 1993, 35면 참조). 『옥수집』권30, 「옥호정 유람기」(遊玉壺亭記〔癸未〕)에는 '화쾌花儈(꽃장사) 김경습金敬習'과 '화가花家(꽃을 재배하는 사람) 응석應錫'이란 인물이 등장한다. 이들은 김유근의 별장인 백련사 앞, 즉 현재 삼청동 중앙교육평가원 부근에 모여 살았던 것으로 보인다.

않겠느냐는 '매신'의 따끔한 일침이다. 또한 매신은 호사스런 대접을 받는 자신의 모습이 부끄럽다는 말까지 하고 있다. 위에서 보았던 「매화 이야기」와 같은 맥락의 비판이라 할 수 있다. 이 부분에 이어 작품은 다시 시적 화자의 목소리로 넘어가서, "이 풍조 뉘라서 막을쏜가? 참으로 구역질나는구나"(俗尙孰當禁? 其風誠堪哇.)라며 직설적인 혐오감을 드러내고 있다. 당대의 사치스런 매화 취미에 대한 혐오가 얼마나 컸던가를 볼 수 있다.[43]

한편, 옥수의 매화 취미는 돌(수석)과 밀접한 관계를 맺고 있다. 그가 "평생의 연분은 창창蒼蒼한 돌이요, 만년의 마음속엔 고요한 매화로다"[44]라 노래하거나, "깊은 뜨락엔 괴석이 높고, 누추한 집안엔 홍매가 탐스럽네"[45]라고 읊은 구절에서 드러나듯, 옥수에게 수석은 매화와 짝을 이루는 삶의 일부분이었다. 하지만, 당시 사회 여건에서 탐석探石이 오늘날처럼 쉬운 일은 아니었으므로, 돌을 입수하는 것이 가난한 옥수에겐 큰일이었다. 매화시에서 겨울나기가 중요한 소재였다면, 수석시에서는 돌을 어떻게 입수하느냐가 또한 중요한 소재가 된다. 「악습」惡習(권21)을 보면 옥수가 돌을 구하는 방법을 볼 수 있다.

남창南窓 아래 늙고 병든 매화 어루만지며	手撫南窓老病梅
간절히 네게 바라노니 맘껏 피어 주렴.	辛勤望汝稱心開
평생의 악습 아직도 여전하여	平生惡習猶依舊
또 동촌에서 돌을 빌려 왔네.	且向東村乞石來

---

[43] 조수삼의 「소나무 분재 파는 사람 이야기」(賣盆松者說 _『추재집』秋齋集 권8)도 이러한 풍조를 비판한 글이다.
[44] 권21, 「탄학」歎謔 장27뒤. "平生緣分蒼蒼石, 暮歲襟懷寂寂梅."
[45] 권24, 「우제」偶題 장27앞. "深庭高怪石, 矗室侈紅梅."

이 시에서도 매화와 돌이 나란히 언급되고 있다. 그런데 제목이 왜 '악습'인가? 그것은 늙고 병든 매화에게 차갑기 그지없는 자신의 방에서 꽃을 피워 보라고 모질게 주문하거나, 벗들로부터 무리하게 돌을 얻어 오는 버릇이 있음을 해학적으로 표현한 뜻일 것이다. 이와 관련하여 「규재에게 사과하다」(謝圭齋〔南秉哲〕幷解 _권4)에도 돌을 입수하는 문제와 관련한 재미있는 일화가 그 서문에 소개되어 있다.

지난달에 홍미紅麋의 정원에서 돌 하나를 빌려 와서 북지에 두었다. 요즘 듣자니 규재圭齋가 수석에 대한 벽癖이 크게 일어 가품佳品을 많이 모았다 한다. 또다시 내게 이 돌을 요구하니, 아마도 홍미에게 얻으려 했는데 그때 내가 먼저 선수를 친 것이리라. 장난삼아 시 한 수 지으니, 청컨대 이 돌을 찾지 마시게.[46]

홍미는 추사의 아우 김상희金相喜이고, 규재는 남병철이다. 경쟁적으로 돌을 수집하는 두 사람의 모습이 옥수 특유의 해학적 필치로 가볍게 그려지고 있다. 이 글을 통해 돌을 모으는 취미는 옥수에게만 국한된 것이 아니라, 북촌 문인들이 공유하는 일종의 풍류였음을 볼 수 있다.

가난한 옥수는 여러 사람들로부터 돌을 받기도 하고, 혹은 빌려 오기도 하여 상당한 수석 소장가가 될 수 있었으니, 그가 소장한 돌들은 각각 누구에게서 얻어 온 것인지 내력이 있는 것이었다. 그래서 옥수는 정묘년(1867) 새해 첫날, 새해 인사를 대신하여 얻어 온 돌들을

46_ 권4, 장35뒤. "前月, 借一石于紅麋園, 位置北地上. 比聞, 圭齋大起米癖, 多致佳品. 又索此石於余, 盖亦乞于麋而時余先着也. 戲以一詩, 請勿索此石."

방안에 죽 늘어놓고 그 돌들에게 인사를 드리는 진풍경을 연출하기도 했다. 이때의 일을 옥수는 「열한 개의 돌에 예를 표하다」(禮十一石 幷識〔丁卯元日〕)라는 제목의 시로 기록했다. 열한 개의 돌을 소재로 하여, 오언절구 11수로 이루어진 이 작품은 「속예석구시」續禮石九詩(幷引), 「부추예삼석」附追禮三石 등의 속편이 이어질 정도로 시우들의 호응이 컸다. 이 시편들은 영물시이면서도 '회인시'懷人詩 양식과 밀접한 연관이 있으므로 구체적인 작품 분석은 다음 장으로 미루도록 하겠다.

　　매화나 수석 취미는 자칫하면 상식을 넘어선 도락이나 유한 계층의 사치로 전락하기 쉬운 면이 있는 것이 사실이다. 그러나 적극적으로 청빈을 실천했던 옥수는, 오히려 자신의 청빈한 삶을 지키는 수단으로 그것들을 활용했다. 옥수는 참된 의미의 풍류를 즐겼던 것이다.

4
그리운 시인들의 추억

시로 그린 시인들의 초상

조선 후기에는 장편 연작 한시가 다채롭게 발전했는데, 그 가운데에는 4구 또는 6구의 시 한 수에 그리운 사람 한 명씩을 노래하여 연작시로 만드는 '회인시'懷人詩란 양식이 있다. '사람'을 제재로 삼으며 장편의 연작으로 이루어졌다는 점에서 고은 시인의 『만인보』와 유사한 일면이 있는 양식이다.

'회인'懷人 즉 사람에 대한 그리움을 노래하는 것은 한시의 보편적인 주제이며 그 연원 또한 유구하다. 하지만 엄밀한 시 양식으로서의 '회인시'는 복수의 인물들을 대상으로 하여 칠언절구 또는 5언 6구 고시의 연작 형식으로, 각기 한 수에 한 명에 대한 회인의 정서를 담아내는 양식이라고 정의할 수 있다.[1] 이러한 시 양식의 연원을 찾아 올라가 보면 중국 남북조시대 인물인 안연지顏延之의 「오군영」五君詠과 당나라 두보杜甫의 '칠가'七歌(원제는 「건원중 우거동곡현 작가칠수」乾元中寓居同谷縣作歌七首) 등을 찾을 수 있으며 우리나라에서도 이러한 양

---

[1] 한영규, 「19세기 회인시의 양상과 조희룡의 회인절구」, 『반교어문연구』 6, 반교어문학회, 1995, 172면 참조.

식을 따르는 시들이 많이 지어져 왔다.[2]

그런데 조선 후기에 들어 박제가朴齊家(1750~1805)가 청나라 시인 왕사정王士禎과 장사전蔣士銓의 회인시[3]를 모방하여 「왕어양의 세모 회인시를 모방하다」(戲倣王漁洋歲暮懷人六十首幷小序 _『정유각집』貞蕤閣集 권1)와 「장심여의 회인시를 모방하다」(懷人詩倣蔣心餘 _권3)를 창작한 이래로, 회인시는 조선 시단에서 크게 유행했다. 김정희, 이상적, 조희룡趙熙龍, 나기羅岐, 김석준金奭準 등의 회인시가 학계에 이미 보고되어 있고,[4] 여기에 옥수를 비롯하여 서유영徐有英(1801~1874?), 남병철, 이유원李裕元(1814~1888), 강위, 황현黃玹(1855~1910) 등[5]도 회인시 작가 목록에 새로이 추가할 수 있다.

그런데 박제가 이후의 회인시는 몇 가지 면에서 이전의 회인시와 확연히 다른 면모를 보인다. 먼저 분량에 있어 이전 시기 작품들은 대개 다섯 명 또는 일곱 명을 대상으로 하였으며, '십애시'十哀詩와 같이 특수한 경우라도 열 명을 넘지 않았다. 이에 비해 박제가는 60명, 옥수는 56명, 김석준은 무려 117명을 대상으로 하고 있다. 이처럼 박제가 이후 19세기에 들어 회인시 양식이 크게 유행하고 장편화된 것은

---

2   장유승, 「17세기 고시 연구」, 한국학중앙연구원 석사 논문, 2002, 88면 참조. 이 논문은 이러한 양식의 유행을 의고주의의 영향으로 보고 있다.
3   왕사정은 『어양시화』漁洋詩話 권상卷上에서 「세모 회인 육십수」歲暮懷人六十首를 지었다고 기록하고 있으나, 그의 문집인 『대경당문집』帶經堂文集 권12에는 「세모 회인 삼십이수」歲暮懷人三十二首로 32수만이 실려 있다. 장사전, 『충아당문집』忠雅堂文集 권17, 「회인시십이수」懷人詩十二首; 권25, 「회인시사십팔수」懷人詩四十八首, 「후회인시십구수」後懷人詩十九首, 「속회인시십구수」續懷人詩十九首.
4   한영규, 위의 논문, 167면.
5   『운고시선』雲皐詩選(불분권 1책), 「회인시」; 『규재집』 권1, 「회인시삼십이수」; 『가오고략』嘉梧藁略 책4, 「회장로방고인체」懷長老倣古人體(十九首); 『강위전집』姜瑋全集 상, 「용호회인시」龍湖懷人詩, 「용호속회인시」龍湖續懷人詩, 172~175면; 『매천집』梅泉集 권3, 「세모회인제작」歲暮懷人諸作.

당시 문단의 상황과 밀접한 관련이 있다. 이 시기의 회인시들은 거의 모두 시사詩社와 같은 문학 교유 활동을 배경에 두고 지어진 것들이다. 그런데 당시 시사에는 사대부 계층을 넘어서 중인층도 활발히 참가했고, 인편이나 서신 교환을 통해 중국인이나 일본인과도 교유했다. 회인시의 편수가 증가하는 것은 이처럼 시문 수창의 대상자가 증가했던 것과 궤를 같이 하는 것으로 볼 수 있다.

또 한 가지 의미 있는 변별성은 '주석의 활용 여부'이다. 박제가 이전의 회인시에서는 주석이 거의 활용되지 않았던 반면, 이후의 회인시들에는 주석이 작품의 필수 요소로 기능하기 시작한다. 주석의 도입 필요성 여부는 서술상의 초점이 어디에 있는가 하는 점에서 찾을 수 있다. 주관적 흥취 위주의 서술이라면 구태여 주석이 필요 없을 것이고, 대상 인물을 소개하고 정보를 제공하는 것이 목적이라면 자연히 주석이 필요하게 되는 것이다. 시문 교유의 범위가 확대됨에 따라, 회인시는 교유하는 인물들을 널리 알리려는 목적성을 띠게 되고, 그에 따라 주석의 필요성도 자연히 증대되었던 것이라 볼 수 있다.

옥수의 경우를 보면 「감시절구」感詩絕句와 「회인절구」懷人絕句가 각각 56명, 26명을 대상으로 한 장편이며, 각 수에는 상세한 주석이 달려 있다. 또 회인시체를 응용한 다양한 시 양식을 창작하는 등 회인시 방면에 각별한 관심을 가지고 있었다. 이는 모두 옥수의 시문 교유가 그만큼 활발했음을 보여주고 있다.

옥수에게 회인시가 갖는 의미는 오늘날의 기념앨범과 같은 것이 아니었을까 싶다. 동인들과 시문을 수창하던 즐거운 추억을 4구의 짧은 시 속에 용해해 내면서 아마도 그는 무한한 감회에 젖어들었을 것이다. 그리고 그것이 개인의 추억으로만 머물지 않도록 하기 위해 자세한 주석을 달아, 한 시대의 문단을 갈무리하는 역사의 기록으로 남기고자 했던 것이라 생각된다. 옥수의 회인시는 그 자신에게는 추억인 동시에 19세기 북촌시단에 대한 주요한 자료가 된다 할 수 있다.

「감시절구」(권16)는 제목에 '회인'이란 말 대신에 '감시'感詩라는 말이 들어간 데서 드러나듯 순수한 회인시가 아니라 논시절구論詩絶句 양식과 회인시 양식이 결합된 작품이다. 신위申緯의 「동인논시절구」東人論詩絶句로 대표되는 논시절구 양식은 간결한 시어를 통해 시문학을 비평하는 갈래로, 이 또한 오랜 전통을 지닌 시 양식이다.[6] 옥수는 '회인'의 대상이 자신의 시우들이라는 점에 착안해 회인시와 논시시 양식을 결합한 것이다.[7] 다음은 「감시절구」 서문이다.

아, 나는 뒤늦게 태어났지만 그래도 백사白社의 선배들을 뵙고 노사숙유老士宿儒의 가르침을 받을 수 있었으며, 얼굴을 들기만 하면 훌륭한 동반들과 어울릴 수 있어 살아가는 즐거움이 지극하였다. 이제 늙고 영락하여 안개와 서리가 자욱하고 산하가 아득히 막아선 것만 같아, 매양 한밤중에 잠이 깨면 한숨이 나오고 서글픔이 사무친다. 가르침을 받던 시절을 더듬고, 선배들의 풍모를 그려 보며, 아울러 그들의 시를 엮으니 모두 함께 어울리던 분들이라 기록하지 않을 수 없었다. 드디어 지난 시절을 거슬러 오르는 노래들을 엮으니 원호문元好問, 왕사정의 논시절구와 또한 가까우며 요즘 사람들의 회인절구와도 같은 형식이다. 간략히 주석을 단 것은 지난날의 훌륭한 사적을 잊지 않기 위

6_ 배규범, 「"논시절구"시의 경향과 전개 양상 — 원호문의 〈논시절구삼십구〉를 중심으로—」, 『어문연구』 111, 한국어문교육연구회, 2001, 참조.

7_ 이러한 방식을 옥수가 창안한 것은 아니다. 이덕무李德懋의 「논시절구 유회소음·우촌·난타·강산·영재·초정」論詩絶句有懷篠飮雨村蘭坨薑山泠齋楚亭 같은 작품을 그 선례로 들 수 있다.

8_ 실제 작품 수는 56수인데, 서문에서는 59수라고 했다. 단순한 오자일 수도 있고, 작품 3수가 망실된 것일 수도 있겠는데, 어느 쪽이 맞는지 확실하지 않다.

함인데, 시와 관계된 사건이나 논의가 아니면 싣지 않았다. 또한 순서는 궁달窮達이나 존비尊卑로 정하지 않고 다만 나이만을 중시했으니 읽어 보면 자세히 알 수 있을 것이다. 모두 59수[8]이다. 임신년(1872) 소중양에 옥수 조면호가 쓰니 나이가 칠십이다.[9]

지난 시절 시우들에 대한 사무치는 그리움이 작품 창작의 동기가 되었음을 직접적으로 밝히고 있다. 그런데 「감시절구」에 등장하는 인물 중 생년이 가장 빠른 사람은 김이양(1755~1845)이고 가장 늦은 사람은 남병철(1817~1863)로, 이들은 모두 「감시절구」가 창작되었던 1872년 이전에 작고한 사람들이다. 「감시절구」는 옥수보다 먼저 죽은 시우들에 대한 추억을 담은 작품인 것이다. 서문은 계속해서 「감시절구」의 양식적 특징에 대한 설명으로 이어져 원호문과 왕사정의 '논시절구'[10]를 염두에 두고 창작한 것임도 밝히고 있다.

그런데 인물 배열의 순서를 정할 때 '궁달'과 '존비'는 배려하지 않았다는 점이 주목된다. 이는 회인시가 수평적인 인간관계를 지향한 문학이었다고 보았던 선행 연구의 논지[11]와도 부합하며 조선 후기 시사 문화가 지녔던 개방성의 반영으로 보아도 좋을 듯하다.

「감시절구」는 칠언절구의 짧은 편폭에 한 인물을 온전히 그려내기 위하여 인상적인 일화를 많이 활용하고, 대상 인물이 지은 시구詩

9_ 권16, 장26앞~뒤. "喟! 我生晚, 猶及白社典型, 磬欬于諸老宿. 頤頰纖竪, 附尾同輩, 極有生世之娛. 今遲暮瓠落, 烟霜禪而山河邈, 每中夜寤歎, 纏綿悱惻, 繹其津筏之始, 象其旗鼓之列, 幷繫詩境, 一同씩, 大不可以不記也, 遂有夐派之什, 與元遺山·王漁洋 '論詩絶句' 亦近, 時人 '懷人絶句', 一例語也. 略有開注, 無忘前時偉迹. 不以詩事詩論相關者, 不與焉. 亦編序, 不以窮達尊卑, 特尙其齒而已, 讀之可詳. 凡五十九首, 壬申小重陽, 玉垂冕鎬自題, 時年七十."
10_ 원호문, 『유산집』遺山集 권11, 「논시삼십수」論詩三十首; 왕사정, 『정화록』精華錄 권5, 「희방원유산논시절구삼십이수」戲倣元遺山論詩絶句三十二首
11_ 한영규, 앞의 논문, 175면 참조.

句를 적절히 활용했다. 그래서 작품 이해를 위한 자세한 주석이 매 편마다 붙어 있는데, 그 분량은 다른 어느 작가의 회인시보다도 길다. 그러한 면에서 「감시절구」는 대상 인물들에 대한 이해를 돕는 자료적 가치가 매우 크다고 할 수 있다.

「감시절구」에 실린 총 56인의 명단을 표로 제시하면 다음과 같다.

	성명/생몰년	자호	본관	관력 및 활동	비고
1	김이양金履陽 1755~1845	명여命汝 연천淵泉	안동	호조판서	
2	김조순金祖淳 1765~1832	사원士源 풍고楓皐	안동	이조판서 영안부원군	순원왕후純元王后 의 부친
3	김이교金履喬 1764~1832	공세公世 죽리竹里	안동	우의정 통신사(1822)	벽파
4	김노경金魯敬 1766~1837	가일可一 유당酉堂	경주	병조판서 동지사(1822)	김정희의 친부
5	이복현李復鉉 1767~1853	견심見心 석견루石見樓	전주	청풍부사	'담정그룹'
6	김려金鑢 1766~1822	사정士精 담정藫庭	연안	연산현감	김선의 형
7	김조金照 ? ~1825	명원明遠 석한石閒			김조순의 문객
8	이명오李明五 1750~1836	사위士緯 박옹泊翁	전주	통신사행 서기(1811)	이봉환의 아들
9	신재식申在植 1770~1843	중립仲立 취미翠微	평산	대제학 동지사행 부사(1835)	신광온의 아들

10	조종영趙鍾永 1771~1829	원경元卿 북해北海	풍양	안주목사 (홍경래난 수습)	조병헌의 부친
11	김선신金善臣 1772~ ?	희천希天 청산青山	선산	통신사 서기(1811) 동지사행 서기(1822)	담정그룹
12	김선金鐥 1772~1833	사홍嗣鴻 서원犀園	연안	대사성	옥수의 스승 담정그룹
13	안광직安光直 1775~1861	주백冑伯 계포桂圃	죽산	예조판서 사은사 부사(1835)	익종의 스승
14	이지연李止淵 1777~1841	경진景進 희곡希谷	전주	우의정	이인설의 부친
15	김난순金蘭淳 1781~1851	사의士猗 벽곡碧谷	안동	예조판서	김조순의 삼종제
16	심철수沈喆秀 ? ~ ?	구화九華		의원	권돈인의 문객
17	조인영趙寅永 1782~1850	희경羲卿 운석雲石	풍양	영의정	조만영의 동생
18	권돈인權敦仁 1783~1859	경의景義 이재彝齋	안동	동지사(1819) 영의정	김정희의 벗
19	김시중金時中 ? ~ ?	산인山人	안의	의원	의원 집안
20	김유근金逌根 1785~1840	경선景先 황산黃山	안동	판돈령부사	김조순의 아들
21	김정희金正喜 1786~1856	원춘元春 추사秋史	경주	동지사 수행(1809) 형조판서	옥수의 처외삼촌

22	김명희金命喜 1788~1857	성원性源 산천山泉	경주	동지사 수행(1822) 강동현령	김정희의 동생
23	김홍근金弘根 1788~1842	의경毅卿 춘산春山	안동	좌의정	신광온의 외손자
24	조병현趙秉鉉 1791~1849	경길景吉 성재成齋	풍양	평안감사	조인영의 족질
25	김상희金相喜 1794~1863	기재起哉 금미琴糜	경주	호조낭관	김정희의 동생
26	홍현주洪顯周 1793~1865	세숙世叔 해거재海居齋	풍산	지돈녕부사	홍석주의 동생 정조의 부마
27	김응근金應根 1793~1863	혜경傒卿 의석宜石	안동	형조판서	김홍근의 동생
28	김우하金宇夏 ? ~ ?	춘수春叟	김해		김조순의 문객
29	이만용李晩用 1792~1863	여성汝成 동번東樊	전주	좌통례	이명오의 아들
30	최헌수崔憲秀 ? ~ ?	우산愚山		신재식을 따라 연행을 다녀옴	서유영과 교유
31	정환표鄭煥杓 ? ~ ?	황파黃坡			김양순의 문객
32	김준연金駿淵 1794~1831	여성幼聲 인암寅庵	선산	별검別檢	김선의 아들
33	이수민李壽民 ? ~1863	동려桐廬		연행 수행(1828)	옥수의 문객

34	장조張照 ? ~ ?	명수明叟 자원紫園	덕수	첨지중추부사	계곡 장유의 후손
35	송계신宋啓新 1795~1831	직여直汝 상산象山	은진	품계는 통덕랑	송준길 후손 조기복 사위
36	김흥근金興根 1796~1870	기경起卿 유관游觀	안동	영의정	김홍근의 동생
37	조두순趙斗淳 1796~1870	원칠元七 심암心菴	양주	영의정	조태채의 오대손
38	김좌근金左根 1797~1869	경은景隱 하옥荷屋	안동	영의정	김조순의 아들
39	김수근金洙根 1798~1854	회부會夫 계산초노溪山樵老	안동	이조판서	김원행의 증손
40	홍재철洪在喆 1799~1870	치경致敬 후재厚齋	남양	예조판서	
41	조병구趙秉龜 1801~1845	경보敬寶 유하游荷	풍양	공조판서	조만영의 아들
42	조병헌趙秉憲 1800~1842	윤문允文 금주錦洲	풍양	호조판서	조종영의 아들
43	장교근張敎根 1797~1842	치오穉五 총오叢梧	덕수	강원도 관찰사	
44	홍재혁洪在赫 1802~1852	치성致誠 취구醉裘	남양	학생	홍재철의 동생
45	조병황趙秉璜 1794~1821	경성景成 동천洞天	풍양	학생	조병현의 동생

시로 그린 시인들의 초상　153

46	김영작金永爵 1802~1868	덕수德叟 소정邵亭	경주	대제학	김홍집의 부친
47	김보근金輔根 1803~1869	중필仲弼 삼송三松	안동	병조판서	옥수의 외사촌
48	이승원李承元 1803~1841	공일公一 교남嶠南	한산	동릉참봉	옥수의 매부
49	홍종응洪鍾應 1803~1866	사협士協 작옥芍玉	남양	이조판서	홍종서의 형
50	조민식趙敏植 1803~ ?	경눌景訥 담인澹人	함안	도사	조영석의 손자
51	이승익李承益 1812~1869	경언景言 삼호三湖	한산	이조참판	김이양의 외손
52	안응수安膺壽 1804~1871	복경福卿 학산鶴山	죽산	광주목사	안광직의 아들
53	신석우申錫愚 1805~1865	성여聖如 해장海藏	평산	예조판서 동지정사(1860)	옥수의 이종사촌 신재식의 당질
54	박영보朴永輔 1808~1872	성백星伯 금령錦舲	고령	경기관찰사 동지부사(1863)	신위의 문인
55	홍종서洪鍾序 1809~1868	사빈士賓 유재悠齋	남양	이조판서	옥수의 매부
56	남병철南秉哲 1817~1863	자명子明 규재圭齋	의령	이조판서	김조순의 외손

인물 구성의 특성을 파악하기 위하여 다소 편의적이긴 하나 다음과 같이 구분해 볼 수 있다.

① 김정희 집안 — 김노경, 김정희, 김명희, 김상희

② 김려 집안 — 김려, 김선, 김준연

③ 안동 김문 — 김이양, 김조순, 김이교, 김난순, 김유근, 김홍근, 김응근, 김흥근, 김좌근, 김수근, 김보근

④ 풍양 조문 — 조종영, 조인영, 조병현, 조병구, 조병헌, 조병황

⑤ 옥수의 선배 문인 — 이복현, 이명오, 신재식, 김선신, 안광직, 이지연, 권돈인, 홍현주, 장조, 조두순, 김조

⑥ 옥수와 동배 및 후배 문인 — 홍재철, 장교근, 홍재혁, 김영작, 이승원, 홍종응, 조민식, 이승익, 안응수, 신석우, 박영보, 홍종서, 남병철

⑦ 서얼 중인 — 이명오, 심철수, 김시중, 김우하, 이만용, 최헌수, 정환표, 이수민

김정희와 김려 집안에 속하는 사람이 그리 많은 것은 아니지만 옥수에게 미친 영향이 매우 크므로 따로 분류해 볼 필요가 있고, 안동 김씨와 풍양 조씨 세도가의 인물들이 많다는 점과 서얼 등 중인 신분의 시인들도 상당수 있다는 점도 주목된다.

이 분류의 순서에 따라, 19세기 한시사에서 중요하다고 판단되는 인물들을 중심으로 옥수 회인시의 구체적 특성을 살펴보자.

먼저, 김정희 집안의 인물로는 김정희의 부친 김노경, 김정희, 김정희의 동생 김명희·김상희를 다루고 있어 옥수가 이들 부자들과도 밀접하게 교유했음을 알 수 있다. 이들 중에서 김정희에 대한 시는 이러하다.

한번 견문하고 힘껏 동국의 몽매함 깨뜨리니　　力劈東蒙一見聞

추사가 나와 향기로운 문장을 이끌었네.	金秋史出御蘭芬
완원·옹방강의 금석과 서화가 분신처럼 곁에 있어	阮覃石墨分身在
만리 아득한 곳에서도 천고의 정신은 통했으리.	千古精魂萬里雲

추사 김정희는 젊어서부터 총명과 기예가 우뚝하여 거의 우리나라 오백 년에 처음 나온 인재였다. 부친 유당선생을 따라 연경에 갔는데, 우리나라 사람 중에서 담계覃溪 옹방강翁方綱과 결교한 사람은 오직 추사 한 사람뿐이었으니 중국인들도 처음 보는 대단한 인재로 여겼다. 시서화가 모두 뛰어나고, 남김없이 파고들어 앞사람들이 밝히지 못한 것을 밝혔으며, 고금의 서적에 더욱 해박하였다. 이는 그의 총명이 있었기에 가능하였다. 한나라 학자의 주소注疏를 주로 연구하고, 양한兩漢의 예서를 전공하였다. 만년에 운대雲臺 완원阮元과 뜻이 맞아 드디어 호를 완당이라 하였다. 이로부터 우리나라 금석 서화의 학문이 파천황되었다. 탐라로 귀양 갔다가 다시 북청으로 귀양 갔다.[12]

이 시는 김정희가 지니는 문화사적 의의를 개략적으로 진술한 기·승구, 중국학자들과 교유를 표현한 전·결구, 그리고 김정희에 대한 일반적 설명을 담은 주석으로 구성되어 있다. 전체적인 취지는 김정희가 청나라의 수준 높은 학자들과 마음을 통하는 사이였으며, 그러한 교유를 통해 얻은 높은 식견으로 낙후한 조선의 학문과 예술을 일신시켰다는 것으로써 오늘날 우리가 지니고 있는 김정희에 대한 이

12_ 권16, 장30뒤. "金秋史正喜, 妙年聰藝絶倫, 殆國朝五百年而始有也. 隨大人酉堂, 赴燕京, 東人之得翁覃溪方綱結識, 惟秋史一人而已. 鴨西人, 亦以爲創見異才也. 三絶俱到, 而其究窮硏解, 發前人未發, 尤博通古今書籍, 以聰明助之也. 主漢人注疏, 工二京隸法. 晚與阮雲臺相契, 遂號阮堂. 自此海東石墨之學, 一破鴻荒. 謫耽羅, 還入謫北青."

해와 그다지 다르지는 않다. 그리고 제자의 입장에서 스승을 높이 기리려는 마음 때문에 다소 일방적 찬양으로 흐른 감도 없지 않다.

하지만 이 시가 시적 긴장감을 유지하고 있는 것은 전·결구의 표현 때문이다. 특히 결구의 표현이 매우 함축적이다. 천고의 정신이 무엇인지, 아득한 만리가 무엇을 의미하는지 분명히 제시되어 있지 않지만, 아마도 이는 완원과 김정희의 교유가 지향했던 높은 정신의 경계를 표현하고 있다고 보인다. 이들이 금석학에 심취했던 것은 단순한 흥미 차원이 아니라 금석金石을 통해 천고의 정신을 탐구하는 것이었으며 그러한 정신은 만리나 떨어져 있어도 서로 마음이 통할 수 있었다는 의미로 읽힌다. 금석학에 심취했던 김정희의 고양된 정신이 잘 표현되어 있는데, 이러한 점은 오늘날 연구자의 시선으로는 포착하기 힘든 것으로, 김정희를 곁에서 지켜보았던 자만이 느끼고 표현할 수 있는 것이라 생각된다.

김정희의 중제仲弟 산천 김명희에 대해서는 다음과 같이 그렸다.

당시 시암(추사)의 두 동생 중에서	當日詩盦二惠連
육경六經을 연구함엔 산천이 인정을 받았네.	六經鼓吹重山泉
부채에 손수 홍매시 구절을 써 주었는데	扇頭手寫紅梅句
학정鶴頂과 고산孤山으로 서화의 인연을 이었네.	鶴頂孤山借墨緣

산천 김명희는 추사의 중제로 경학을 전공하였다. 재주가 추사보다는 못하지만 학문에는 추사보다 독실하게 정진하였다. 일찍이 연경에 가서 벗을 사귀었는데 대부분 추사의 옛 친구들이었다. 내가 언젠가 부채에 글씨를 부탁하자 산천은 연경에서 지었던 홍매시 가운데 "서울의 검은 먼지 그 더러움을 혐오하여, 잠시 고산孤山 학의 붉은 머리 빌

려 왔네"를 써 주었다. 그의 아결함이 이와 같았다. 음보蔭補로 두 고을의 현령을 지냈다. 집안이 화를 당하매 곧 그만두고 집으로 돌아와서 독서 외에 다른 일을 하지 않았다.[13]

    이 시 또한 앞의 경우처럼 기·승구는 김명희에 대한 개략적 진술이고, 전·결구는 옥수와 김명희 사이에 있었던 구체적 장면을 제시하고 있고, 주석에서는 본문을 보충하는 내용과 함께 김명희의 생애를 압축적으로 설명했다. 앞의 김정희는 오늘날 잘 알려진 인물이기에 옥수가 제공하는 정보에 그다지 새로울 것이 없지만, 김명희의 경우에는 사정이 다르다. 김명희에 대해서는 거의 알려진 것이 없기에 이 언급들은 김명희를 이해하는 길잡이가 될 수 있다.

    옥수는 김명희의 학자적 면모와 개결한 성품에 서술의 초점을 맞추고 있다. 현전하는 김명희의 저술은 단편적인 시고詩稿들[14] 뿐이기에 그의 학문을 짐작하기 어렵다. 그런데 『완당집』에 실려 있는 「명희에게」(與舍仲〔命喜〕四)[15]가 참고가 된다. 이 글에는 유자의 복식인 심의深衣 제도에 관하여 김정희가 자세히 답변한 별지가 달려 있는 것으로 보아, 김명희는 '육경' 가운데에서 특히 고례古禮에도 깊은 관심을 갖고 있었던 것이 아닌가 한다. 앞으로 김명희의 경학 관련 저술이 발굴되기를 기대해 본다.

    결구의 표현은 김명희의 시구에서 나온 것으로, 논시시와 회인시

13_   권16, 장31앞. "金山泉命喜, 秋史仲弟也. 主經傳, 才遜于秋史, 學篤于秋史. 曾遊燕都結識, 多秋史舊雨. 余嘗屬扇書, 山泉書其燕中紅梅詩曰, '緇塵京洛還嫌汙, 暫借孤山鶴頂丹.' 其雅潔如是也. 蔭仕爲二縣令, 尋因家禍, 頓跌居家, 非讀書, 無他事."
14_   『연벽시초』聯璧詩抄(국립중앙도서관 소장); 『산천시』山泉詩(규장각 소장); 『추사산천시초』秋史山泉詩抄(고려대 소장)
15_   『완당선생전집』 권2, 장11~13.

가 결합된 전형적 수법이다. 김명희가 연경에 핀 매화를 보고 "잠시 고산 학의 붉은 머리 빌려 왔네"라고 한 것은 북송北宋의 시인 임포林 逋가 고산에 살며 매화를 아내로 삼고 학을 자식으로 삼았다는 고사를 떠올린 것이다. 이처럼 매화를 보고 임포의 학을 연상하는 것에서 개결한 김명희의 인품이 잘 드러난다고 보고, 옥수는 이 시구를 가져와 김명희에 대한 회인시를 완성한 것이다. 그런데 이러한 내용은 주석이 없으면 독자들은 도저히 이해할 수 없게 되어 있다. 옥수는 애초에 작품을 구상하면서 시 본문에 들어갈 내용과 주석으로 처리할 내용을 갈라놓았던 것이라고 생각된다. 따라서 주석은 작품 이해의 보조 수단이 아니라 본문과 대등한 의의를 지닌다 할 수 있다.

다음 김려 집안의 인물로는 김려·김선 형제와 김선의 아들 김준연에 대한 시가 있다. 이 가운데 김려에 대한 시를 보지 않을 수 없다.

담정은 어려서부터 특출한 조예를 보였지만	藫庭孤詣自髫齡
부령으로 진해로 떠도는 신세 되었네.	鎭海魂飛始富寧
역사책 구십 권을 엮느라	九十卷成閒掌故
한고관에는 등잔 불빛 푸르렀네.	寒皐館裏一燈青

담정공의 이름은 김려로 서원공의 형이다. 약관의 나이에 기예가 출중하여 형제가 모두 기대를 받았다. 경신년 억울한 무고를 당해 옥중에서 거의 죽을 뻔하다가 부령으로 귀양을 갔다. 삼 년이 지나 진해로 옮겨 귀양살이를 했다. 풀려 돌아와서는 음보로 군수에 이르렀다. 우리나라에 관한 역사서 3종이 있는데, 『한고외사』가 그 하나이다.[16]

주석에 나오는 '억울한 무고'란 1797년 여름에 김려·김건순金健

淳·강이천姜彝天·김이백金履白·김선 등이 서학을 퍼뜨리고 모반을 꾀했다는 죄목으로 옥사를 당했던 이른바 '비어옥'飛語獄을 말한다.[17] 이때 김려는 부령으로, 강이천은 제주도로 귀양을 갔는데 이후 1801년 신유사옥 때 이 사건이 재론되어 김려는 진해로 이배되고, 강이천은 국문 도중에 죽었으며, 김선마저 초산楚山으로 유배되었다. 김려는 1806년 해배되어 음직으로 함양군수에 오를 수 있었다. 기·승구는 이러한 김려의 개인사에 대한 안타까운 마음의 표현이다.

앞의 김정희와 김명희에 대한 시에서 전·결구가 구체적인 일화나 장면을 통해 강한 인상을 심는 역할을 했듯이 이 시에서도 전구는 『한고관외사』를 통해 김려에 대한 강한 인상을 부여하고 있다. '푸른 등잔 불빛'의 감각적 색채가 환기하는 정서가 강렬하다. 옥수는 『한고관외사』가 김려의 저술 가운데 가장 중요한 업적이라고 판단했던 것인데, 이러한 평가는 김려에 대한 최근의 연구 성과와도 일치한다.[18] 이러한 점은 우리가 김려를 문학사에서 어떻게 자리매김해야 하는가의 문제에 대해 시사점을 준다 하겠다.

김려와 함께 '비어옥'에 연루되었던 옥수의 스승 김선에 대한 시는 다음과 같다.

맹원孟園의 시안詩案에 서원선생 연루되어　　　　孟園詩案坐犀園

16_　권16, 장27뒤. "藫庭金公名鑢, 犀園公之兄也. 弱冠絶藝, 有機雲之望. 庚申獄被誣, 幾死獄中, 謫富寧. 三年又逮獄, 謫鎭海, 旣宥還, 蔭仕, 至郡守. 著東史三種, 寒皐外史卽其一." 그런데 '庚申獄被誣' 구절은 잘못되었다. 김려가 부령으로 귀양 간 것은 경신년(1800)이 아니고 정사년(1797)이었다.

17_　강명관, 「담정 김려 연구(1)」, 『부산대 사대 논문집』 9, 1984, 342~351면; 방현아, 「중암 강이천의 한경사 연구」, 성균관대 석사 논문, 1993, 11~16면 참조.

18_　안대회, 「김려의 야사 정리와 한고관외사의 가치」, 『문헌과해석』 39, 2007 여름.

형제가 겪은 고생, 세상이 원통해하네.	棣萼風霜世所寃
늘그막엔 북쪽 이웃 몽매함 깨쳐 주시니	晚使北隣無睡夢
삼청동 시냇물은 시원詩源에서 흘러 나왔네.	三淸溪水出詩源

서원 김선은 담정의 아우이다. 신유년 옥에 잡혀가던 날, 요인妖人 강이천과 함께 백악산 아래에서 노닐었던 일을 공은 상세하게 기억하지 못했다. 맹원에 올라 "연못에 봄풀이 오르고, 정원의 나무엔 새소리 바뀌었네"라는 구절을 읊었던 것인데 강이천이 모함하여 거의 죽을 뻔하였다. 고초를 겪다가 초산으로 유배를 갔다. 돌아온 뒤에 음직으로 나갔다가 문과에 합격하여 관직이 대사성에 이르렀다. 삼청동 집청대에 집이 있었는데 시문으로 후생을 지도해 주셨다. 후생이 오늘날과 같이 훈도를 입은 것은 공의 힘이다.[19]

'맹원'은 김려의 집이 있던 서울 가회방 맹현孟峴의 정원을 말하고, '맹원시안'이란 곧 위에서 말한 1797년 여름의 '비어옥'을 뜻한다. 그런데 주를 보면 강이천을 '요인'이라 지목하며 마치 강이천이 고의로 김려·김선 형제를 무함한 것처럼 기술하고 있음에 주목하게 된다. 당시 '비어'의 빌미를 제공한 이가 강이천이긴 했으나, 김려·김선 형제와 강이천은 평소 절친한 사이였으며, 사건이 난 후에도 김려는 김선에게 강이천을 탓할 것 없다는 내용의 편지를 보내기도 했다.[20] 그런데도 옥수가 강이천을 요인으로 지목한 것은, 자신의 스승

---

[19] 권16, 장29앞. "犀園金鐥, 薄庭弟也. 辛酉被獄之日, 與妖人姜彛天遨游白下, 公未詳也, 登孟園, 誦'池塘生春草, 園樹變鳴禽.' 彛天陷之, 幾死, 栲掠, 謫楚山. 後宥還, 補蔭, 尋大闡, 官至大司成. 屋於三淸之集淸臺, 以詩文誨後生, 後生之能及今薰沐, 公之力也." 김선과 '비어옥'의 관련에 대해서는 『추안급국안』 25, 395면, 473면 참조.

인 김선을 비호하고자 하는 입장에 서서 사건을 바라보았기 때문일 것이다.

이 시도 앞선 시들과 마찬가지로 결구의 시적 표현에 공을 많이 들였음을 볼 수 있다. 삼청동 꼭대기에 자리 잡은 김선의 집을 '시의 근원'이라 지칭함으로써 삼청동 계곡물과 왕성한 시 창작을 중의적으로 흥취 있게 표현했다.

다음으로 안동 김씨 가문 중에서는 김조순이 가장 중요한 인물이라 할 수 있다.

별처럼 빛나고 산악처럼 드높은 조복朝服의 풍채	星嶽光騰紳笏儀
정조께서 사람을 알아보고 뒷일을 맡기셨네.	虛心曾託健陵知
문장은 한기韓琦보다 뛰어났으며	文章非止韓忠獻
경력 연간 어려운 조정을 구해내었네.	慶曆朝廷雨雪時

풍고 충문공 김조순 선생은 성균관 시절부터 정조 임금의 깊은 지우를 입어 고위 관직에 두루 오르더니 드디어 뒷날의 일을 부탁 받았는데, 어려운 가운데 일을 잘 처리하였다. 풍채가 좋고 수려하며 문장은 위엄이 있고 청신하고 화순한 기운이 넘쳤다.[21]

여기서 옥수는 김조순에 대해 대단한 칭송을 하고 있지만, 그가 19세기 안동 김씨 세도정권의 핵심적 인물이었다는 점에서 오늘날 그에 대한 인식은 그다지 긍정적이지 못하다. 그리고 옥수의 이러한 입

---

[20] 강명관, 앞의 논문, 337면 참조.
[21] 권16, 장27앞. "楓皐金忠文先生祖淳, 自在靑衿, 受正宗厚知, 歷敭旣殊, 遂託肺腑, 致理于艱虞之餘. 豐幹秀骨, 文章極其瑟僩淸和之氣."

장에는 김조순이 옥수의 외조부인 김이도의 당질堂姪이라는 점이 적지 않게 작용했을 것이다. 하지만 문학사의 시각에서 보면 김조순의 부정적인 측면만 드러나는 것은 아니다. 그가 '담정 그룹'의 후원자였다는 것이 단적인 예가 될 것이다. 또 독설로 유명한 매천梅泉 황현黃玹도 『매천야록』에서 "김조순은 또한 문장에 능하고 일을 능숙히 처리하였다. 후덕하다는 일컬음을 받았다"[22]고 하는 긍정적인 평을 남겼다. 김조순이라는 인물의 성격이 그리 단순하지 않았음을 짐작할 수 있다.

옥수는 이 시에서 정조와 김조순의 각별한 관계, 정조 사후 김조순이 정국을 주도하게 된 과정에 초점을 맞추고 있다. 옥수는 김조순을 중국 송대 경력(인종의 연호, 1041~1048) 연간에 활약했던 정치가 한기에 비기고 있다. 한기가 인종仁宗 말년의 후계 문제를 무난히 해결하여 영종英宗의 즉위를 보좌하고, 영종과 태후太后의 알력을 조정했던 고사[23]를 김조순에게 투영하고 있는 것이다. 이러한 옥수의 시각이 꼭 사실과 부합한다고 할 수는 없겠지만, 적어도 '담정 그룹' 후예의 눈에 비친 김조순이 어떠했는지를 보여주고 있다.

풍양 조씨 인물 가운데는 김정희의 절친한 친구였던 조인영에 대한 시가 주목된다.

은하수를 걷어 왔나, 그 아름다움 찬란하여라	雲章手挾爛精華
네 조정朝廷에 걸쳐 문단을 이끌었네.	歷四朝來一作家
시구야 해타의 찌꺼기에 불과하지만	詩句不過餘咳唾

22_ 『매천야록』 권1, 국사편찬위원회, 3면. "祖淳亦能文練事, 秤厚德."
23_ 『송사』 권301, 「열전」 제71, '한기' 조 참조(『宋史』 29, 中華書局, 10224~10226頁).

찬별과 빗긴 달이 매화꽃과 짝하도다.　　　　　　寒星斜月偶梅花

운석 조인영 상공은 문학과 경술이 우뚝한 근대의 작가로서 문형을 맡았고 의정부에 출입하니 온 세상이 그 휘황찬란함을 우러렀으나, 그의 정밀한 조예와 넓은 학식에 대해서는 잘 알지 못한다. 그의 매화 시 가운데 "빗긴 달이 어느 가지에 있는지 알 수가 없네", "찬별 몇 개만이 깊은 밤에 이른다"와 같은 구절은 한 때의 작은 부스러기일 뿐이다.[24]

조인영은 김정희와 함께 진흥왕비를 찾아 북한산 비봉에 오르기도 하는 등 금석학 발전에 기여를 한 인물이며,[25] 풍양 조씨 세도정권의 중심인물이기도 했다. 하지만 옥수는 그를 '시인'으로서 부각시키고 있다. 조인영의 「매화」[26]는 칠언율시 2수로 이루어져 있으며 위 인용구들은 각각 첫째 수와 둘째 수의 마지막 구절들이다. 첫 번째 시는 "매화가 지려 하니 시가 없을 수 있겠는가"(梅花將落可無詩)라는 구절로 시작하여, "불교의 공空이나 도교의 환幻 따위는 아름다운 비유가 아니며, 따뜻한 옥이니 차가운 얼음이니 따위도 썩은 말이네"(禪空道幻非佳喩, 玉煖氷寒摠腐辭.)라며 참신한 표현을 찾아 고심하던 끝에, "고요한 이 밤 참된 경지를 찾고자 하매 빗긴 달이 어느 가지에 있는지 알

24_ 권16, 장29뒤~30앞. "趙雲石相公寅永, 文學經術翷然, 近代一作家, 典文衡, 出入台司, 世仰其奕舃. 不究其詣精識博. 其如梅花作 '不分斜月在何枝', '寒星數點到深更' 等句, 特其一時珠碎玉也."
25_ 유홍준, 『완당평전 1』, 학고재, 2002, 250~252면 참조.
26_ 조인영, 『운석유고』(雲石遺稿) 권3, 장12~13. 其一 "梅花將落可無詩, 詩到梅花未易爲. 千古才人誰獨造, 一年春事最先持. 禪空道幻非佳喩, 玉煖氷寒摠腐辭. 夜靜欲尋眞境去, 不分斜月在何枝." 其二 "輕烟澹雪倍澄明, 豊韻仍從是處生. 縱似佳人不斜色, 故知貞士亦鍾情. 韶華暫蘊看逾寂, 藜澤微宜記未清. 脉脉相忘如有佇, 寒星數點到深更."

수가 없네"(夜靜欲尋眞境去, 不分斜月在何枝.)라고 결말을 맺었다. 매화꽃이 달빛과 어우러져 구분할 수 없다는 말인데, 실로 아름다운 표현이 아닐 수 없다. 둘째 수에서는 매화의 아름다움을 음미하다가 미련에서 "아무 말 없이 서로 잊으니 누군가 기다리는 듯, 찬별 몇 개만이 깊은 밤에 이른다"(脉脉相忘如有佇, 寒星數點到深更.)라고 맺었다. 이 시구를 가져다가 옥수는 결구의 표현으로 녹여낸 것이다. 조인영의 시구도 아름답지만 그것을 엮어 만든 위 시의 결구도 매우 운치 있는 표현이다. 이 또한 논시시와 회인시를 결합한 수법이라 할 수 있다.

그런데, 안동 김씨 김조순 가는 순조비인 순원왕후의 친정이었고, 풍양 조씨 조인영 가는 익종비인 신정왕후神貞王后의 친정으로서, 두 외척 집안은 순조 말 이래 정권을 둘러싸고 긴장 관계를 형성하고 있었다. 철종 2년(1851) 김정희가 진종眞宗 조천祧遷 문제를 둘러싼 예송 논쟁에 휘말려 북청으로 유배를 가게 되었던 것도 이 두 집안의 세력 다툼이 그 근저에 자리하고 있었다. 그런데 「감시절구」에는 두 집안의 인물들이 모두 등장하고 있어, 옥수가 양쪽을 넘나들며 교유했음을 볼 수 있다. 그런데 옥수 주변 인사들의 문집을 검토해 보면 그것은 당시 북촌의 일반적인 모습이었음을 알 수 있다. 이는 당시 이 두 집안이 일면으로는 경쟁을 하면서도, 다른 한편으로는 서로 협력하는 관계였음을 말해 주고 있다 하겠다.[27]

안동 김씨나 풍양 조씨 이외에 옥수의 선배 문인으로서 당시 문단의 비중 있는 시인으로 이복현을 들 수 있다.

송원시집의 '반지'蟠芝 시는　　　　　　　　　松園詩卷蟠芝詩

---

[27] 『한국사』 32, 국사편찬위원회, 243~282면 참조.

죽 먹고 뱃속을 맑게 하여 상쾌한 때 지은 것.	喫粥淸脾快一時
과연 바람이 없어도 새는 물을 건너니	果然無風鳥渡水
익힌 것을 입 속에 넣지 않았기 때문인가.	不從煙火口中爲

석견 이복현은 전주 이씨 종실에 속한다. 빼어난 이름이 무리에 뛰어났고, 음직으로 몇 고을 군수를 했다. 만년에 어떤 사람에게 반지蟠芝 가루를 달라고 하며 "내가 송원 김선생의 시집을 보니 「반지죽을 먹고 짓다」라는 글이 있어 마음속으로 대단히 좋아하였다. 나는 아직도 먹어 보지 못했다. 나는 이것을 먹어 보고 나서야 그 시에 화운할 수 있을 것이다"라고 하였다. 그의 「북계잡영」北溪雜詠 시에 "바람이 없어도 새는 물을 건너네"라는 구절이 있다. 나는 만년 이복현의 시어 가운데 이보다 좋은 것은 없다고 생각한다.[28]

이복현의 문집 『석견루잡영』石見樓雜詠과 『석견루시권』石見樓詩卷이 김려가 편찬한 『담정총서』藫庭叢書에 수록된 관계로 이복현은 흔히 '담정 그룹'으로 분류되지만,[29] 실제 이복현의 교유 범위는 담정 그룹을 넘어선다. 규장각에 소장된 『석견루시초』石見樓詩鈔에 서발을 쓴 사람만 열거해 보아도, 홍석주洪奭周, 이만수李晩秀, 김이도, 김려, 김선, 이익회李翊會, 서영보徐榮輔, 신위申緯, 김유근, 이낙수李洛秀, 이지연, 김정희 등 모두 쟁쟁한 인사들이 포함되기에 그의 시인으로서의 위상이 어떠했는지 짐작할 수 있다. 앞으로 그에 대한 연구가 시급히

28_ 권16, 장27뒤. "李石見復鉉, 璿派人也. 逸名絶倫, 蔭補爲數郡. 晩嘗向人求蟠芝屑曰, 吾見松園金先生詩卷, 有題喫蟠芝粥, 意甚慕之. 今尙未有也. 吾當喫此後, 始和其題云云. 其北溪雜詠詩曰, '無風鳥渡水' 余以謂晩年奇語無出此."

29_ 박준원, 「담정총서 연구」, 성균관대 박사 논문, 1994, 14면. 그런데 『담정총서』는 일반에 아직 공개되지 않고 있다.

요청된다 하겠다.

    기구의 '송원'은 옥수의 외조부 김이도의 호이다. 김이도의 문집이 전하지 않고 있어 '반지' 시의 실상은 알 수 없지만, 김이도의 시에 제대로 화운하기 위해서는 반드시 반지죽을 먹어 보아야겠다는 이복현의 발상은 과연 시인다운 풍모가 아닐 수 없다. 그런데 반지는 버섯의 일종으로 짐작되며 반지죽을 먹는다는 것은 벽곡辟穀 등의 신선술과 관련된 것이라 추측된다. 이복현은 신선 취향을 지니고 있었던 것이 아닌가 한다.

    전·결구와 관련해서는 「북계잡영」 또한 전하지 않고 있어[30] 그 의미를 이해함에 어려움이 있다. 하지만 기·승구와 관련지어 생각한다면, "바람이 없어도 새는 물을 건너네"라는 이복현의 시구에 대하여, 농조로 '그것은 새가 화식火食을 하지 않았기 때문인가'라고 풍자함으로써 이복현의 신선 취향을 기롱하는 것이 아닌가 생각된다. 이복현의 시인적 풍모와 옥수의 풍자 정신이 어우러져 흥미로운 시가 되었다.

    옥수의 동배 및 후배 문인들 중에는 신석우와 남병철이 가장 주목되는 인물들이다. 먼저 신석우에 대한 시이다.

'유리를 깨자!'는 식견에 감탄한 지 오래	琉璃打破久咨嗟
중국 사람들도 인정했네, 당대의 제일이라고.	論定中原第一家
예로부터 조선에는 탄탄한 길 없었거니	從古朝鮮無坦路
유조문 너머로 사신 수레 한 대 달려가네.[31]	柳條門外一專車

[30] 규장각 소장 『석견루시초』와 고려대학교 소장 『석견루』를 조사해 보았으나, 「북계잡영」은 실려 있지 않았다.

해장 신석우는 나와 이종사촌간이다. 그 기개와 문장은 흔히 볼 수 있는 것이 아니다. 관직에 나아가서는 문한직을 두루 거치매 천리마의 기세가 있었으니 소신이 확고하고 언변이 준엄하면서도 조리가 있었다. 그 다음에는 판서가 되고 영남의 관찰사가 되었는데 낭패를 당하여 세상에 나가지 않고자 하였다. 그러다가 사신을 다녀오라는 명을 받고 연경에 갔다. 연경의 인사들이 다투어 흠모하며 그의 문장과 식견이 당대제일이라고 인정하였다. 내가 보니 연경의 인사들은 조선과 같은 세태가 없기 때문에 논의가 공정한 것이다. 해장의『서사록』西槎錄은 내가 종이에 베껴 두었다가 3권으로 만든 것이다. 해장은 '형이 나를 위해 이처럼 부지런하다'며 기뻐하였다. 내가 해장을 인정하는 이유가 모두『서사록』에 담겨 있다. 장편 연행시 가운데 "시장의 유리 기물을 깨부수어, 세상의 헐벗은 아이를 살려내자"는 것은 커다란 경륜이다. 압록강 서쪽 연경으로 가는 길이 유조문이다.[32]

신석우는 옥수와 마찬가지로 김이도의 외손이었다. 신석우는 박지원과 가까웠던 외조부 김이도의 영향을 받아 박지원의 문학을 대단

---

[31] '유조문'은 요동의 지명 '유조변'柳條邊을 뜻한다. 유조변은 청나라가 몽고족의 남하를 저지하기 위해 압록강과 심양 사이에 버드나무로 울타리를 쌓았던 데서 유래한 지명이다. 전·결구의 의미는 신석우가 천하대세의 진운에 대한 걱정을 품고 연경을 향해 가는 비장한 장면을 옥수가 상상해 본 것으로 볼 수 있다. 신석우가 지은「요동벌」(遼野)에는 "옛날부터 중원에선 수레를 이용했나니, 성인께서 남긴 지혜 빈틈이 없도다"(從古中原利用車, 聖人遺智未曾疎.)라고 하여 중국의 수레 이용을 부러워한 시구가 있다. 혹 옥수가 이 구절을 염두에 두고 지은 것이 아닌가 한다.

[32] 권16, 장36앞. "申海藏錫愚, 余之姨也. 氣槪文章, 殆余所知識之不多見也. 及釋褐, 歷內翰, 方有騏驥之勢, 所執確而所言峻循, 次至正卿, 按嶺節, 狼狽, 遂不欲出. 迫於往役之命, 赴燕都. 燕都人士, 爭慕之, 許其文章達識爲當世第一. 以余觀, 燕都人士, 不具朝鮮時態, 故所論公耳. 海藏西槎錄, 余所鈔出亂紙中, 爲三卷. 海藏喜之曰, '兄爲我勤, 乃若是.' 余所以許於海藏者, 恐在前後書詩間. 其燕行詩大篇中, '打破市上琉璃器, 願活人間襤尬兒' 尤其大經綸. 鴨水西, 燕京首路, 爲柳條門."

히 애호했으며 박지원의 손자 박규수와도 절친한 사이였다.[33] 벼슬은 용강현령龍岡縣令, 경상도 관찰사, 예조판서 등을 역임했으며, 1860년에는 동지정사로 연행을 다녀온 일도 있다. 이러한 신석우의 사적 중에서 옥수는 연행에 초점을 맞추고 있다. 기구의 '유리를 깨자'는 것은 신석우가 청나라에 가면서 지은 「24일 낮에는 이대자에서 쉬고 광녕에서 묵다」(二十四日午憩二臺子 宿廣寧)[34]의 마지막 구절이다. 신석우의 이 시는 7언 40구의 장편 고시로 옥수가 '대경륜'大經綸·'대수필'大手筆이라며 극찬해 마지않았다. 중원의 지난 역사와 현재의 정세를 논하는 이 시에는 "중원도 덕이 쇠하면 북적北狄만 못하니, 중국이 예를 잃으면 동이東夷에서 찾아야 하네"(諸夏德衰不如狄, 中國禮失徵之夷.)라는 구절이 보인다. 이는 '중국'을 인종이나 지리적 관점에서 바라보지 않고 문화적 관점에서 파악하여 '오랑캐'인 청나라의 존재를 중원의 주인으로 인정했던 박지원의 사유구조와 유사한 면이 있다.[35] 그런데 신석우는 "근래 듣자니 창생들은 일어나 도적이 되고, 아낙과 아이들이 부둥켜안고 서로 부지하네"(近聞倉生起爲盜, 婦子侶抱相扶持.)라는 새로운 문제를 제기하고 있다. 박지원이 연행을 갔을 때는 청의 최전성기에 해당하는 건륭 말엽이었음에 비해 신석우가 연행을 간 때는 아편전쟁(1842), 태평천국의 난(1850~1864), 북경사변(1860) 등의 연이은 사변으로 청이 쇠약해져 만주에는 도적들이 들끓던 시기였던 것이다. '유리를 깨부수자'는 것은 이러한 시대 문제에 대한 신석우의 해법이라 할 수 있다. 국가 재정을 파탄시키는 사치 풍조를 근절시켜야

33_ 김명호, 앞의 논문, 62~65면 참조.
34_ 신석우, 『서사시집』西槎詩集(계명대 소장).
35_ 박지원의 북학론에 대해서는 김명호, 『열하일기 연구』, 창작과비평사, 1990, 119~153면 참조.

백성들이 살아날 수 있다는 뜻일 것이다. 표현이 과격하고 또 우활하게 느껴지는 면이 있으나 그 강경한 어조 속에 천하대세를 걱정하는 진정성이 느껴진다. 신석우는 연암 문학의 계승과 관련하여 앞으로 활발히 연구되어야 할 작가임에 틀림없다.[36]

남병철에 대한 시는 다음과 같다.

월협과 천심[37] 같은 강설의 용모	月脇天心絳雪恣
경릉의 송백을 평생토록 한스러워했네.	景陵松柏恨生時
젊어서 오봉루[38]의 객이 되었고	少年五鳳樓中客
여러 저술을 남기며, 바둑도 잘 두었지.	手寫群經著一棊

규재 남병철은 젊은 시절 호가 강설이었다. 나와는 세교世交가 있는 사이다. 타고난 용모가 탁월했으며, 일찍부터 헌종의 지우를 입었다. 전라도 관찰사를 맡았을 때 극상이 났으나 극장에 참여하지 못해 평생의 한으로 여겼다. 철종 초년에는 문형文衡을 맡았다. 한가한 날이면 저술을 하고 여러 경전들을 연구했다. 저서에 『의기집설』儀器輯說, 『해경세초해』海鏡細草解, 『추보해』推步解와 경전을 풀이한 약간의 조목이 있다. 바둑도 잘 두었다. 아주 예전 내가 그의 외숙부인 황산 김유근

---

[36] 김윤조, 「실학파문학의 계승양상에 관한 연구」, 『대한한문학』 8, 1996; 「연암 문학의 계승 양상에 관한 고찰: 김윤식·김택영의 경우를 중심으로」, 『한문학연구』 10호, 계명대한문학회, 1995 참조.

[37] '월협' 月脇(달의 옆구리), '천심' 天心(하늘의 가슴)이란 말은 본래 당나라 황보식皇甫湜의 「고황시집서」顧況詩集序에 "하늘의 가슴을 꿰뚫고, 달의 옆구리에서 나오다"(穿天心, 出月脇)라는 구절에서 나온 것으로, '범상치 않음'을 표현한 말이다.

[38] 오봉루는 당 현종이 낙양에 세웠던 누각으로, 현종은 그 누각으로 여러 문사들을 불러 모아 술을 마시고 글을 지었다. 그 후 '오봉루'는 탁월한 문장 솜씨를 나타내는 말이 되었다. 여기서는 남병철이 문형을 맡았던 것을 지칭하고 있다고 보인다.

문정공의 자리에 있었는데 공께서 국수國手와 겨루어 보게 하였다. 남병철은 땋은 머리에 옥 같은 손가락으로 딱딱 돌을 놓으니 공은 기특하게 여겼다.[39]

남병철은 과학사 분야에서 19세기 최고의 천문수학자로 평가받고 있고,[40] 문학사에서는 그가 여항문학의 후원자였다는 점이 주목받고 있다.[41] 옥수는 남병철의 비범한 용모, 헌종과의 각별했던 관계, 문형을 맡았던 사실, 그가 남긴 뛰어난 저술, 바둑을 잘 두었던 점 등등을 모두 열거하고 있다. 남병철은 김조순의 외손이고 그의 동생 남병길南秉吉이 옥수의 숙부 조기겸의 사위였기에 남병철과 옥수는 이쪽 저쪽으로 인척 관계가 된다. 이처럼 가까운 사이였기에 옥수는 남병철에 대해 소상히 알고 있었을 것이다.

이에 덧붙이자면, 남병철의 외모에 대해서 김석준도 "옥처럼 깨끗하고 얼음처럼 맑은 신선의 풍격"(玉潔冰淸仙韻格)[42]이라고 표현한 바 있어 그의 외모가 다른 사람들에게 대단히 인상적이었음을 짐작할 수 있다. 그리고 헌종과 남병철은 안동 김씨 김조근金祖根을 장인으로 둔 동서지간이었다는 사실도 기억할 필요가 있다. 다만 여러 정보들이 단순히 나열되어 있기에 한 편의 시로 보기에는 다소 산만한 느낌

39_ 권16, 장37뒤?38앞. "圭齋南秉哲, 少號絳雪. 與余有紀群之契, 天姿韶絶. 早受景陵眷知. 及按湖節, 奉諱, 不能赴方中之際, 恨結平生. 及典文衡. 乃在哲廟初元, 閑居日, 著書, 考校群經, 有『儀器輯說』·『海鏡細草解』·『推步解』·經義若干條. 筭法甚絶, 余昔于其內舅黃山文貞公座, 公命與國棊角之, 髧髦玉指, 落子丁丁, 公大以爲奇."
40_ 김명호·남문현·김지인, 「남병철과 박규수의 천문의기 제작 ― 『의기집설』을 중심으로」, 『조선시대사학보』 12, 조선시대사학회, 2000.
41_ 김진균, 「정지윤 시세계의 특질과 시인의식」, 성균관대 석사 논문, 1997, 18~21면 참조.
42_ 김석준, 『홍약루회인시록』紅藥樓懷人詩錄 권상, 장1뒤(『여항문학총서』 5, 여강출판사, 656면).

을 주는 것이 사실이다.

서얼·문객·여항인으로는, 이명오에 대한 시를 살펴보도록 하겠다.

동해바다 거센 파도 필력으로 잠재우고	東海鯨濤筆力收
종려나무 아래서 패천과 사귀었네.	椶櫚葉底珮川游
늘그막에 취하여 만당풍의 시구 짓기를	晚來醉寫晚唐句
사방 벽에 죽은 파리, 누대엔 바람이 가득.	四壁蠅僵風滿樓

우념재 이봉환의 아들 이명오는 호가 박옹이고 그의 아들은 동번 이만용이다. 일찍이 통신사 서기로 가서 일본인 초장패천草場珮川이란 자와 수창했는데 초장을 칭찬하며 시서화가 모두 초탈하여 비록 중국 사람이라 해도 이보다 뛰어날 수는 없다고 하였다. 박옹은 만년에 김조 등과 북영北營의 군자정에 모여 시를 지었는데 나 또한 참여했다. 한번은 박옹이 대취하여 손뼉을 치고 웃으며 "내가 만당의 구기를 내어야겠다" 하며 한 연을 지어내니, "큰길엔 소가 헐떡여 수레바퀴 자국에 먼지가 않고, 사방 벽에 죽은 파리 누대엔 바람이 가득"이라는 것이었다.[43]

이명오 집안은 '시인의 집안'으로 이름이 높았다.[44] 이명오 자신

---

[43] 권16, 장28앞. 주는 이러하다. "雨念齋李鳳煥子明五, 號泊翁, 子又東樊晚用也. 曾隨通信使价, 爲書記, 與日本人珮川草轢者酬唱, 且多草轢詩書畵俱到脫灑, 雖中州人, 亦蔑以加焉. 泊翁晚年與石閒一隊人, 會賦北營之君子亭, 予亦與焉. 泊翁極醉, 抵掌一笑曰, '吾當出晚唐口氣.' 乃呼一聯曰, '九街牛喘塵埋轍, 四壁僧(蠅—인용자)僵風滿樓'" 여기서 '珮川草轢'는 '草場珮川'의 오기로 판단된다.
[44] 윤정현尹定鉉, 『침계유고』梣溪遺稿 권4, 「박옹시초서」泊翁詩抄序; 이현일, 「이봉환 삼대의 비원」, 『문헌과해석』 20, 2002 가을 참조.

이 '현호장자'賢豪長者들과 널리 사귀었을 뿐만 아니라, 그의 아들 이만용은 아버지보다 더욱 넓은 교유를 자랑했다. 이만용이 부친의 문집을 간행할 때, 홍취영洪就榮, 김좌근金左根, 정원용鄭元容, 조두순, 윤정현尹定鉉, 김병학金炳學, 남병철 등 쟁쟁한 고관대작들에게서 서문을 받은 것만 보아도, '시인'으로서 이명오·이만용 부자의 위상을 짐작할 수 있다.

기·승구는 이명오가 역사상 마지막 통신사행이었던 신미년(1811) 통신사절단의 서기로 참여했던 일을 다루고 있다.[45] 그런데 옥수는 이명오가 초장패천草場珮川(쿠사바 하이센, 1786~1867)과 교유했던 점을 각별히 부각시키고 있다. 초장패천은 고하정리古賀精里(고가 세이리, 1750~1817)의 문인으로 서화에 뛰어나 특히 묵죽을 잘 그렸고, 만년에 국학 교수를 지냈던 인물이다. 그가 이명오 등 조선 문인들과 수창한 내용을 엮어 펴낸 『진도일기』津島日記가 오늘날까지 전하고 있다.[46] 이명오가 그러한 초장패천에 대해 크게 마음을 기울였던 것은, 그 자신 서얼 출신으로 조선에서는 여러모로 제약이 많았기에 이역에서 만난 문인과 오히려 마음이 더욱 통했던 것이라 생각된다.

전·결구는 이명오가 만년에 한 시회에 참석해서 농조의 시구로 좌중을 웃겼던 일화를 소개하고 있다. 당풍의 시에서 '먼지 낀 수레바퀴 자욱'(塵轍)이니 '바람 부는 누대'(風樓) 등은 아련한 정서를 환기하기 위해 흔하게 쓰이는 표현들이다. 이러한 표현들을 가지고 이명오는 주석에서 보이는 바와 같은 기상천외의 희시戱詩를 지어냈던 것이

---

[45] 『박옹시초』 권5에는 '신미해행록' 辛未海行錄이란 제목으로 이명오가 일본을 다녀오면서 지은 여러 편 시들을 모아 놓았다.
[46] 이혜순, 『조선통신사의 문학』, 이대출판부, 1996, 358면; 이노구치 아츠시 저, 심경호·한예원 역, 『일본한문학사』, 소명출판, 1999, 478~480면 참조.

다. 이명오가 지녔던 풍류의 일면을 보여주는 일화라 하겠다.

　이상에서 「감시절구」 56수 가운데 10수를 골라 살펴보았다. 그 결과 「감시절구」에는 옥수가 교유했던 시우들에 대한 생생한 인상과 풍부한 정보가 담겨 있음을 확인할 수 있었다. 사람에 대한 단순한 '그리움'을 토로하는 것이 아니라, 그 인물의 특징적 이미지를 시 속에 담아내는 데에 회인시의 묘미가 있다고 할 수 있겠다.

회인시체의 다양한 변주

옥수는 「감시절구」를 창작하고 나서 곧이어 칠언절구 26수로 이루어진 「회인절구」懷人絶句를 창작했다. 「회인절구」의 서문을 보면, "이미 「감시절구」를 지었는데, 또 동년배들 가운데 사는 곳이 멀거나 혹은 지방관이 되어 멀리 거처하거나, 사신使臣이 되어 강역을 넘어 갔거나, 아울러 오지에 유배를 간 자들에게 모두 깊은 감회가 있어 이들을 그리며 '회인'이라 이름 붙였다"47라고 밝히고 있다. 「감시절구」가 이미 작고한 사람들을 대상으로 한 것이었다면, 「회인절구」는 떨어져 있어 만날 수 없는 동배同輩들을 대상으로 한 것이다. 「회인절구」는 「감시절구」의 속편이라 할 수 있다.

그런데 『옥수집』에는 이 두 작품 이외에도, 비록 '회인'이란 제목을 붙이지는 않았지만 그 내용과 형식상 회인시로 볼 수 있는 「유재의 시에 화운하다」(次和悠齋十一絶 _권8), 「마음을 터놓다」(攄情詩 _권9),

---

47_ 권16, 장38앞. "旣題「感詩絶句」, 又以同輩之巷曲貽濶, 或任職居藩, 奉使出疆, 幷與流寓鄕陬, 均之有玄009, 想此以曰, 懷人也. 擧老衰, 相憐也. 其敵以下, 豈無是也. 特有不可以殫之. 古來人情之無窮, 何時不然, 何人不然."

「계전의 중양절구에 화운하다」(附和桂田重陽絶句 幷小序 _권17), 「을해년 5월 10일 밤의 꿈」(乙亥五月十夜 記夢 _권18) 등의 작품이 있고, 또 「산원춘」山園春(권9), 「열한 개의 돌에 예를 표하다」(禮十一石 幷識 _권12), 「환재를 그리워하다가 모두가 그리워지다」(旣憶瓛齋 又憶又憶 憶是同志之近日蟬聯者止 各有屬意 _권12) 등은 각각 장단구, 오언절구, 오언율시이기 때문에 형식상 엄밀한 의미의 '회인시'라 할 수는 없지만, 연작을 통해 다수의 사람을 노래하고 있다는 점에서 넓은 의미의 회인시라 할 만한 작품들이다.

이러한 옥수의 '회인시류' 작품들 가운데 대표작을 꼽는다면, 분량이나 완성도에 있어 역시 「감시절구」와 「회인절구」를 들 수 있다. 그러나 다른 작품들도 독특한 형식을 통해 나름의 성취를 이루고 있으므로 옥수의 회인시를 폭넓게 이해하기 위해서는 이 작품들도 아울러 검토할 필요가 있다. 본 절에서는 「회인절구」와 함께, 「유재의 시에 화운하다」, 「산원춘」, 「열한 개의 돌에 예를 표하다」와 같이 「감시절구」 이전에 창작된 작품들을 살펴봄으로써, 「감시절구」와 「회인절구」가 나오기까지 옥수 회인시의 변모상을 검토해 보도록 하겠다.

먼저 「회인절구」에 나오는 인물을 표로 제시하면 다음과 같다.

	성명/생몰년	자호	본관	관력 및 활동	비고
1	홍양후洪良厚 1800~1879	일능一能 삼사三斯	남양	호조참의 연행 수행(1826)	홍대용의 손자
2	조기응趙基應 1803~1877	성여成汝 진재晉齋	임천	이조판서	옥수의 족숙
3	홍우명洪祐明 1803~1879	영백永伯 열천洌泉	풍산	공조참의	옥수의 사돈

4	윤육尹堉 ?~1875	강재康齋	파평	부호군	윤종의의 아저씨
5	박원양朴元陽 1804~1884	경유景猷 수운水雲	반남	공조판서	박영효의 부친
6	신응조申應朝 1804~1899	유안幼安 계전桂田	평산	좌의정	흥선대원군의 이종사촌
7	박래만朴來萬 1804~1880	치영稚永 장봉丈峰	밀양	공조판서	옥수 집안과 세교가 있음
8	김대근金大根 1805~1879	일원一原 초계苕谿	안동	우찬성	김이양의 손자
9	신억申檍 1805~1874	경춘景春 옥하玉霞	평산	공조판서	남연군 이구의 사위
10	김학성金學性 1807~1875	경도景道 송석松石	청풍	좌찬성	조인영의 사위
11	박규수朴珪壽 1807~1877	예동禮東 환재瓛齋	반남	우의정	박지원의 손자
12	이우李玗 1807~?	홍부洪夫 도운陶雲	우봉	이조판서	도암 이재의 현손
13	김재현金在顯 1808~1899	덕부德夫 미서薇西	광산	이조판서	옥수와 동서
14	신석희申錫禧 1808~1873	사수士綏 위사韋史	평산	이조판서	신석우의 동생
15	김상현金尙鉉 1811~1890	위사渭師 경대經臺	광산	예조판서	김매순의 문인

16	김세균金世均 1812~1879	공익公翼 만재晚齋	안동	공조판서	조진관의 외손
17	홍우길洪祐吉 1809~1890	성여成汝 애사靄士	풍산	예조판서	벽초 홍명희의 증조부
18	서상정徐相鼎 1813~1876	이응而凝 하서霞棲	대구	병조판서	서광범의 재종숙
19	윤종의尹宗儀 1805~1886	사연士淵 연재淵齋	파평	공조판서	윤육의 조카
20	이경직李敬稙 1806~1876	자형子荊 서석犀石	한산	돈녕부도정	유길준의 외조부
21	이면재李勉在 1803~1879	경학景學 지산芝山	한산	도정	옥국재 이운영의 손자
22	심승택沈承澤 1811~1880	치경稚敬 송석松石	청송	예조판서 동지사(1876)	김세균과 사돈
23	서명순徐明淳 ? ~ ?	계서桂西	대구	부여현감	서상정의 족숙
24	조구하趙龜夏 1815~1877	기서箕敍 병암甁菴	풍양	예조판서	조병현의 아들
25	조봉하趙鳳夏 1817~1891	상호商皜 양석暘石	풍양	이조판서	조구하의 동생
26	이인설李寅卨 1813~ ?	은철殷哲 서암瑞巖	전주	형조판서	희곡 이지연의 아들

 인물 구성에 있어 「회인절구」는 「감시절구」와 달리 안동 김씨와 풍양 조씨들이 많지 않지만 유명 문인들의 후예가 적지 않다는 점이

두드러진다. 이들 가운데서는 홍양후, 신응조, 박규수, 신석희, 윤종의 등이 특히 주목되는 인물들이다. 먼저 홍양후에 대한 시이다.

기파가 사는 곳 청주 땅이라[48]	耆婆妝點是淸州
거문고와 독서의 흥취에 아무 걱정도 없네.	韻得琴書無一憂
청니방에서 만나던 때 생각나네	記取靑泥坊裏見
형제가 서울 와서 유명했던 그 시절.	機雲入洛盛名時

삼사 홍양후는 청주의 장명長命[49] 땅이 세거지이다. 젊어서 형 명후를 따라 서울에 와서 니동에 집을 마련하여 살았다. 시와 글씨가 모두 공교로웠고 또 거문고의 이치를 잘 알았다. 음사로 군수에 이르렀는데 '우리 장명 땅만 못하다' 하고 그만두었다. 장명 땅의 경치는 거의 호수의 고장으로 사대부들이 부러워하는 바였다. 삼사는 특별히 나와는 잊을 수 없이 절친하였다.[50]

담헌 홍대용의 손자인 홍양후는 1826년 그의 외숙 신재식을 따라 연행을 간 일이 있으며 그때 홍양후는 조부가 교유했던 중국 인사들의 후예를 찾아 조부 대의 우의를 이어 보려고 노력했다.[51] 이는 북학파의 전통이 19세기에도 계승되었음을 보여주는 사례라 할 수 있고,

---

48_ '기파'耆婆는 고대 인도의 전설적인 명의인데, 홍양후의 세거지명이 '장명'長命(목숨을 늘임)인 것에 착안해 재미있게 표현한 것이다.
49_ 요즘 행정구역으로는 충남 천안시 수신면 장산리인데, 그곳의 속칭이 '수촌'壽村이다(김태준, 『홍대용평전』, 민음사, 1987, 11면 참조).
50_ 권16, 장38앞~뒤. "洪三斯良厚, 淸州之長命卽世鄕也. 少日, 隨兄明厚入都, 買屋泥洞而居. 詩筆俱工, 又善琴. 理卽蔭仕, 至郡守曰, '不如吾長命' 乃休焉. 長命鋪置, 殆湖鄕, 士大夫所豔羨也. 三斯, 特與余至契之不能忘也."
51_ 김명호, 「환재 박규수 연구 1」, 『민족문학사연구』 4, 1993, 80~88면 참조.

그러한 점에서 홍양후는 매우 주목되는 인물이다. 그렇지만 홍양후는 문집이 전하지 않고 있어 그의 학문이나 문학은 말할 것도 없고 전기적 사실도 알기 어려운 형편이다. 그러한 점에서 이 시편의 자료적 가치가 적지 않다.[52]

이 시에서 기·승구는 노년의 모습이고 전·결구는 젊은 시절에 대한 회상이다. 이제까지 보았던 회인시들이 대체로 시간 순서를 따랐던 것과는 다른 구성 방식을 취하고 있다. 이런 구성에 의해 한가롭게 지내는 노년기와 촉망받던 젊은 시절이 극적으로 대비되는 효과가 발생되는데, 이는 홍양후가 출중한 재주를 지녔음에도 불구하고 과감하게 귀거래를[53] 결행했던 점을 강조하기 위한 목적이었다고 보인다.

그런데 홍양후가 '거문고'에 뛰어났다는 것은 그의 조부 홍대용이 거문고의 명수였다는 사실을 상기시킨다. 홍대용은 음악에 해박하고 연주에도 출중하여 박지원은 중국 인사들에게 "내 친구 홍대용은 자는 덕보德保요 호는 담헌湛軒인데 음률에 능하여 금슬琴瑟을 잘 탈 줄 압니다"라 소개했던 것이다.[54] 홍양후가 거문고에 심취했던 것은 이러한 조부의 유업을 계승하려는 뜻도 있었던 것이 아닌가 한다.

다음은 옥수를 물심양면으로 후원했던 신응조에 대한 시이다.

| 문장력은 참으로 학문의 힘에서 나오니 | 文力眞從學力眞 |
| 조정에 마음 가진 자 몇 명이나 되겠는가. | 廟堂歷數有心人 |

52_ 이외에 『옥수집』에는 홍양후의 행적을 알려 주는 시편들이 남아 있다. 권3, 「의춘으로 가는 삼사 홍 사또와 작별하며」(奉別洪使君三斯 赴宜春 先抵西京榮覿之作); 권7, 「삼사에게」(追寄三斯); 권15, 「홍삼사의 장원에 묶다」(宿壽村 洪三斯〔良厚〕莊).

53_ 기구의 "韻得琴書無一憂"는 도연명의 「귀거래사」歸去來辭에 나오는 "거문고와 서책을 즐기며 근심을 없앤다"(樂琴書以消憂)를 점화點化한 표현이다.

54_ 박지원, 『열하일기』, 「망양록」忘羊錄.

| 애초에 큰 안목을 타고났으며 | 生來自得通身眼 |
| 도를 분별함에 탐구하지 않은 것이 없었네. | 辨道曾無不問津 |

계전 신응조는 강원도 관찰사로 오랫동안 외직에 나가 있다. 우리 산동네의 적막함이 그때부터 심해졌다.[55]

신응조는 매산梅山 홍직필洪直弼(1776~1852)의 문인이었으며, 황현으로부터 "일세의 중망을 짊어져 참된 재상이라 여겨졌다"[56]고 긍정적 평가를 받았던 인물이다. 그는 옥수와 각별한 사이였기에 옥수의 시에 비평을 해 주기도 하고 궁핍한 옥수를 물적으로 도와주기도 했다. 옥수로서는 신응조에게 물심양면으로 기대는 바가 컸기에 외직으로 나간 신응조의 빈자리가 더욱 크게 느껴졌을 것이다.

옥수는 이 시에서 신응조의 학자적 면모를 부각시키고 있다. 신응조는 당대 산림으로 이름 높았던 홍직필의 제자이니만큼 정통 성리학의 계보에 속하는 학자라 할 수 있다. 그런데 그의 문집『구암집』苟菴集을 검토해 보면, 그의 학문적 관심은 순수한 성리학설에 국한되지 않고 서학西學을 포함하여 당시 새롭게 대두되는 학문들을 널리 섭렵하는 가운데 그것들을 비판적으로 극복하려는 포부가 있었음을 알 수 있다.[57] 전·결구는 신응조의 이러한 학문적 태도를 드러내고 있다. 당시 신응조는 사상적인 면에서 옥수를 비롯한 북촌 인사들에게 상당한 영향력을 지니고 있었다고 보인다.

---

[55] 권16, 장39앞. "申桂田應朝, 以關東觀察, 久居外. 山隣寂寞, 自此甚焉."
[56] 『매천야록』권3. "九月, 前領議政申應朝卒, 年九十六. 應朝壬午後, 不入京師, 自廣州移居鑛岑, 杜門不接賓客. 年雖高, 精力不衰, 至九十四, 猶援據史籍, 著述不輟, 負一世重望, 以爲眞宰相. 及其卒, 遠近驚歎, 上以其壬午不出爲大節, 恩卒甚渥."
[57] 『평산신씨문집』7, 평산신씨대종중,『구암집·속집』권5, "비언"匪言 등 참조.

다음은 박규수에 대한 시이다.

중국에서도 환재의 명망 알고 있기에	中原亦識瓛齋名
막중한 사신의 임무 띠고 또다시 북쪽 길 나섰네.	辰告訏謨再北征
오백 년 세월 동안 압록강 물 푸르고	五百年間江水綠
통군정 위에선 읊조리는 소리 이어졌으리.	統軍亭上誦詩聲

환재 박규수는 7월 상사上使가 되어 연경에 갔다. 압록강을 건널 때 통군정에 올라 그곳에 걸려 있는 포은 선생의 시를 읊조리고 개연한 느낌이 들었고 더욱 시의가 자연스럽게 바른 소리가 됨을 기뻐하였다. 내게 '오늘 강을 건넜다'고 편지를 보내왔다.[58]

박규수는 1861년과 1872년 두 차례 연행을 다녀왔고, 이외에도 여러 경로를 통해 중국 인사들과 활발히 교유했던 인물이다.[59] 이 시가 지어질 무렵 박규수는 두 번째 연행길에 올라 있었다. 박규수는 오백 년 전에 자신처럼 압록강을 건넜을 정몽주를 마음속에 떠올리며 그 감회를 옥수에게 편지로 보냈던 것이다. '오늘 강을 건넜다'는 말이 긴 여운을 남긴다.

그런데 이 시에는 박규수라는 인물에 대한 일반적 설명이나 정보가 거의 제시되지 않고 있다. 박규수로부터 받은 편지에 대한 감회를 표현하는 것에 시 본문과 주석이 모두 할애되어 있다. 이처럼 「회인절

58_ 권16, 장40앞. "朴瓛齋珪壽, 七月以上价赴燕. 及渡鴨綠, 上統軍亭, 一誦圃隱先生詠板, 慨然有感, 尤豔詩意之天然爲正聲也. 書報余曰, 今日渡江."
59_ 김명호, 「동문환의 『한객시존』과 한중문학교류」, 『한국한문학연구』 26, 한국한문학회, 2000, 참조.

구」는 「감시절구」와는 달리 인물에 대한 정보를 전달하는 것보다는 자신의 주관적 추억과 그리움을 주로 표출하는 특징을 보인다.

다음은 당시 수원유수로 나가 있던 신석희에 대한 시이다.

기운·술·재주에 있어 전혀 모자람 없으니	氣酒才前太不廉
고래로 이것을 몇 사람이나 겸비했으랴.	古來能有幾人兼
원룡元龍[60]의 백 척 누각에 백륜伯倫[61]이 누워	元龍樓上伯倫臥
진왕陳王의 팔두八斗 재주[62]를 다하였도다.	用盡陳王八斗添

위사 신석희는 해장의 아우이며 나의 이종사촌이다. 내가 젊어서부터 그에게 당할 수 없는 것이 氣, 酒, 才인데 지금 늙어서는 더욱 대단하다. 지금 화성에 머물고 있으며 문형을 맡고 있어 한 시대가 우러른다.[63]

신석우의 동생 신석희는 형조판서를 역임했던 고위 관료였으며, 옥수와는 어려서부터 대문을 마주하고 살아 온 사이였다. 황현은 『매천야록』에서 "신석희는 북촌에 살았는데 호가 위사韋史로 또한 글을

60_ '원룡'은 『삼국지연의』에 등장하는 진등陳登의 자字로, 그는 여포呂布를 죽인 장수이다. 유비劉備가 진등의 기상을 두고 백 척의 누각에 있는 것 같다고 한 고사를 가져와 신석희의 '기'氣를 표현하였다.
61_ '백륜'은 「주덕송」酒德頌의 작자 유령劉伶의 자이다. 이는 신석희의 '주'酒를 표현한 것이다.
62_ '진왕'은 조조曹操의 아들 조식曹植을 지칭한다. 사영운謝靈運이 말하기를 천하의 모든 재주를 합쳤을 때 진왕이 그 가운데 팔 할을 지니고 있다고 칭송한 바 있다. 신석희의 '재'才를 표현한 것이다.
63_ 권16, 장40앞. "申韋史錫禧, 海藏之弟, 吾姨也. 余從少屈膝者, 氣·酒·才也, 今老而益壯. 方居留華府, 而圈文衡, 一時宗之."

잘했다. 그래서 한때 노론 재자才子를 손꼽을 때, '북촌에는 위사요, 남촌에는 위사渭士(김상현金尙鉉)로다'라고들 하였다"[64]고 소개하고 있어 문명文名 또한 상당했음을 알 수 있다.

옥수는 '기'氣, '주'酒, '재'才를 자안字眼으로 삼아 시상을 전개하고 있는데 분위기가 야단스럽다. 과장된 표현이 오히려 농담과 같은 분위기를 연출하는 것은 옥수와 위사 사이의 허물없던 관계를 반영하는 것으로 판단된다.

다음은 윤종의에 대한 시이다.

경술과 문장으로 세간의 칭송 있어	經術文章世有稱
윤연재를 보고서야 반듯함이 무언지 알았네.	尹淵齋後辨圭楞
요즈음엔 수령으로 여기저기 다니느라[65]	近來潦倒銅符去
내가 새로 시를 지어도 말할 데가 없도다.	把我新詩說未能

연재 윤종의는 강재(윤육)의 조카이다. 그의 벗들은 모두 시인이며 나 또한 벗이다. 같은 동네에 모여 살며 시를 지으면 그때마다 서로 보여 주었다. 그가 한번 관리가 되어 나간 뒤로는 이 일이 없어지고 말아 참으로 아쉽다.[66]

윤종의는 『벽위신편』闢衛新編, 『상서도전변해』尙書圖傳辨解, 『방례고증』邦禮考證, 『고사통휘』古史統彙, 『가국동휴표』家國同休表 등의 다

64_ 『매천야록』 권1, "時申錫禧居北村, 號葦史, 亦能文. 故一時推老論才子曰: '北葦史‧南渭士.'"
65_ 윤종의는 김포군수‧대흥군수‧청풍군수‧강릉부사‧옥구현령 등 주로 지방관을 역임했다.
66_ 권16, 장41앞. "尹淵齋宗儀, 康齋猶子也. 士友俱詩, 余且舊識, 又相比隣, 有作, 輒相示. 一行作吏, 此事便廢, 洵可恨也."

양한 학문 저술을 남긴 학자였다.[67] 기·승구는 윤종의의 이러한 학자적 면모를 부각시키고 있다. 현재 전하는 윤종의의 저작이 모두 경학과 역사에 대한 것이지만, 이 시의 전·결구는 그의 시인적 면모가 상당했음을 전하고 있다. 또 옥수가 지은 「윤연재의 '논시'에 차운함」(次尹淵齋論詩 _권17)을 보면, "근체시가 세상을 덮고, 한위漢魏의 시는 감옥으로 들어갔네. 나는 나의 법을 써서, 힘껏 묘한 말을 전하리라"(近體方持世, 漢魏歸笆籬. 我法我自用, 競傳幼婦辭.)라고 말하고 있고,「윤연재의 농담에 장난으로 대꾸하다」(戲應尹淵齋謔意 _권19)라는 제목의 희시戲詩도 있어 윤종의와 옥수는 마음을 터놓고 시를 논하는 사이였음을 짐작할 수 있다.

이상에서 「회인절구」 가운데 다섯 수의 시를 살펴보았다. '논시시'적 성격이 없다는 점을 제외한다면, 앞의 「감시절구」와 형식에서 별다른 차이점은 발견되지 않는다. 다만 「감시절구」가 대상 인물에 대한 전체적 인상과 정보를 전달하는 데 치중하는 경향이 있다면, 「회인절구」는 옥수와 대상 인물 사이의 구체적 추억을 형상화하는 데 치중하는 경향이 있다고 말할 수 있다.

다음으로 살펴볼 「유재의 시에 화운하다」(次和悠齋十一絶)는 「감시절구」보다 10년 앞선 1862년에 지어진 작품이다. 제목에 '회인'이란 말은 없지만, 칠언절구 11수로 11명의 인물을 노래하고 있으므로 넓은 의미의 회인시라 할 수 있다. 다음은 제목에 달려 있는 원주이다.

> 유재(홍종서) 제학提學이 강사江舍에서 시사의 여러 공들을 그리워하며 절구 11수를 지었다. 첫째 수는 자신의 형 작옥(홍종응) 상서에 대해 짓

67_ 김명호, 앞의 논문, 65~66면 참조.

고, 열한 번째 수는 스스로에 대해 지었다. 나머지 아홉 수로 각각의 공들에 대하여 지었다. 작옥도 역시 차운하여 내게 보여주었는데 그 정성이 참으로 감동스럽다.[68]

이 인용문에서 주목할 것은, 회인시 창작이 옥수 개인만의 경향이 아니었다는 점이다. 옥수 주위에는 이러한 회인시를 짓는 것이 하나의 풍조였음을 알 수 있다. 또 "시사의 여러 공들을 그리워하며" 운운하는 언급을 통해서, 회인시가 '시사 활동의 산물'이라는 점도 다시 한 번 확인할 수 있다.

이 시에서 회인의 대상은 모두 11명[69]으로 역시 사대부와 중인층이 한데 섞여 있다. 이중에서 「감시절구」나 「회인절구」에 등장하지 않는 인물로는, 상주 아전의 후예인 단엄丹广 이명구李明九,[70] 홍종응 형제의 문객으로 1862년 연행에도 참여했던 연초硏樵 최병한崔秉翰 등의 중인층과 신석우와 옥수를 잘 따랐던 한명원, 1868년 연행에 참여했던 서찬보徐贊輔 등의 사대부들이 있다. 이들은 옥수의 후배 세대들이었기에 「감시절구」나 「회인절구」에 실릴 수 없었다.

형식상 이 작품이 「감시절구」나 「회인절구」와 가장 크게 변별되는 점은 주석이 없다는 점이다. 그래서 작품 이해에 어려움이 많은데 이는 「감시절구」 등과 달리 시사에 참여했던 사람들만을 독자로 상정했던 때문이라고 생각된다. 그리고 이 작품이 지닌 또 한 가지의 특이

68_ 권8, 장35앞~뒤. "悠齋提學於江舍, 有懷社中諸公, 有十一絶句. 第一屬長公芍玉尙書, 第十一自屬之, 以其九, 分屬諸公. 芍玉亦次其韻, 示及賤走, 勤意洵可感."
69_ ①홍종응 ②홍종서 ③신석우 ④신석희 ⑤조기웅 ⑥장조 ⑦이명구 ⑧최병한 ⑨한명원 ⑩서찬보 ⑪조면호
70_ 이명구의 조부 이삼억李三億은 옥수의 5대조 조정만이 상주목사였을 때 아전이었다. 권29, 「상주홍치루시서」尙州弘治樓詩序 참조.

한 점은 작가 자신에 대한 시도 포함되어 있다는 점이다. 이는 회인시가 단순히 '회인'의 정서를 표출하기만 하는 갈래가 아니었으며 자기 자신을 포함한 시사 구성원의 '동인의식'을 제고하는 갈래로 사용되었음을 보여주는 것이 아닌가 한다. 옥수는 이 시에서 자기 자신을 다음과 같이 그렸다.

자빠지고 넘어지고 아울러 날개도 꺾이고서	躋跌兼之折翅垂
우연히 송하松下로 와서 스스로 기약하네.	偶來松下自心期
금강석처럼 만겁이 지난들 없어지지 않을 나의 벽癖	金剛萬劫不消癖
지렁이 글씨로 늘 우수마발牛溲馬勃 끄적이는 것.	蛇蚓常書溲渤詩

옥수가 이 시를 지었을 때는 해배되어 파주에서 은거하다가 서울로 돌아온 직후이다. 기·승구에는 그러한 자신에 대한 심회가 드러나 있고, 자신의 시문을 '우수마발'(흔하고 하찮은 약재의 일종)이라 하는 데서 옥수 시 특유의 자조적 분위기가 느껴진다. 그러나 만겁의 시간이 지나도 그 벽을 없앨 수 없다는 것은, 오히려 자신의 창작 태도를 흔들림 없이 견지하겠다는 의지의 표명으로도 읽힌다. 이 시는 이 시기 옥수의 자화상이라 할 수 있다.

「유재의 시에 화운하다」를 지은 이듬해인 1863년, 옥수는 「산원춘」山園春(권9)과 「마음을 터놓다」(攄情詩 _권9)를 연달아 창작했다. 「마음을 터놓다」에는 "이미 「산원춘」을 지었는데, 이것을 지어 거기에 붙인다"(旣賦山園春, 作此以及之.)라는 주가 붙어 있어 이 두 작품이 또한 전·후편의 관계임을 알 수 있다. 두 작품 모두 주석이 달려 있지 않으며, 「산원춘」은 3·5·7언의 장단구이고, 「마음을 터놓다」는 오언절구 형식을 취하고 있다. 두 작품 모두 앞에서 규정한 엄밀한 의미의

'회인시'라 할 수는 없지만, 회인시의 형식을 다채롭게 확장시켰다고 볼 수 있다. '산원춘'은 마치 악부시제처럼 느껴지기도 한다.

등장하는 인물들은 모두 「감시절구」에서 다뤄지는 인물들이다.[71] 여기서는 김정희에 대한 시를 통해 「산원춘」과 「감시절구」의 같고 다른 점을 살펴보도록 하겠다.

산 정원에 봄이 왔네.	山園春
한당漢唐의 사람이여.	漢唐人
비취빛 나는 문채에	翡翠自成彩
초탈한 듯 티끌을 볼 수 없더니	脫然不見塵
하룻밤 엄한 서리에 난초는 시들어 버리고	一夜嚴霜委蘭薄
서강의 모래자갈만이 신필神筆을 전하는구나.	西江沙石傳筆神

「산원춘」은 매 수마다 '山園春' 세 글자로 시작한다. 2구는 김정희가 '한학'漢學을 했던 것을 표현하고 있고, 6구는 서강에서 김정희에게 글씨를 지도받던 시절에 대한 회상이다. 「감시절구」의 김정희 시와 다른 점은 김정희에 대한 '설명'이 전혀 없이 자신의 소회만을 서정적으로 노래하고 있다는 것이다. 「감시절구」가 대상 인물에 대한 정보 제공을 중시하여 주석에도 상당한 공을 들였던 데 비해, 「산원춘」은 주관적인 정회를 표출하는 데 주안점을 두었다.

그리고 이 시는 3·5·7의 장단구를 사용하고 있다는 점이 특이하며 그중에서도 '人'을 운자로 사용하는 매2구의 표현이 재미있다. 김

---

[71] ①김조순 ②김유근 ③김선 ④신재식 ⑤금홍근 ⑥권돈인 ⑦김정희 ⑧조병현 ⑨이승원 ⑩조병현

정희가 '한당인'漢唐人이듯이, 제3수의 김선은 '전배인'前輩人(앞사람)이고, 제4수의 신재식은 '뇌라인'磊砢人(우뚝한 사람)이고, 제8수의 조병현은 '소사인'所思人(그리운 사람)이고, 마지막의 조병헌은 '속수인'屬誰人(어떤 사람에 속할까)이라고 하였다. 장단구의 특성을 잘 살려 회인시로서 재미난 효과를 가져왔다고 할 수 있다.

한편, 「마음을 터놓다」에서는 김조, 김선신, 김우하, 최헌수, 심철수, 김시중에 대한 회인시를 담고 있는데, 이 인물들은 모두 「감시절구」에서 다루어졌던 서얼·중인들이다. 「산원춘」은 사대부들만을 대상으로 하고, 「마음을 터놓다」는 서얼·중인들만을 대상으로 한 것이다. 이렇게 「산원춘」과 「마음을 터놓다」에서 갈라져 있던 인물들이 「감시절구」에서 하나로 모였다는 점에서 이 두 시는 옥수 회인시의 형성 과정을 보여주는 작품이라고 이해할 수 있을 듯하다.

옥수의 회인시류 가운데 양식상 가장 특이한 작품은 1867년에 지어진 「열한 개의 돌에 예를 표하다」와 그것의 속편인 「속예석구시」續禮石九詩(幷引), 「부추예삼석」附追禮三石 등이다. '돌에 예를 표하다'라는 특이한 제목의 이 시들은 앞에서 검토했던 옥수의 유별난 수석 취미와 밀접한 관련을 맺고 있다. 가난했던 옥수는 대체로 사람들로부터 빌려 오는 방식으로 돌을 모았기에, 각각의 돌에는 누구로부터 어떻게 얻은 것이라는 내력이 붙어 있었다. 그래서 옥수는 돌들을 바라보며 그 원주인을 그리워하기도 했는데, 그러한 배경에서 「열한 개의 돌에 예를 표하다」는 창작될 수 있었다. 그 서문을 보면 다음과 같다.

새해가 되면 인사를 드리는 것이 예의이나, 나는 숨어 사는 처지라 감히 남들처럼 예를 차릴 수가 없다. 돌아보니 해석海石으로 만든 벼루가 있는데 지난날 궁중의 보물이었던 것이 세상에 흘러나온 것이다. 그것을 책상 가운데에 높이 모셔 놓고 차례로 아홉 개의 돌을 좌우로 늘어놓았다. 그것은 모두 선배와 동배들, 또 압록강 서쪽의 벗들에게서 받은 것들이다. 또 하나의 돌은 내가 학산에 귀양 갔을 때 얻은 것이다. 그것도 그 사이에 놓아두니 열 한 개의 돌이 되었다. 방안에 가지런히 세우니 화락하여 마치 벗들이 서로서로 우의를 나누는 듯하였다. 친소親疎의 구별은 없으나 금석지감은 없을 수 없어, 내가 이에 홀을 쥐고 예를 표하였다. 돌에게 예를 표함은 돌이 유래한 곳에 예를 표하는 것이요, 각각 시 한 수 붙임은 또한 그 예절을 두터이 함이다. 나의 예가 갖추어졌도다.[72]

그 발상이 기발하고 흥취가 넘친다. 이 사람 저 사람에게서 돌을 구해 온 옥수만이 지을 수 있는 시일 것이며, 단순한 영물시詠物詩에 그치지 않고 회인시적 성격도 아울러 갖고 있다는 점이 가장 큰 특징이다. 11명의 인물 가운데[73] 오규일吳奎一은 전각으로 이름이 높았던 김정희의 제자이고, 장시蔣詩·조강曹江은 조선의 문인들과 교류가 활발했던 청조의 인사들이며, 박선수朴瑄壽는 박규수의 아우이고, 박지일朴之一은 옥수가 평안도로 유배 갔을 때 그곳에서 만났던 선비이다. 이 중에서 중국인 장시와 무명의 시골 선비 박지일에 대한 시를 살펴보도록 하겠다.

72_ 권12, 장21뒤. "歲謁, 禮也. 冕鏟迹, 不敢隨人作禮也. 審有海石硏山, 爲昔年, 內府珍, 流落在人間者也. 位于案上, 當中而尊其趺, 次用九石, 左右之, 並是先輩及同儕, 亦鴨西舊契所贈, 又一石, 冕投謫鶴山日所獲, 使參乎其間, 是爲十一石也. 儼然一室之內, 翕然若情知之上下交孚, 殊無遠邇之別, 悉亦不能無所感於今昔也. 冕乃袍笏而禮焉, 禮于石, 所以禮于石之所從來也. 各繫一詩, 亦所以重其禮也, 冕之禮, 其備矣也."
73_ ①오규일 ②김유근 ③김정희 ④신석우 ⑤박규수 ⑥이승원 ⑦장시 ⑧조강 ⑨박선수 ⑩신응조 ⑪박지일

한 봉우리 우뚝 험준하고	一峰尤陡絶
제이 제삼의 봉우리들.	第二第三峰
운객雲客은 추음秋吟의 문객	雲是秋吟客
구름을 보면 자기를 생각하라 하였지.	雲飛便憶儂

절동浙東의 추음 장시는 아들이 있었으니, 소천少泉 장월蔣鉞과 용재容齋 장방蔣鈁으로 모두 훌륭한 선비였다. 이때 금산金山의 웅운객熊雲客이 추음 댁에 머물며 소천과 용재를 지도하고 있었다. 운객과 나는 깊은 교분이 있었다. 추음과 두 아들과도 모두 사귀게 되었는데, 이는 운객이 소개한 것이다. 이 벼루는 추음의 유서선관楡西仙館에 소장되어 있던 돌로, 옻칠한 듯 까만색이고, 흰 구름이 그 앞뒤를 두르고 있으며, 세 개의 봉우리가 솟아 높낮이가 층층이 달랐다. 운객이 내게 준 시에 "구름이 나는 것을 보면 곧 나를 생각하시오"라는 구절이 있다.[74]

앞에서 소개했듯, 추음 장시와 운객 웅앙벽은 옥수가 젊은 시절 서신을 통해 교유했던 중국 문인들이다. 웅앙벽은 장시에게서 받은 벼루를 옥수에게 보내며 자신의 호가 운객雲客이므로 "구름이 나는 것을 보면 곧 나를 생각하시오"(看到雲飛便憶儂)라는 시 구절도 함께 보냈던 것이다. 옥수와 웅앙벽은 실상 얼굴 한번 대면하지 못한 사이였으니 옥수에게 이 벼루가 갖는 의미는 자못 컸으리라 짐작된다.

---

[74] 권12, 장22뒤. "浙東蔣秋吟侍御, 有子, 少泉鉞, 容齋鈁, 並奇士也. 時金山熊雲客, 客于秋吟, 授學少泉容齋, 雲客與余, 托深契, 秋吟及二子, 俱有紵縞, 寔雲客蟠容也, 此山爲秋吟楡西仙館藏石, 黑色如漆, 白雲繚其前後, 勢又三峰, 高低層別, 雲客贈玉垂詩曰, 看到雲飛便憶儂."

그런데 전·결구 모두 '雲' 자로 시작하고 있음에 주목하지 않을 수 없다. 연속되는 구절의 첫 글자가 같은 글자인 경우는 한시에서 거의 볼 수 없는데 옥수는 이를 아랑곳하지 않아 마치 두운頭韻처럼 글자를 운용했다. 옥수의 자유로운 작시作詩 태도를 확인할 수 있다.

다음은 박지일에 대한 시이다.

탐장죄로 귀양을 가더니만	謫累坐贓污
과연 돌에 탐욕을 부리는군.	果然貪在石
세상에 왕진경[75]이 없었다면	世無王晉卿
말(馬)이 있다 한들 내 무엇으로 바꾸었겠나.	有馬吾何易

나는 학산에 귀양을 갔었다. 학산의 박지일은 말더듬이 선비였다. 문장과 기개가 있는데 돌에 벽이 있어 마당에 돌을 모아놓은 것이 만萬을 헤아렸다. 내가 「일석산방기」[76]를 지어 주니, 박지일은 작은 돌 하나를 주었다. 붉은색을 띠고 움푹 파이고 울퉁불퉁하여 족히 완상할 만한 것이었다.[77]

기·승구는 옥수 자신에 대한 이야기이다. 탐장죄로 귀양을 가서도 욕심을 버리지 못하고 탐욕스레 돌을 수집했다는 것이다. 옥수 특유의 자조적 해학이 발동되고 있다. 옥수는 유배지인 강서 지방에서

75_ '왕진경'은 소식蘇軾의 친구였던 왕선王詵을 가리킨다. 왕진경은 화가 이공린李公麟이 그린 말 그림을 특별히 애호하여 수집했다. 소식은 왕진경의 그러한 취미를 풍자하여 말은 볼 줄 모르면서 말 그림만 좋아한다고 조롱한 바 있다.
76_ 권30에 「일석실기」一石室記라는 제목으로 실려 있다.
77_ 권12, 장23앞. "曩謫鶴山, 鶴山 朴之一, 吃士也. 有文學氣槪, 癖於石, 園庭之際蓄石, 計可萬也. 曩有一石山房記者也. 朴以一小塊贈之, 色微紫, 嵌空礧砢, 足供翫矣."

처사 박지일과 자주 어울렸다. 박지일은 옥수에게 시문을 지어 달라는 재촉을 많이 했는데,[78] 이에 옥수는 자신의 글을 좋아하는 박지일을 말 그림을 좋아했던 왕진경에 비유한 것이다.

돌 자체에 대한 묘사는 주석으로 돌려 버리고, 본문에서는 돌을 얻게 된 내력만을 소개하다보니 결과적으로 '박지일'이라는 시골 선비에 대한 회인시적 성격만이 두드러지게 되었다. 옥수가 박지일과의 만남을 해학적으로 그린 산문 「박처사를 축하하며」(賀朴處士說)를 보면, "술이 몇 순배 돌자 이에 흉중의 독서기讀書氣를 토해 내는데, 오설산五泄山[79]의 폭포를 이야기하는 듯하여 왕왕 놀라운 점이 있었다"[80] 라며 박지일의 호쾌한 풍모를 그리고 있다. 박지일은 일사류逸士類의 인물이라 할 수 있을 듯하다. 옥수는 그러한 풍모에 매력을 느껴 이 시문을 통해 그의 이름을 후세에 전해 주고자 했던 것이라 생각된다.

이상에서 다양한 면모를 보이는 옥수의 회인시류 작품들에 대해 살펴보았다. 옥수의 회인시 작품들은 그 성격상 「유재의 시에 화운하다」처럼 특정 시회 활동을 직접적으로 반영하며 지어진 작품과 「감시절구」처럼 자신의 생애를 돌아보며 지은 작품으로 크게 나눌 수 있다.

「유재의 시에 화운하다」와 같은 작품은 시회에 참여했던 인물들끼리 서로서로 주고받으며 시회를 기념하는 한편, 시회에 참여했던 동인들의 결속력을 높이려는 의도에서 지어졌다. 그래서 별다른 주석이 달릴 필요가 없고, 주관적 정회의 표출이 중심이 되었다.

78_ 권6, 「처사 박지일은 호가 석연인데 시를 요구함이 심했다. 동파의 운을 써서 그의 뜻에 부응한다」(朴處士〔之一〕 號石蓮 索詩甚 用坡集韻 以副其意)
79_ 오설산은 중국 절강성에 있는 산인데, 폭포로 유명하다.
80_ 권30, 장25앞. "酒數行, 乃吐出胸中讀書氣, 若談五泄山水, 往往得一奇處."

이에 비하여 「감시절구」는 보다 넓은 독자층을 상정하였기에 대상 인물을 설명하고 그에 대한 인상을 심어 주려는 경향이 있다. 그래서 자세한 주석이 동원되고, 인물을 특징적으로 설명해 주는 일화나 사건 등이 적극적으로 활용되었다.

이러한 차이점이 있기는 하지만, 이 두 경향의 작품을 포괄한 옥수의 회인시는 19세기 서울 북촌에서 벌어졌던 시사 활동에 대한 자료집의 역할을 하고 있다는 의의를 부여할 수 있다. 어떤 인물들이 참여했는지, 어떤 분위기였는지를 생생히 보여주고 있어, 19세기 한시사 연구의 공백을 메우거나 새로운 한시 작가를 발굴할 때 하나의 지침이 될 수 있다.

19세기 회인시들은 저마다 특색과 의의를 지니고 있다. 김정희의 회인시는 일본인을 대상으로 했고, 이상적의 회인시는 중국인을 대상으로 했으며, 조희룡의 회인시는 여항인을 그 대상으로 했다. 또 김석준의 방대한 작품은 19세기 회인시를 집대성했다는 의의가 부여될 수 있다. 옥수 회인시의 특색과 의의를 찾는다면, 서울 북촌시사에서 사대부와 여항인이 함께 동인으로 활동했던 모습을 보여주고 있고, 다양한 형식을 시도함으로써 회인시의 표현 양식과 수법을 다양화했다는 점을 들 수 있을 것이다.

5
경향 각지 풍정의 기록

궁궐 풍속과 경복궁 중건

옥수는 '음풍농월이 시가 되는가?'라 말할 정도로 단조롭고 고식적인 내용에 염증을 느낀 시인이었다. 그래서 그의 한시는 소재가 매우 다양하다. 자신의 내면을 토로하거나 자연의 아름다움을 노래하는 것은 물론이거니와 자신의 눈길이 닿는 주변의 인정人情과 물태物態 그리고 세태世態에 담긴 이치와 정情을 곡진히 포착해 내는 이른바 '기속시'紀俗詩의 영역에서도 흥미로운 작품을 다수 창작했다.

기속시는 조선 후기 한시 연구에서 비교적 이른 시기부터 그 중요성을 인정받아 활발한 연구가 이루어진 분야이다.[1] 그 결과 밝혀진 조선 후기 기속시의 문학사적 의의를 간략히 정리해 보면, 다양한 세시풍속과 지방 풍물을 기록함으로써 우리 민족의 생활상을 생생히 전해 주고, 민중이 고통 받는 현실에 대하여 날카로운 비판 정신을 견지

---

[1] 연구 성과가 자못 방대하여 이 자리에서 일일이 거론할 수는 없는데, 김명순, 「조선후기 기속시 연구」, 경북대 박사 학위 논문, 1996; 이정선, 「조선후기 한시의 조선풍 연구」, 한양대 박사 학위 논문, 2001은 기존의 연구 성과를 바탕으로 기속시에 대한 체계적 정리를 하고 있어 연구사 정리에 큰 도움을 준다.

하며, 또 고유어의 정감을 살린 한국식 한자어들이 풍부하게 구사되고 있다는 점 등을 들 수 있다.

옥수의 기속시도 대체로 이와 같은 조선 후기 기속시의 성과를 계승한다고 볼 수 있다. 그런데 옥수의 기속시는 일반인은 출입할 수 없는 궁궐에서부터, 서울 거리, 경상도 의성이나 황해도 강서와 같은 향촌 그리고 국경도시인 의주까지를 대상으로 하는 등 그 공간적 범위가 대단히 넓고, 경복궁 중건, 개항, 외국 군대의 진주 등과 같은 19세기의 역사 현실을 폭넓게 반영하고 있다는 특징을 보이고 있다. 또 그 구체적 형상화에 있어서도 옥수 특유의 개성적 면모가 두드러져 매우 흥미롭게 읽힌다.

옥수는 생애 대부분을 북촌에서 보낸 서울 토박이였다. 그래서 그의 문학 속에는 당시 서울의 이모저모가 풍부하게 담겨 있다. 특히 옥수는 1855년부터 호조정랑으로 3년간 궁중을 출입한 일이 있으며 이후 만년에도 종종 관직이 내려졌기에 궁중 풍속에 대해서도 견문을 가질 수 있었다.

옥수가 호조정랑으로 있었던 1857년(철종 8년)에는 순조비 순원왕후의 칠순을 맞아 진찬례進饌禮가 거행되었는데 이때 옥수는 그 행사를 의궤儀軌로 정리하는 임무를 맡았다.[2] 그 과정에서 옥수는 진찬례의 일환으로 연행되는 궁중무용인 정재呈才를 소재로 하여 칠언절구 10수의 「정재십영」呈才十詠(권5)을 창작했는데, 다음과 같은 목적 때문이었다.

2_ 『일성록』, 철종 8년 3월 19일 기사 참조. 그런데 이 의궤는 전하지 않고 있는 것으로 보인다. 이에 대해서는 장사훈, 「순조진찬의궤 해제」, 『한국음악학자료총서』 3, 국립국악원 영인, 1980; 한국정신문화연구원, 『장서각소장의궤해제』, 2002를 참조함.

정재의 명칭은 익숙히 보고 들은 것이지만, 정재를 정재라고 하는 까닭을 낭관들도 알지 못했고, 노래의 가사는 정해진 바가 없는 것은 아니지만 간드러지는 목소리로 느리게 또 빠르게 부르는데다가 여러 악기들이 반주하여 알아듣기 어려웠다. 나 역시 낭관에 이름이 올랐기에 절구 10수를 통해 각각 그 하나씩 기록하고 「정재십영」이라 이름하여 송축하는 정성을 표시하고 그 명칭들을 영광스럽게 하였다.[3]

인용문은 서문의 후반부이다. 당시 행사의 실무자들인 낭관들조차 정재에 대해서 잘 모르고 있었다는 사실이 눈길을 끈다. 조선 후기 들어 정재무가 궁궐 밖에서도 연행되었다고는 하지만[4] 그래도 정재는 쉽게 접할 수 없는 연희였을 것이다. 그래서 옥수는 자신이 직접 정재를 보게 된 것을 기뻐하고 이에 대한 내용을 기록으로 남기고자 「정재십영」을 창작한 것이다.

「정재십영」에서 다루고 있는 무용은 몽금척夢金尺, 헌선도獻仙桃, 포구락抛毬樂 등의 당악정재와 처용處容, 향발響鈸, 무고舞鼓, 아박牙拍, 춘앵전春鶯囀, 선유락船遊樂, 검기무劍器舞 등의 향악정재이다. 정재에 대해서는 각종 의궤와 홀기가 남아 있어 그것을 통해 옛 모습을 재현할 수도 있다. 「정재십영」은 그러한 의궤들처럼 자세하지는 않지만 시적 표현을 통해 연행 현장의 흥취와 분위기를 전달하고 있기에

---

[3] 권5, 장20앞~뒤. "丁巳春, 上進饌于明敬大妃殿, 下命梨園進呈十才. 師樂典女伶肄習, 堂上郎廳監董考勤慢, 所司亦以其物等待. 進饌之所曰通明殿, 擧行之所曰訓局東營, 才之名, 目擩耳灌, 而才之所以才, 堂郎不知. 講唱辭, 非無所繫, 曼促發於艷喉, 八音間之, 辨別易眩. 賤臣厠名於郎, 乃以絶句十首, 各紀其一, 名之曰, 呈才十詠, 以識寓祝之誠而榮其名焉."
[4] 도애陶厓 홍석모洪錫謨(1781~1857)는 어려서 평양을 유람하면서 정재무용을 구경하고 「악부십이무곡사」樂府十二舞曲詞를 지은 일이 있다. 이러한 예를 볼 때, 정재무는 궁궐 밖에서도 연행되었음을 알 수 있다(이관성, 「도애 홍석모의 한시 연구」, 고대 석사 논문, 2003, 98~101면 참조).

또 다른 측면에서 정재에 대한 이해를 돕는다.

여기서는 향악정재 '아박'과 '검기무'를 중심으로 「정재십영」의 특징을 살펴보도록 하겠다. 먼저 제7수인 아박이다.

사시의 기운 고루 펴는 덕과 복의 노래	玉燭平分德福歌
구중궁궐 봄빛이 더더욱 화창하도다.	九重春色轉淸和
새로 엮은 수술을 향신香身5에 매달고	流蘇新綴香身住
동동다리 아으 동동다리.	動動多羅動動多

'아박'은 고려가요 「동동」動動에 맞추어 추는 춤이다. 기구에 나오는 "덕과 복의 노래"는 「동동」 첫째 연의 "덕德으란 곰비예 받잡고, 복福으란 림비예 받잡고"를 한시로 옮긴 것이고, 결구는 「동동」의 후렴구 "아으 동동다리"를 음차한 것이다. 기구에서 사계절의 기운을 고루 편다고 한 것은 「동동」이 1년 열두 달을 노래한 '월령가'임을 말하고 있다.

주석은 아박의 전반적인 절차와 성격에 대한 설명으로, "「동동」의 만기慢機를 연주하면 첫머리에 복덕구를 부르고, 「동동」의 중기中機를 연주하면 12월령을 노래 부른다. 「동동」은 선관仙官들이 송축하는 내용이다"6라고 되어 있다. 「동동」 가사의 의미와 성격에 대해서는 오늘날 학자들 사이에서도 여러 가지 이견이 존재하는데,7 옥수는

5_ 무희를 표현하는 말이다. 고종 대에 나온 『정재무도홀기』呈才舞圖笏記(한국정신문화연구원, 1994, 130면) '아박' 조의 창사唱詞를 보면, "온갖 보배 치장한 향신이 사뿐사뿐 나오고, 부용대에서 가뿐한 춤사위 펼친다"(百寶香身嫋嫋來, 輕盈妙舞芙蓉臺.)라고 되어 있어 참고가 된다.
6_ "樂奏動動慢機, 頭唱德福句. 動動中機, 詞唱十二月, 動動歌, 盖仙官致頌禱之辭."
7_ 최진원, 「동동고」, 『대동문화연구』 4, 성대 대동문화연구원, 1971.

「동동」을 선관의 송축시로 보는 『고려사』 「악지」의 견해[8]를 의심 없이 수용하고 있다. 또 실제 연행되는 분위기가 기·승구에서 보듯 매우 화평했다는 점도 오늘날 우리가 「동동」을 이해하는 데 하나의 시사를 주고 있다.

그런데 고종 대에 편찬된 『정재무도홀기』에 의하면 아박무를 출 때 「동동」의 열두 달 노래 가사를 부르는 것이 아니라, 당악정재의 영향을 받아 칠언절구 한시를 노래 부르는 것으로 되어 있다.[9] 그래서 음악학계에서는 조선조 말엽에 이르면 아박의 창사가 한시로 바뀌었다는 인식이 널리 받아들여지고 있다.[10] 그러나 이 시에서 보듯 최소한 철종 말엽까지는 우리말 노래 「동동」이 불렸다는 것이 확실한 만큼 음악사를 서술할 때 좀 더 세심한 주의가 필요하다.

다음은 「정재십영」의 마지막을 장식하는 검기무이다.

금박 정자頂子에 전립 깃털 붉어라	鏤金頂子氍毛紅
좁은 소매 쌍쌍이 움직이고 띠에선 바람이 이네.	夾袖雙雙練帶風
또한 알겠네 공손씨의 오묘한 혼탈무는	也解公孫渾脫妙
본래 신무황제의 교화에 힘입은 것임을.	元歸神武化圈中

검기무는 노래 가사 없이 무령지곡武寧之曲 반주에 맞추어 추는 칼춤이다. 검기무에 대한 기록은 『고려사』나 『악학궤범』樂學軌範에는

8_ 『고려사』 권71, 「악지」, "「동동」의 연희는 그 노래에 송축의 가사가 많다. 대개 선어를 본받아 만든 것이다. 그러나 가사가 비리하여 수록하지 않는다."(動動之戱, 其歌詞多有頌禱之詞, 盖效仙語而爲之. 然詞俚不載.)
9_ 위 8번 주석 참조.
10_ 채한숙, 「재현정재 아박무에 대한 연구」, 『한국음악학론집』 3, 한국음악사학회, 1999 ; 정은혜, 『정재연구 I』, 대광문화사, 1993, 참조.

나오지 않고 고종 대의 『정재무도홀기』에 이르러서야 등장하는데, 이 점으로 미루어 볼 때 검기무는 조선 후기에 만들어진 것으로 추정할 수 있다.[11] 흔히 신라 시대 화랑 황창黃倡의 칼춤에서 유래한 것이라고 하지만, 명확한 문헌적 근거를 찾을 수 있는 것은 아니다.[12] 그래서인지 옥수도 주석에 별다른 설명을 붙이지 않고 다만 "속악이다. 군장한 여령을 쓴다"(俗樂, 用軍裝女伶.)고 간략히 언급하고 있다.

기·승구는 좁은 소매의 군복인 동달이를 입고, 붉은 깃을 단 전립을 쓴 두 명의 무희들이 서로 동작을 맞추어 경쾌하게 연출하는 춤사위를 감각적으로 묘사하고 있고, 전·결구는 두보杜甫의 유명한 시 「공손대랑의 제자가 검기무를 추는 것을 보고 짓다」(觀公孫大娘弟子舞劍器行)를 전고로 가져와 시상을 전개하고 있다. 두보가 쓴 시의 서문을 보면 "내가 어렸을 적 언성鄴城에서 공손씨가 검기와 혼탈渾脫을 추는 것을 보았는데, 화려하고 역동적인 춤사위가 단연 당시의 으뜸이었다"고 되어 있으며, "이 춤을 깨우친 자로는 성문신무황제聖文神武皇帝(당 현종) 초에 공손대랑 한 사람뿐이었다"는 언급도 덧붙여 놓았다.[13] 당 현종 대에는 교방敎坊이 활성화되어 많은 무희들이 있었지만 그중에서 공손대랑이 으뜸이었다는 뜻이다.[14] 옥수는 공손대랑이 추었던 춤의 이름이 '검기'인 것에 착안하여 이러한 시상을 전개한 것인데, 특별히 당 현종을 언급한 것은 이러한 성대한 연회가 열릴 수 있는 것은 임금(철종)의 은덕 때문이라는 송축의 뜻을 담아 작품을 마무리하기 위해서였다고 생각된다.

11_ 정은혜, 앞의 책, 318~320면 참조.
12_ 조혁상, 「조선조 검무시의 일연구」, 성대 석사 논문, 2003, 7면 참조.
13_ 杜甫·仇兆鰲 注, 『杜詩詳注』 4, 中華書局, 1815頁. "余尙童稚, 記於鄴城觀公孫氏舞劍器·渾脫, 瀏灘頓挫, 獨出冠時. (중략) 曉是舞者, 聖文神武皇帝初, 公孫一人而已."
14_ 두보·구조오 주, 위의 책, 1816頁.

1862년(철종 13년) 9월에는 임금이 인릉仁陵(순조와 순원왕후의 능)과 그 옆의 헌릉獻陵(태종과 원경왕후의 능)을 참배하고 남한산성에 들렀다 돌아오는 행사가 있었다. '헌인릉'은 현재 서울 강남의 내곡동에 위치하고 있으므로 임금이 행차하기 위해서는 한강을 건너야 했기에 주교舟橋까지 가설하는 큰 행사였다. 이때 옥수가 관직에 있지는 않았지만 연도에 나가 임금의 행렬을 송축하고 자신이 본 바를 7절 10수의 「궁사체」宮詞體라는 작품으로 담아냈다.[15] 이 시는 행렬의 출발에서부터 능을 참배하고 돌아오는 전 과정을 다루고 있다. 다음은 행차가 다시 궁으로 돌아오기 위해 한강에 가설한 주교를 건너는 장면을 그린 제7수와 8수이다.

7
군왕께선 잘 주무셨나, 행재소에 물으시니　　　　君王寢睡問行朝
내전의 마음이야 백리처럼 멀게 느끼시리라.　　　內裏私情百里遙
정오에 영접하는 대열 비로소 갖추어지고　　　　午刻祗迎班始定
바다처럼 많은 사람 주교를 경축하네.　　　　　　萬人如海慶舟橋

8
용양봉저정 앞으로 구름같이 배 늘어선 노량의 아침　龍驤雲舳露梁朝

15_ 궁사의 개념과 창작 양상에 대해서는 이희목,「이조전기 관각문인들의 '궁사' 연구」,『대동문화연구』29, 성대 대동문화연구원, 1994;「이조중기 당시풍 시인들의 '궁사' 연구」,『한문교육연구』15, 한국한문교육학회, 2000; 김명호,「박규수의 궁사「鳳韶餘響」에 대하여」,『한국한문학회』31, 한국한문학회, 2003 참조. 일반적으로 '궁사'라 하면 궁녀들의 애환을 다룬 염가적 노래라고 알려져 있으나, 실은 시로써 궁중의 역사를 보완하는 일종의 궁중사라는 넓은 의미를 지닌 갈래이다. 옥수의 궁사 가운데 궁녀들을 등장시키는 작품은 보이지 않는다.

당상堂上에서 내린 분부 길게 이어져 가네.	堂上宣傳聽令遙
징소리 울리자 대취타가 연주되고	奏下鳴金齊吹打
깃발들 일시에 무지개다리에 절하네.	一時旗脚拜虹橋

제7수는 군왕의 안부를 궁금해하는 내전의 마음[16]과 강의 북쪽에서 임금의 행차를 맞이하기 위해 모여든 사람들의 모습이 그려져 있다. 제8수의 용양봉저정龍驤鳳翥亭은 현재 동작구 본동에 남아 있는 유적으로, 정조가 수원 행차를 위해 만든 행궁이다. 정조의 주교 행차[17]를 그린 〈노량주교 도섭도〉鷺梁舟橋渡涉圖(덕수궁 궁중유물 전시관 소장)를 보면 주교가 노량진의 행궁인 용양봉저정에서부터 가설되었음을 볼 수 있다.

제8수는 주교 위로 임금이 행차하는 순간의 고조된 분위기가 사실적으로 그려지고 있다. 행렬을 지휘하는 호령이 연이어 복창되는 모습이라던가, '명금일하대취타' 鳴金一下大吹打라는 호령에 일제히 취타가 연주되고, 임금이 주교에 올라서자 모든 깃발들이 임금에게 절을 올리는 광경의 묘사에 긴장감이 서려 있다. 제7수에서부터 분위기가 서서히 고조되더니 여기에 이르러 절정에 도달한다. 화려하면서도 장엄했던 당시 현장의 흥분된 분위기를 실감케 하는 서술이다.

일반적으로 한강의 주교와 관련해서는 정조의 화성행차만이 널리 알려져 있고 그것이 19세기에도 지속되었다는 사실은 거의 알려져 있지 않다. 이는 이것에 관련된 의궤나 그림 등의 자료가 전하지 않

16_ 『승정원일기』 철종 13년 9월 18일조 기사를 보면 내전에서 사람을 보내어 행재소에 문안했음을 알 수 있다.
17_ 정조가 주교를 가설했던 일은 박규수도 그의 작품 「봉소여향」에서 다루고 있다(김명호, 위의 논문, 322면 참조).

고, 또 실록에도 별다른 기록이 없기 때문이라 생각되는데,[18] 그런 면에서 이「궁사체」가 갖는 자료적 가치는 적지 않다.

철종의 뒤를 이어 고종이 왕위에 오르자 정권을 잡은 흥선대원군은 왕실의 존엄을 드높이기 위해 경복궁 중건 사업에 착수했다. 엄청난 재정을 기울인 이 사업은 어려움도 많았고 그에 따른 비판의 목소리도 높았지만 옥수는 경복궁 중건을 적극 지지하는 입장이었다. 옥수가 현실적인 어려움을 모르는 것은 아니었으나 왕조의 숙원 사업을 자신의 시대에 해결한다는 명분을 보다 소중히 여겼다.[19] 이러한 옥수의 입장이 잘 드러난 작품이 1866년에 창작된「장생로」長生路(권11)이다.

1866년 봄에는 가뭄이 몹시 심해 공사에 어려움이 컸다. 그래서 나라에서는 5월 한 달 동안 기우제를 네 번이나 지냈다.[20] 그러다가 6월 2일 마침내 단비가 내렸다.[21] 옥수는 그 비가 너무도 반가워서, "나는 검정 신이 젖는 것도 좋아서, 가만히 읊조리며 도랑물 텀벙텀벙 건너가네"(老夫黑鞾喜霑濕, 微吟行過溝水潰.)라 노래하며 장생로長生路[22]로 나가 공사 현장을 둘러보고 그 소감을 7언 66구의 장편 고시「장생로」로 담아낸 것이다.

18_ 실록에는 철종이 능을 참배하고 남한산성을 다녀왔다는 간략한 기록만 있다. 『승정원일기』에는 자세한 기록이 남아 있다.
19_ 당시 박규수도 경복궁 중건을 찬성했으며 영건도감의 제조에 임명되었다(김명호,「대원군정권과 박규수」, 『진단학보』 91, 진단학회, 2001, 231~234면 참조).
20_ 『고종실록』 고종 3년 5월조를 보면, 10일·20일·23일·28일에 기우제를 지낸 것으로 되어 있다.
21_ 권11, 장43앞. "유월 초이일 장생교에서부터 걸어 십자각에 이르렀다. 비를 맞으며 구경을 하고서는 돌아와 고시를 짓고 '장생로'라 이름지었다."(六月初二日, 步自長生橋, 至于十字閣. 冒雨而觀, 歸有古詩, 命之曰, 長生路.)
22_ 장생로는 장생전長生殿(왕실용 관곽을 보관하던 창고)이 있던 앞길을 말한다. 현재 경복궁과 국군수도통합병원 사이의 길이다.

작품의 전체적인 내용은 '비 내리는 장생로의 풍경', '공사가 시작되었던 때의 회상', '근래 어려워진 공사에 대한 걱정', '기우제를 지내고 비가 내리게 된 사정', '완성되어 가는 경복궁의 위용에 대한 찬탄'의 순서로 이어지고 있다.

다음은 공사의 어려움을 설명하는 대목이다.

모은 돈 매일 써 셈 밝은 회계도 지쳐 가니	募錢日費巧歷疲
닭 돼지 술 국수 사도 사도 끝이 없네.	鷄豬酒麪市不極
근일엔 기후마저 차질이 생겨	近日雨暘差有愆
쌀값은 급등해 먼 데서 들여오네.	斗米一翔來貿遷
임금님도 식욕 잃고 걱정에 잠 못 들어	玉食靡甘憂丙枕
희생을 정결히 하여 산천에 보내었네.	牲幣蠲潔走山川

경비 부족, 식량 부족, 가뭄 등 공사의 난점들이 현실감 넘치게 서술되고 있다. 특히 두 번째 구는 닭 돼지 등 구체적인 물목이 제시되는 등 매우 흥미롭게 묘사되어 있다. 이러한 구체적 서술들이 「장생로」를 보다 흥미로운 작품으로 만들고 있다.

다음은 옥수가 찬탄해 마지않은 경복궁의 위용이다.

남쪽을 바라보니 새로 세운 십자각	南望新起十字閣
옥 같은 주춧돌에 아름다운 벽돌 별처럼 펼쳤네.	玉瑱文甃星錯落
성상소城上所는 간관이 거처하는 곳	城上所[23] 爲諫官居
간관들 풍채 보니 바른말깨나 하겠네.	諫官風采資謇諤

23_ 여기에는 "십자각은 성상소이다"(十字閣爲城上所)라는 원주가 달려 있다. 성상소란 사간원과 사헌부의 관원이 대궐 문 위에서 드나드는 백관들을 살피던 곳을 말한다.

| 서쪽으론 정문인 광화문이 열렸는데 | 迤西光化端門開 |
| 돌 무지개[24] 돌난간 어찌 저리 굉장할까. | 石霓石楯何崔嵬 |

경복궁 건춘문建春門 쪽에서 바라본 '동십자각'과, 동십자각에서 바라본 광화문의 모습을 묘사했다. 동십자각에 대해서는 벽돌을 강조하고 광화문에 대해서는 석물들이 볼만하다고 했는데, 이는 지금 모습에 비추어 보아도 공감이 가는 표현이다. 또 이 시를 통해 동십자각이 성상소로 사용되었음을 알 수 있게 된 것도 소중한 역사 지식이라 하겠다.[25]

이외에도 옥수는 서문인 영추문迎秋門, 북문인 신무문神武門 등을 언급하고 있고, '황각'黃閣(정승들이 사용하는 건물), '팔척교의'八尺交椅(임금의 의자), '구궤'九軌(성안의 큰길) 등을 거론하고 있는데 고유명사를 사용하지 않은 것은 이때 아직 명명이 안 됐기 때문이었을 것으로 생각된다.

그렇게 경복궁을 다 돌아본 소감은 다음과 같은 것이었다.

임란 때 무너져 사라진 지 이백 년	龍蛇蕩掃二百載
궁궐터만 역력히 남았더니	宮殿遺址歷歷分
아아! 성대한 사업이여 선조들의 공업을 빛내도다.	於休盛烈光先業
얼마나 다행인가! 내가 성군을 만났도다.	何幸身親遭聖君

24_ 돌로 되어 있는 홍예문紅霓門, 즉 윗부분이 둥글게 되어 있는 문을 뜻한다.
25_ 현재 동십자각 부근에 세워진 안내판에는 그 용도에 대해 '망루'望樓(watch tower)라고만 되어 있어 일반인들은 궁궐 수비를 위한 용도일 것이라 오해하기 쉽고, 실제 각종 출판물에 그런 식으로 소개되고 있다.

이백 년을 기다려 온 왕조의 숙원을 자기 당대에 해결한다는 자부심이 보인다. 경복궁 중건에 대해서는 당시부터 오늘날까지 서로 다른 평가가 이어져 왔기에 이와 같은 옥수의 입장에 대해서 쉽사리 긍정하기 어려운 것이 사실이다. 그러나 경복궁 중건을 비판적으로 보는 시각에서 보더라도 이 시는 흥미로운 측면이 있다. 우선 경복궁 중건이라는 중대 사건을 문학으로 포착한 다른 사례가 없는데다가, 건축 과정이 순탄치 않았음도 사실적으로 기록하고 있으며, 경복궁 중건을 찬성했던 정서가 어떤 것이었는지 알 수 있다는 점을 고려할 때 그러하다. 경복궁 중건에 있어 옥수는 시인으로서의 역할을 충실히 수행했다고 볼 수 있다.

개항기 서울의 세태

서울을 소재로 한 옥수의 기속시는 크게 두 부류로 나눌 수 있다. 하나는 관등놀이, 돌싸움, 돈치기 등의 '놀이'를 대상으로 한 작품들이고,[26] 또 한 부류는 '죽지사' 竹枝詞체를 활용하여 서울의 지역적 특성을 노래한 작품들이다.[27]

민속놀이를 소재로 한 조선 후기의 기속시들은 대부분 설날과 대보름의 세시풍속과 관련해 지어졌다. '원조기속' 元朝紀俗, '상원기속' 上元紀俗 등의 제목으로 설날과 대보름날 행해지는 윷놀이, 널뛰기, 제기차기, 연날리기, 돌싸움, 줄다리기, 쥐불놀이 등등의 놀이들을 각각

26_ 관등놀이―「연등날 금주가 어릴적 이야기를 하다」(燈市日 錦洲書道童年事 走草俳諧 寄謝 _권2),「우리나라 풍속에 사월초파일을 석가탄신일이라고 한다」(東俗以四月八日謂釋迦誕 又或謂善惡童子降 燃燈張本 眞爲此乎 爲寫俚語 _권7),「관등희」觀燈戲(권8),「초파일 등불구경」(浴佛日觀燈 _권9). 돌싸움―「연산의 돌싸움」(峴山觀少兒巷戰 _권8),「돌싸움」(巷戰 _권9),「돌싸움이 이날 크게 벌어지다」(巷戰式日斯大 又用一律以寫戰情 _권9). 돈치기―「타전리사」打錢俚詞(권23).

27_ 「진가죽지」鎭嘉竹枝(권10)는 가회동 삼청동 지역을 노래했고,「홍제죽지」弘濟竹枝(권11)는 홍제동 지역을 노래했다. 이밖에 「기무죽지」機務竹枝(권23)는 서울에 진주한 청나라 군대의 모습을 그렸고,「죽지」竹枝·「후죽지」後竹枝(권25)와「죽지」竹枝·「속죽지」續竹枝(권26)는 1880년대 서울의 이모저모를 기록했다.

절구 한 수씩에 담아 연작시로 만드는 방식이 크게 유행했다.[28] 그러나 옥수는 이 같은 방식보다는 한 가지 놀이에 집중하여 이를 자세히 묘사하는 방식을 선호했다. 예를 들어 돌싸움을 노래한 7절 7수의 「돌싸움」(권9)이나, 돈치기를 노래한 7절 20수의 「타전리사」(권23)처럼 옥수는 길이에 구애받지 않고 시상을 자유롭게 전개할 수 있는 방식을 주로 활용했다.

죽지사체를 활용하여 서울의 풍정을 담아낸 것도 옥수만의 개성이 드러나는 독특한 방식이다. 본래 민간의 노래에서 유래한 죽지사는 '남여상사지정'男女相思之情이나 '토속쇄사'土俗鎖事, '세시풍속'歲時風俗 또는 '외국의 풍물'을 노래하는 데 주로 쓰이는 갈래이다.[29] 그런데 옥수의 죽지사 가운데 「기무죽지」(권23)는 임오군란 이후 서울에 진주한 청군淸軍을 노래한 것이고, 「죽지」·「후죽지」(권25)는 갑신정변 이후 서울 거리의 모습을 담아내는 가운데 특히 사대부 층의 동향을 집중적으로 다룬 작품이다. 이러한 제재는 민풍이나 토속을 주로 다루었던 여타 죽지사의 분위기와는 확연히 다른 것이다. 또 「죽지」·「속죽지」(권26)는 옥수 자신의 일상생활을 다룬 것이어서 그 파격성이 더욱 심하다.

옥수의 죽지사 가운데 대표작을 가린다면 「타전리사」와 「죽지」·「후죽지」 등이 길이나 주제 의식에서 단연 돋보이는 작품들이다. 그리고 이 작품들은 모두 1880년대에 지어져 개항 이후 급격히 변모해 가던 서울의 세태를 반영하고 있다는 점에서 좀 더 문제적 성격을 띠게 되었다.

28_ 김명순, 앞의 논문, 30~39면 참조.
29_ 홍인표, 「죽지사 연구」, 『중국학보』 33, 한국중국학회, 1993; 장효현, 「조선후기 죽지사 연구」, 『한국학보』 34, 일지사, 1984, 153~156면 참조.

1883년에 창작된 「타전리사」는 아이들의 '돈치기'[30] 놀이를 보고 지은 작품이다. 다음과 같은 서문이 있다.

> 세상에서 '돈치기'라 하는 것은 아이들의 천박한 놀이이다. 진실로 붓을 들 만한 대상이 되지 못한다. 그러나 한가한 사람이 봄날 지루함을 견디지 못하여, 수수께끼나 골동을 가지고 노는 것 또한 심심풀이 중의 하나가 아니겠는가! 보는 이들은 용서하시라. 대개 또한 나의 우의 寓意가 담겨 있노라.[31]

인용문의 앞부분은 속된 문학을 한다는 비난에 대하여 흔히 볼 수 있는 방어의 논리라 할 수 있다. 그런데 우의가 담겨 있다는 말은 가볍게 보아 넘길 수가 없다. 우의가 있다고 했으므로 단순히 아이들의 놀이가 흥미로워 지은 작품은 아닌 것이다.

작품은 아이들이 나가 놀기 위해 아침밥을 급히 먹고 나가는 장면(제1수)에서부터 시작해서 구체적인 놀이 방법에 대한 설명(제2~5수), 아이들의 행위에 대한 생생한 묘사(제6~9수) 등으로 이어진다. 여기까지가 작품의 전반부라 할 수 있는데, 이 부분은 아이들의 행위에 대한 세밀하고도 생생한 묘사가 볼만하다. 제3수에서는 "'감초야!' '쇠돌아!' 서로 친하네"(苔通金石〔呼名〕好相憐)라 하여 서로 부르는 아이들

30_ 『동국세시기』東國歲時記에 의하면 돈치기는 다음과 같은 놀이이다. "땅을 파서 구멍을 만들고 어른이나 아이들이 편을 갈라 돈을 그 속에 넣고 큰 동전으로 그 구멍 안의 내기 물건을 맞힌다. 그리하여 맞힌 사람이 그 돈을 갖고 이긴 것으로 친다. 만일 잘못 맞혔거나 맞히지 못한 사람은 지는 것이다. 정월 보름날에 이 놀이가 더욱 성하다. 아이들은 혹 사금파리를 돈으로 삼아 던지기도 한다."(홍석모 저·이석호 역, 『조선세시기』, 동문선, 1991, 48면)
31_ 권23, 장32뒤. "俗所云打錢, 童戲也賤習也, 固不可挂筆. 閒人病春晝永, 俚謎汩董, 亦或消遣中一事否! 觀者恕之. 槪亦有寓焉."

의 호칭을 그대로 시어로 가져오고, 제7수에서는 "손바닥에 침 뱉으며 '이번엔 내가 네 돈을 먹겠다!'"(唾手吾今食汝錢)와 같은 토박이말의 구어 표현을 차용하기도 했다.

다음은 제8수로, 돈을 따려고 온 힘을 집중하는 아이들의 모습을 그리는 대목이다.

젖 먹던 힘까지 짜내니 하늘도 가상히 여기시어	吸乳力衰天所憐
철도 뚫고 또한 돌도 뚫겠네.	鐵當穿又石當穿
만일 이 노력을 돈으로 보상케 한다면	若教快償酬勞價
호조와 선혜청은 돈 만들어 대기 어려우리.	戶惠廳難繼此錢

기구의 '젖 먹던 힘까지 짜낸다'라는 우리말의 관용적 표현이 돈을 따기 위해 온갖 노력을 기울이는 아이들을 실감나게 보여준다. 전·결구에서는 옥수 특유의 해학이 발동하고 있다. 돈을 따기 위한 아이들의 노력을 돈으로 보상한다면 그 액수가 너무 커서 호조와 선혜청은 돈을 이루 다 찍어 내지도 못할 것이라는 이야기인데, 여기에는 당시 범람하던 악화惡貨 주조를 풍자하는 뜻도 담겨 있다고 보인다. 이처럼 옥수는 작품의 전반부에서 아이들의 생동하는 활기를 핍진한 표현들로 펼쳐 내고 있어 이 부분만을 따로 떼 내어도 한 편의 흥미로운 기속시가 되기에 손색이 없다.

제10수부터는 시선이 아이들로부터 주변으로 옮겨 간다. 아이들의 아버지들에게 충고를 하기도 하고(제10수), 놀이판에서 돈을 쓸어 가는 교동驕童이나 어수룩한 향동鄕童에 주목하기도 한다(제11, 12수). 그러다가 돌연 다음과 같은 상상을 삽입한다(제13수).

양반가의 아이들 혹 둔한 재주 딱하도다	班家童或鈍才憐
하늘천 따지 외우느라 책이 얼마나 닳았느냐.	天地玄黃冊幾穿
만약 이 놀이판에 데려다 놓는다면	此局假令相換置
정녕 반 푼도 따먹지 못하리.	丁寧不食半分錢

작품의 전반부에서 여항 아이들의 활달함에 대해 워낙 핍진한 묘사가 이루어졌기에 이 대목에 이르면 독자들의 마음속에는 여항 아이들의 영악한 모습과 양반 아이들의 어수룩함이 선명한 대조를 이루게 된다. 서문에서 말했던 '우의'는 이 부분에서부터 실마리를 찾을 수 있다. 그 우의가 무엇인지는 다음의 제18, 20수를 보면 분명해진다.

18
저 샌님네들 게으름 참으로 딱하도다	生員措大懶堪憐
팔짱 끼고 오두막집 냉골에 앉아 있지.	束手莔廬冷榻穿
어찌하여 저 아이들과 겨루어	何不去從童輩角
때때로 담뱃값이라도 뜯지 않느냐.	時時騙取買菸錢

20
조선의 선비들 과연 딱하도다	朝鮮士子果哀憐
간신히 의리 하나만 붙들고 있지.	義理艱辛一串穿
아이들 노는 곳을 기웃거림은	欲向兒童遊戲處
혹시나 명나라 동전이 있을까 해서라네.	其中或有大明錢

제18수는 양반층의 무능력에 대한 풍자가 하도 신랄하여 차라리 조롱이라 할 수 있고, 제20수는 조선 선비들의 공소空疎하기 짝이 없

는 대명 의리에 대한 풍자이다. 이 시가 창작된 1883년에는 개항기를 맞아 청나라 동전과 마제전馬蹄錢, 일본 은화, 그리고 멕시코 은화까지 들어오는 등 갖가지 화폐가 범람하고 있었기에[32] 명나라에 대한 향수를 잊지 못하는 선비들이 혹 명나라 동전도 섞여 있을까 하여 아이들 돈치기 하는 곳을 기웃거린다는 이야기이다. 여기까지 읽게 되면 그 우의가 무엇인지 분명히 드러난다. 옥수는 급변하는 현실에 전혀 적응하지 못하는 무능력한 조선 사대부 층의 대오각성을 준열하게 요구하고 있는 것이다. 옥수는 「타전리사」와 비슷한 시기에 지은 산문 「사민설」四民說에서도 어려운 시국을 맞이하여 제 역할을 하지 못하는 무기력한 사대부 계층을 통렬히 비판하면서 "나는 지금 사민四民이란 말에 분노하노니 어찌 농부, 장인, 상인으로 삼민三民이라 하지 않고 사민四民을 말하는가!"[33]라고 분노한 바 있다. 무능한 사대부 계층에 대한 옥수의 비판이 절실하다.

그런데 왜 하필이면 거리 아이들의 돈치기였을까? 물론 이는 사대부 층의 무기력함과 대비하기 위한 것이었으며, 또 마지막에 대명 의리를 이끌어 내기 위한 문학적 장치였다. 그러나 다만 이런 목적만을 위한 것이라고 보기에는 전반부의 묘사가 너무도 상세하고 생동감 넘친다. 예컨대 돈치기에 빠진 아이들의 아비들을 위한 충고라 할 수 있는 제10수와 교동驕童을 등장시키는 제11수를 다시 보자.

10
아이의 아비 된 자 너무 걱정들 마오   爲渠父者勿爲憐
이 장난 막는다고 다른 장난 안 하겠소.   此技嚴防別技穿

32_ 최호진, 『한국화폐소사』, 서문당, 1974, 175~180면 참조.
33_ 권30, 장31. "某竊有憤於今之四民, 胡不以農工賈, 作爲三民, 濫稱四民乎!"

| 벗들과 어울리매 생기도 발하고 | 好養同年發生氣 |
| 아울러 일찍부터 돈 귀한 줄 알게 되오. | 兼之早使重知錢 |

11
기웃기웃 약은 아이 얄밉기도 하여라	挑達驕童無足憐
새로 다린 두루마기 몸에 꼭 맞기도 하지.	周衣新熨稱身穿
틈을 타 밀치고 들어가 후딱 치고는	有時排衆翻然打
주머니에 한 움큼 따 가지고 나오네.	掘出囊中一掬錢

옥수는 돈치기 자체를 퍽 흥미롭게 관찰했던 것이 틀림없다. 약은 아이, 둔한 아이, 지게꾼, 나무꾼 등 돈치기 판을 어슬렁거리는 온갖 군상들을 묘사하면서 옥수는 탁월한 사실주의자적 면모를 보인다. 또 제10수에 보이는 충고는 어설픈 윤리에 연연하지 않는 현실주의자의 목소리이다. 이처럼 돈치기를 바라보는 옥수의 시선은 단순하지 않은 측면이 있는데, 그러한 옥수의 시선 자체에 더 깊은 작품의 뜻이 있는 것은 아닐까 하는 생각을 하게 된다. 옥수는 돈치기에서 '세상'을 보았던 것이며 조선 사회도 결국은 거대한 돈치기판인 '세계' 속으로 나아갈 수밖에 없음을 예감했던 것이 아닐까. 또한 여기에는 조선이 반 푼도 따지 못하는 어리석은 아이 같은 신세가 되어서는 안 된다는 우려도 담겨 있는 것이다.[34]

---

[34] 그러한 예감과 우려를 했다고 해서 옥수가 근대를 지향했던 것은 아니다. 「타전리사」를 짓고 2년이 흐른 1885년에 창작된 「북원의 망배례」(北苑 望拜禮 志感 _권25)를 보면 명나라 신종 황제의 은혜를 생각하며 눈물을 줄줄 흘리는 옥수의 모습이 등장한다. 사상적인 면에서 옥수가 죽을 때까지 대명의리론자였던 것은 분명한 사실로 보아야 할 것 같다. 다만 예민한 문학적 감수성을 통해, 변해 가는 현실은 그것대로 거짓 없이 포착했던 것이라 생각된다.

갑신정변(1884년 12월)이 일어난 이듬해인 1885년 봄에 지어진 7절 15수의 「죽지」(권25)는 당시 서울 거리의 모습을 옴니버스 식으로 엮어 놓은 작품이다. 물가의 폭등(제1수), 거리의 흉흉한 분위기(제2수), 인천과 동래의 동정(제4, 5수), 외국 군대가 활보하는 모습(제11수) 등 당시의 시대상을 여실히 보여주는 장면들이 담겨 있다. 다음은 거리의 분위기를 보여주는 제2수이다.

'누구일까', '누구란다' 거리는 슬렁대니	某某誰誰道路驚
초헌과 남여는 자취를 감추고 가마 행차뿐.	軺藍絕罕步轎行
펄렁대는 철릭은 풍채를 잃었고	翩翩貼裏無風勢
길가의 상여소리만 애달프구나.	最惜通衢三折聲

갑신정변은 개화파들의 삼일천하로 끝나고 말았지만 사회 전체의 불안감은 쉽게 가라앉지 않았다. 특히 정변을 주도했던 인물들의 가족은 고초가 매우 심했다. 옥수와 가까웠던 인물로 홍영식의 부친 홍순목이 손자(홍영식의 아들)와 함께 자결했으며, 박영효의 부친 박원양朴元陽도 자결했다. 또 주모자들의 친족들은 역적의 일가인 것이 수치스럽다 하여 동렬들이 항렬자를 바꿀 정도로 그 파장이 컸다.[35]

이 시는 이러한 당시 불안한 사회 분위기를 전하고 있다. 승구에 나오는 초헌과 남여는 조선 시대 고위 관료들이 이용하던 운송 수단

---

[35] 황현, 『매천야록』 권1. "정변의 주모자들은 모두 세신대족世臣大族 출신인데, 일시에 반역의 행위를 나란히 일으켰으므로 그들 일가들은 수치스럽게 여겨 항렬의 글자를 고쳤다. 김씨는 균均 자를 '규'圭 자로, 박씨는 영泳 자를 '승'勝 자로, 서씨는 '광'光 자를 '병'丙 자로, '재'載 자를 '정'廷 자로, 홍씨는 '식'植 자를 '표'杓 자로 다들 고쳤다."(諸賊, 皆世臣大族, 而一時奇逆駢出, 宗黨恥之, 改其行列之文. 金之均爲圭, 朴之泳爲勝, 徐之光爲丙, 載爲廷, 洪之植爲杓.)

으로, 덮개가 없는 것들이다. 이에 비해 가마는 벽과 지붕이 있어 안에 누가 있는지 알 수 없게 되어 있다. 초헌과 남여가 거리에서 사라지고 가마만 보인다는 것은 관료들이 얼굴을 드러내지 않으려 했다는 이야기일 것이다. 또 철릭은 조선의 무관들이 입던 군복인데, 여기서는 청군과 일본군에 밀려 제 역할을 못하던 조선 군대의 현실을 상징적으로 보여주고 있다. 결구는 정변의 와중에 목숨을 잃은 자들에 대한 장례가 줄을 잇던 광경일 것이다. 이처럼 제2수는 정변 이후 불안하고 암울했던 거리 풍경을 사실적으로 묘사하고 있는데 그중에서도 동요하는 서울 인심을 실감나게 보여주는 기구의 표현이 너무도 인상적이다.

다음 제11수는 갑신정변에 깊숙이 개입했던 청일 양국 군대에 대한 모습을 담고 있다.

당당한 저 군대의 날렵한 차림새	堂堂別隊袴桂行
청군과 일병을 보니 비로소 안목이 열리네.	淸陣日兵始眼明
분하게도 탁지부는 경비가 바닥나고	憤値度支經用屈
문서와 장부는 어찌나 번다한지.	文書置簿幾多名

앞의 제2수에서 보았던 조선 사람들의 위축된 모습과는 대조적으로 두 외국 군대는 당당하기 그지없다. 또한 철릭 입은 조선 군인의 '펄렁거림'(翩翩)과 외국 군대의 '날렵한 차림새'(袴桂: 통 좁은 바지와 상의)가 선명한 대조를 이룬다. 승구에서 '비로소'(始)라는 부사를 사용한 것으로 보아 옥수도 이 시기에 이르러서는 신식 군대의 필요성을 절감하게 되었던 것으로 보인다. 하지만 조정에는 그러한 사업을 수행할 만한 여력이 없다는 사실을 떠올리며 애통해하는데, 여기에는

조정의 비효율과 무능력을 비판하는 뜻도 담겨 있다.

　이처럼 이 시에 반영된 시대상은 암울하고, 그러한 상황을 바라보는 옥수의 시선은 다분히 절망적이다. 그런데 옥수의 절망감은 다음과 같은 식으로 표출되기도 한다(제13수).

할 일 없이 빈둥대도 입만은 호사하니	幫閒駘蕩口偏奢
주막집 모시조갯국 시원하구나.	紵蛤羹新賣酒家
손 뒤집어 코며 입술 쓱 훔치고 나와	翻手橫捫鼻唇出
걸쭉한 목소리로 타령조나 뽑아 볼까.	濃聲仍唱打楞歌

　표현과 시상이 모두 비속하다. 어려운 시대를 만나 그것을 타개해 보겠다는 의지는커녕 퇴영적 도피의 몸짓만 보인다. 그러나 이 구절이 그리 단순치 않게 느껴지는 것은 시절에 대한 걱정과, 아무것도 할 수 없는 무기력에 대한 자조自嘲가 한데 엉킨 비통함이 절절히 드러나기 때문이다.

　다음은 작품을 마무리하고 있는 제15수이다.

원예사에게서도 듣지 못했던 일	未聞前後橐駝家
2월에 수선화가 꽃을 피웠네.	二月水仙方始花
그놈들도 요즈음 인간사를 흉내 내는지	渠亦效人新事例
설천雪天도 마다 않고 만발하는군.	雪天不苦作繁華

　때 이른 수선화의 개화를 두고 노래한 것이지만 여기에도 풍자가 담겨 있다. 전구의 원문 '新事例'라는 말은 당시 개항 정국에서 추진되던 이런저런 사업들을 지칭한다. 그러나 그 일들이 옥수의 눈에는

엄동설한에 핀 수선화처럼 위태롭게 보였던 것이다.

옥수는 「죽지」에 이어 7절 3수의 「후죽지」도 창작했다. 제목에서 드러나듯 「후죽지」는 「죽지」의 후편이다. 「후죽지」는 「죽지」의 문제의식을 이어받아 국가의 위기를 목전에 두고도 제 살길만 도모하는 사대부들을 비판하는 데 초점을 맞추고 있다.

1
태평연월이 큰길가에 비친다며	太平烟月映門衢
팔짱 끼고 고상히 말하던 사대부들.	抱腕高談士大夫
별안간 집집마다 치산治産을 중히 여겨	忽地家家重治産
성안에는 도리어 몇 사람 없네.	城中還有幾人無

2
글이나 읽던 입들이 크게 난감했으리	讀書口裏大難堪
땔감, 쌀, 기름, 소금 등속 속된 말들 하느라.	柴米油鹽野俗談
모두들 말하네 낙향해야 좋다고	盡道落鄕然後好
그중에도 아랫녘 삼남 땅이 제일 좋다고.	那中尤好下三南

갑신정변이 당시 사대부 사회에 몰고 온 충격이 어떠했는지를 실감케 해 주는 내용이다. 정변이 일어나는 과정에서는 수구파들이 목숨을 잃고, 정변이 진압되는 과정에서는 개화파들이 목숨을 잃는 참상을 목도한 사대부 사회에서는 보신을 위해 낙향하는 자들이 속출했다. 이런 풍조에 대해 옥수는 신랄한 풍자로 야유를 보내고 있다. 특히 사대부들의 독서와 고담준론이란 것이 얼마나 위선적이고 쓸모가 없는 것인가를 통렬하게 비판하고 있다.

이처럼 「죽지」와 「후죽지」는 갑신정변 이후 서울의 세태를 대단히 사실적으로 그리면서 본분을 다하지 못하는 사대부들을 향한 비판 정신이 날카롭게 표현되어 있는 작품이라 할 수 있다. 「타전리사」와 함께 1880년대 격변기를 맞이한 서울의 모습을 노래한 기속시로서 문학사에서 비중 있게 다루어져야 할 것이다.

향촌과 변방의 풍정

옥수는 방대한 양의 한시 작품을 남겼지만 주로 서울에서 살았기에 농민시라든가 농촌의 풍물을 노래한 작품은 그 수가 상대적으로 적다. 하지만 지방관이나 유배객으로 서울을 벗어나 있을 때면 그곳의 민풍과 토속을 노래한 흥미로운 작품들을 창작했다. 1858년 의성현령으로 나갔을 때는 그곳에서 벌어지는 대보름 줄다리기 놀이를 「삭전가」索戰歌(권5)로 그려냈고, 1859년 강서현으로 유배 갔을 때는 그 지방의 민요를 「강서잡기」江西雜記(권6)로 담아내기도 했다. 같은 해 해배되어 파주 선영에 머물 때는 농민들의 노동을 묘사한 「타작」打作(권6) 등 일련의 노동요를 창작했다.[36] 또 죽지사체를 활용한 작품으로는 경주 지방에 대한 「금관죽지」金官竹枝(권17)와 의주에 대한 「용만죽지」龍灣竹枝(권23)·「추보용만죽지」追補龍灣竹枝(권24) 등이 있다.[37]

이러한 작품들은 그 양이 많지는 않으나 작품성에 있어서는 조선

36_ 권6, 「물레」(繰機); 「양계」養鷄; 「병아리 세 마리를 기르다」(畜三小鷄戲題); 「줄꼬기」(索綯); 「자리짜기」(織席); 「게 잡기」(撈蟹); 「식혜」食醯.
37_ 의주를 노래한 두 작품은 옥수가 서울에서 지은 작품들이다.

후기 여타의 기속시와 비교해도 전혀 뒤지지 않는 독창적 면모가 보인다는 점에서 이 작품들도 옥수 한시 문학의 중요한 성과로 자리매김해 줄 필요가 있다. 여기서는 「삭전가」, 「강서잡기」, 「용만죽지」를 중심으로 검토해 보도록 하겠다.

이 세 작품 가운데 가장 이른 시기에 창작된 「삭전가」는 장단 46구 301자로 이루어진 고시이다. 이 작품은 줄다리기의 구체적이고도 세세한 부분들까지 표현하고 있는데다 주석도 없어 작품 이해에 어려움이 많다. 그런데 옥수는 이 의성 지방 줄다리기에 대하여 자세히 설명해 놓은 「삭전해」索戰解[38]라는 산문도 창작했던바, 「삭전가」를 이해하는 데 큰 도움을 주고 있다. 수령과 관동官童의 문답 형식을 통해 놀이의 절차와 과정을 설명하고 있는 「삭전해」는 그 자체로 흥미로운 산문 작품이다.

「삭전가」는 대략 '놀이가 시작되기 전의 분위기', '줄을 만드는 광경', '줄다리기 시합의 이모저모', '마무리' 이렇게 네 부분으로 나누어 볼 수 있다. 작가의 주관이 최대한 배제되고, 놀이의 구체적 모습에 대한 사실적 묘사가 주로 구사되고 있다. 예를 들어 줄을 만드는 광경을 묘사한 대목을 보면 다음과 같다.

너는 짚을 갖고 세로로, 나는 칡을 갖고 가로로	爾藁而縱我葛橫
이리 꼬고 저리 엮으면 줄 만들기 끝나네.	絢索編索索功訖

[38] 권30, 장44뒤. 「삭전해」는 제목에 을유년(1885)에 지었다고 명기되어 있다. 그렇다면 「삭전해」는 「삭전가」를 짓고 나서 27년이 지난 뒤에 지은 것이다. 그런데 「삭전가」는 『옥수집』에 두 번 나온다. 1858년에 지은 시들이 묶인 권5와, 1885년에 지은 시들이 묶인 권26에 똑같은 내용으로 실려 있다. 아마도 옥수는 1885년에 「삭전가」를 다시 보고 해설이 필요하다고 느껴 「삭전해」를 지었던 것인데, 그 과정에서 「삭전가」가 그해에 지어진 시들 속으로 잘못 끼어 들어간 것이 아닌가 추측된다.

십 리 밖 오 리 밖에서부터 줄 맞아들이니	十里五里迎索來
땅에 서리고 하늘로 솟구치는 환호의 함성.	蟠地沸天歡聲颺

줄다리기에 쓰이는 줄은 "두께는 몇 십 뼘인지 알 수 없고, 길이는 몇 백 발인지 알 수 없어 옆에서 보면 평평한 들에 일자의 산이 서려 있는 것 같은"[39] 모양이었다. 그러니 그 거대한 줄을 만드는 과정도 줄다리기 놀이의 중요한 부분이었음을 알 수 있다. 짚과 칡을 가지고 이리저리 움직여 줄을 만드는 사람들의 구체적 움직임에 대한 사실적 묘사가 탁월하다.

다음은 줄다리기가 한창인 광경이다.

한 무리 탈을 쓰고 일제히 박수를 치네.	卄隊假面拍手齊
북쪽은 남편이 되고 남쪽은 아내가 되어	北爲夫兮南作妻
아내가 사자처럼 굳세거니 남편인들 허약하랴.	妻健如獅夫豈弱
흰 깃발은 재앙을 없애며 개가죽도 가져가네.	素旗壓祥狗腹攜
양편의 대장들 서로 '저 수괴놈'이라 부르며	兩部英雄渠魁喚
사람들 웃고 떠드는 소리 끝없이 이어지네.	人笑人聲沒端倪
(중략)	(중략)
"우습구나 우스워	可笑乎可笑乎
연못의 올챙이, 처마 밑의 제비가 가련하구나."	池蚪簷鷇憐
"아이쿠나 아이쿠	嗚呼嗚呼
여자 치마에 담긴 돌 움직일 수가 없네."	女裙之石不可轉

39_ 권30, 「삭전해」. "索之大不知幾十圍, 長不知幾百丈, 縱而見, 若一字山鑌於夷敵之野."

이 부분은 「삭전해」를 참고해야 이해할 수 있다. 관련된 부분을 인용하면 다음과 같다.

각 편에는 탈을 쓴 자들을 무리 앞에 세워 위엄을 떨친다. 북쪽이니 남쪽이니 하는 것은 두 편으로 나눔이다. 군진을 펼쳐 '대장님'이라 호칭하는 것은 용기를 북돋움이고, 적을 깔보며 '저 수괴놈' 하는 것은 기세를 꺾음이다. 한 사람 한 사람 가리키며 '저놈은 연못의 올챙이, 이놈은 처마 밑의 제비새끼'라 하는 것은 비유하고 지껄여 격동시킴이다. 침을 퉤퉤 뱉고 손바닥을 짝짝 치며 소리 높여 다함께 '우습구나 우스워'라 외치는 것은 장난치며 좋아하는 것이고, 희롱하고 욕을 보임이다. 한 무리의 허약한 남자들이 갓끈을 묶고 허둥대는데, 여자들은 돌을 품어 육중하다.[40] 줄에서 죽을 것이라 맹세하면 다른 편이 깔보며 '개가죽 배, 개가죽 배' 하는데, 두 편이 깔깔거리며 일시에 큰 웃음이 터져 조수가 밀려오고 산이 무너지듯 한다.[41]

놀이 현장의 걸쭉한 육성들이 그대로 들리는 듯하다. 인용시의 하단부에서 불규칙한 장단구를 운용한 것은 이러한 놀이판의 목소리들을 직접 인용하는 듯한 효과를 내려는 의도라고 생각된다. 워낙 현장성을 중시한 묘사를 이어 갔기에 「삭전가」 본문만으로는 구문을 이

40_ 줄다리기에서는 여자 편이 이겨야 그 해에 풍년이 온다고 여겼기에, 여자 편이 이기도록 하기 위하여 돌을 품고 있었던 것이다.
41_ "各具假面於隊首以威之, 其辭曰北部也, 南部也者, 分以二也. 張軍而呼英雄者, 賈其勇也; 輕敵而斥渠魁者, 殺其氣也. 數之曰, 彼污地之蝌蚪, 此屋檐之鷇子者, 設譬遊諜而激之也. 唾吒吒掌拍拍, 斋然連聲道'可笑乎可笑乎'者, 嬉而樂之, 譃而辱之也. 一部弱男子纓冠而急, 女子懷石而重. 誓畢命于索上, 則一部驕之曰, '狗皮腹狗皮腹' 兩索人發呵呵, 一時大笑, 潮騰山崩."

해할 수 없으며, 이를 풀이한 「삭전해」도 오늘날 독자들에게는 낯선 대목들이 곳곳에 있다. 그러나 서로 기세를 올리며 상말을 주고받다가도 다함께 웃음바다를 이루는 모습에서 민중들의 건강하고 활달한 에너지가 여실히 표현되고 있음은 분명히 느낄 수 있다.

그런데 이 작품이 이렇게 흥미로운 작품이 될 수 있었던 데에는 대부분의 조선 후기 세시풍속 시들이 활용했던 7절 연작 형식에서 탈피했다는 점이 큰 작용을 하였다. 비교를 위해 홍석모洪錫謨(1781~1857)의 「도하세시기속시」都下歲時紀俗詩 중 '삭전'을 제시해 보면 다음과 같다.

한 아름 되게 짚과 칡을 꼬아	藁索葛絢大可圍
서로 끌고 당기며 풍년을 기원하네.	互相牽引歲豊祈
또 횃불싸움과 차전으로 풍흉을 점치는데	且用炬車徵穰歉
싸움을 좋아하는 우리 풍속을 시로 노래하네.[42]	好戰鄕風採入詩

칠언절구 28자의 고정된 틀 속에 담아내기 위해 간략한 설명을 하는 데 그치고 있음을 볼 수 있다. 이에 비해 옥수의 「삭전가」는 글자 수와 구 수를 신축적으로 운용할 수 있는 고시 형식을 활용함으로써 자세한 묘사를 하고, 아울러 준비 과정, 승부를 겨루는 모습, 결말로 이어지는 서사적 구성을 취할 수 있었기에 위와 같은 성취를 이룰 수 있었다고 하겠다.

7절 11수의 「강서잡기」(권6)는 평안도 강서현의 민요를 한역한 작품이다. 민요와 한시의 교섭은 한국문학사에서 일찍부터 주목받아 왔

---

[42] 이관성, 「도애 홍석모의 한시 연구」, 고대 석사 논문, 2003, 125면에서 재인용.

던 연구 분야이다.[43] 민요와 한시의 교섭은 한시가 민족문학적 성격을 담보하게 되는 데 큰 계기가 되었으며 또한 구전문학인 민요의 자취를 더듬어 볼 수 있는 자료를 제공하기도 하였다. 옥수의 「강서잡기」도 이를 통해 19세기 중반 강서 지방 민요의 체취를 느끼게 해준다는 점에 그 의의를 부여할 수 있는 작품이다. 서문을 보면, "나무꾼과 농부들이 흥얼거리는 소리가 날마다 귀에 쟁쟁한데 무슨 뜻인지 알 수가 없어 마을 아이를 시켜 그 가락을 평탄히 하고 가사를 풀이하도록"[44] 한 다음 그 내용을 한시로 옮겼음을 밝히고 있다. 마을 아이에게 해설을 하도록 한 다음에 한역을 한 과정이 특이하고, 민풍을 살핀다거나 하는 목적의식을 내세우지 않고 있는 점도 눈길을 끈다. 내용은 여인의 염가艷歌인데, 다음의 세 수가 특히 흥미롭다.

6
별 같은 밥그릇을 구름 같은 광주리에 담아   如星飯器如雲筐
달덩이 같은 나, 님 보러 왔는데   如月儂今來見郞
님 만날 생각에 마음이 들떠 설랑   來見郞時心便促
한 쌍 수저를 깜빡하였네.   一雙匙箸自遺忘

8
이윽고 동쪽 언덕 달 떠오른다   少焉東嶺月初出
내 님이 왔는가? 신발 끄는 저 소리.   歡到門時曳履聲

43_ 이동환, 「조선후기 한시에 있어서 민요취향의 대두」, 『한국한문학연구』 3~4합집, 1978·1979가 나온 이래로 이 분야에서는 상당한 연구가 축적되었다. 그간의 연구사는 조동일, 『한국문학통사』 3, 지식산업사, 1994, 243~262면; 최내남, 「조선후기 민요의 실상과 한시의 민풍 수용」, 『장르교섭과 고전시가』, 월인, 1999에 체계적으로 정리되어 있다.
44_ 권6, 장23앞. "樵農嘔啞, 日昵昵盈耳. 但不可曉, 使村兒, 潤其節, 釋其辭, 乃驟括演成雜諧."

| 부탁한다 삽바리야 짓지 말거라 | 分付獡兒休使吠 |
| 밤 사람 오다가 놀래시겠다. | 夜人蹤跡易堪驚 |

9
누각에서 노름하며 밤새 등불 켜 놓으니	高樓博塞夜燈張
반달 같은 미인 옆에 보름달 같은 님.	半月佳人滿月郎
노름은 괜찮지만 풍악은 나빠	博塞猶賢管絃惡
풍악엔 으레 치마폭이 따라붙는걸.	管絃多在繡裙傍

작가의 목소리는 전혀 개입하지 않고 전적으로 여성 화자에 의해 시상이 전개되고 있다. 그 정서는 소박하고 꾸밈이 없다. 또한 자신의 연정戀情을 부끄러워하거나 감추지도 않아 구김살을 찾아볼 수 없다. 「강서잡기」는 「삭전가」와 마찬가지로 민중들의 활달하고 건강한 정서를 가감 없이 표현하고 있다는 점이 돋보이는 작품이다.

그런데 「삭전가」와 「강서잡기」는 하층민의 건강한 정서를 담고 있기는 하지만 작품의 배경이 되는 시대성을 느끼기는 어려운 작품이다. 이는 이 시들이 농촌 사회를 배경으로 한다는 점에 기인할 것이다. 이에 비해 국경도시인 의주를 대상으로 한 「용만죽지」(권23)는 지방 풍물과 아울러 시대성이 풍부히 담겨 있다는 특징을 보이고 있다. 「용만죽지」는 7절 20수로 이루어져 있으며 다음과 같은 서문이 있다.

김창산金倉山이 의주의 부윤이 되어 죽지사 25첩을 지었는데 '풍인'風人의 뜻을 깊이 얻었다. 내가 읽고 감탄하여 이에 20첩을 짓는다. 제목은 그대로 따르지만 운자는 따르지 않으니 또한 시인들이 이렇게 하기도 하는 것이다.[45]

김선의 손자인 창산 김기수는 1883년 의주부윤이 되었는데,[46] 그때 「용만죽지」라는 작품을 지었음을 위 서문은 전하고 있다.[47] 옥수는 그 작품을 읽고 시심이 발동하여 자신도 같은 제목의 작품을 지은 것이다. '풍인'의 뜻을 얻었다 함은 『시경』의 예를 따라 그곳 민풍을 잘 반영했다는 말이다. 제목은 차용하되 운자는 차용하지 않은 것은 자유롭게 시상을 전개하는 데 방해를 받지 않기 위한 까닭이었을 것이다.

「용만죽지」의 전체적인 구성을 보면 제1수에서 4수까지는 당대 의주의 풍정을 개략적으로 제시하고 있고, 제5수부터 8수까지는 각각 '선조 임금의 행차', '고구려의 재상 을파소', '임경업 장군', '병자호란 때 청나라에 대항했던 칠의사七義士' 등 의주와 관련된 고사를 언급하고 있다. 제9수부터 19수까지는 다시 현재 의주의 이모저모를 그리고 있고, 제20수에서는 "새로운 죽지가에 창화한 이는, 팔십 먹은 늙은이 조옥수라네"(竹枝新調能相和, 八十翁今趙玉垂.)라는 구절로 작품을 마무리한다.

개항 이전의 의주는 조선이 외부와 소통하는 가장 중요한 창구였다. 우리나라와 중국의 사신들이 드나드는 길목이었고, 양국 간의 무역이 이루어지는 통로였다. 그런데 옥수가 이 작품을 지을 즈음에는 개항으로 그 위상에 변화가 생길 수밖에 없었다. 옥수의 「용만죽지」는 바로 그러한 시기의 의주 풍경을 그리고 있다. 다음의 제1수와 2수

45_ 권23, 장16앞. "金倉山以龍灣尹, 作竹枝二十五疊, 深得風人之旨. 玉垂讀而敬之, 乃以二十疊, 用題不用韻, 亦詩詞家故事."
46_ 『승정원일기』, 고종 20년 5월 3일 참조.
47_ 김기수의 문집은 아직 발굴되지 않은 상태이기에, 김기수의 「용만죽지」가 어떤 작품인지는 알 수 없다. 그런데 옥수의 「용만죽지」는 1882년에 지어진 작품들과 함께 편차되어 있다. 아마도 『옥수집』을 편집할 때 오류가 있었던 것으로 보인다.

는 의주가 이제 예전의 의주가 아님을 밝히며 작품을 시작하고 있다.

1
남쪽 배 끊이질 않고 북쪽 배 지나가며　　　南船不斷北船過
만경창파에 황금을 흩뿌리누나.　　　　　　散擲黃金萬頃波
변새의 풍운도 이제는 그 모습 달라지고　　絶塞風雲今變態
기방에선 새로운 죽지가를 부르네.　　　　　教坊新譜竹枝歌

2
통군정 아래로 푸른 강물 흐르고　　　　　　統軍亭壓綠江流
백마성 앞으론 광야가 닿아 있네.　　　　　　白馬城臨大野頭
이십오현 연주하는 보름달 밤　　　　　　　　二十五絃圓滿月
곱게 꾸민 기녀가 시름겨워하는구나.　　　　紅粧仕女不勝愁

　제1수는 조선 연해를 찾는 외국 선박들이 늘어났음을 묘사하고 있다. '황금을 뿌린다'는 것은 이들이 상업적으로 크게 흥성하고 있음을 비유적으로 표현한 것이다. 조선은 이제 의주가 아닌 이 배들을 통해 외부와 소통하게 되었음을 말하고 있다. 주석을 보면, "근래에 배가 온 이후로 의주의 엄했던 방비가 예전 같지 않다"[48]라고 하여, 조선에서 가장 중요한 국경도시로서의 위상이 퇴색하고 있음을 설명하고 있다.
　제2수의 주석은 "형승은 의구하되 번화함은 예전만 못하다"[49]라

48_ 권23, 장16앞. "近日船來後, 灣府戎政之嚴, 非復昔時."
49_ 위와 같은 곳. "形勝依舊, 繁華非昔."

고 되어 있다. 통군정과 백마산성 같은 옛 유적은 변함이 없건만 기방은 예전의 흥성함을 찾아볼 수 없다는 의미이다. 개항이 되면서 의주가 국제무역에서 차지하는 비중이 현저히 낮아지고, 그에 따라 지역 경기가 침체되어 갔음을 알 수 있다. 그렇게 의주의 모습이 변모해 가니, 의주를 노래하는 죽지사도 바뀔 수밖에 없어 기방에서는 새로운 「용만죽지」를 부른다는 것이다.

다음의 제4수와 10수, 17수는 의주의 변모상을 좀 더 구체적으로 그리고 있다.

4
장계 올리려 달리는 저 말	陪持馬躍渺(缺)
스물네 시간 안에 당도할 수 있다네.	時刻停當卄四前
국경의 보고報告 지금은 어디가 중요한가?	邊報如今重何地
역참을 인천으로 옮김이 마땅하리.	合邊撥所置仁川

10
포삼별장들의 머리 터지는 경쟁	包蔘別將碎頭爭
신택○·이여흥이 가장 이름 있었지.	申李當年最有名
요즘의 쓸쓸함은 무슨 운수일런가	近日蕭條何氣數
의주 사람들 아직도 임상옥을 이야기하네.	府人尙說林龜城

17
의주는 이윤을 얻고자 통상을 중시하는 곳	灣州業利重通商
동지사 떠날 때면 열 배는 흥성거렸지.	年使興成十倍常
각국 사람 몰려와 날마다 개항을 하니	各國人來日開港

| 앞으론 너희들도 위태롭겠구나. | 前頭爾輩亦蒼茫 |

제4수 기구의 마지막 두 글자가 결락되었으나, 주에 "장계를 올리는 파발은 스물네 시간 걸려 서울에 도달한다. 국경의 보고는 중요한 것인데 지금 서쪽 변방의 중요성은 바다를 방비함에 미치지 못한다"[50]고 되어 있으므로 그 내용을 대략 짐작할 수 있다. 원래 의주는 국방의 요충지이므로 의주에서 서울로 이어지는 파발도 매우 중시되어 왔다. 하지만 이 시기에 들어서는 이미 서해안에서 두 차례의 양요를 겪고 또 청나라나 일본의 함선이 인천 등지를 통해 들어오는 경우가 많으므로 해방海防을 위해서는 인천 방면의 파발이 더욱 중요해졌다는 것이다.

그런데 승구의 '스물네 시간'이란 표현에 주목하게 된다. 이것은 전통적인 '12지지'식 시간 표현법이 아니라 서양식 계산법인 것이다. 이는 서양 시계의 보급과 밀접한 관련이 있을 터인데 「용만죽지」가 반영하는 시대상을 단적으로 보여주고 있다. 서양 문물이 일상생활의 깊숙한 부분에서 변화를 가져오고 있음을 보여주고 있다.

제10수와 17수는 의주 '만상'灣商을 다루고 있다. 만상들은 전통적으로 조청무역에 적극 참여하여 이익을 취했다. 특히 철종 대에 들어와서는 이들이 '포삼별장'包蔘別將의 지위를 획득하여 홍삼 무역의 주도권을 쥘 수 있었다. 포삼별장이란 연행에 참여하여 홍삼 무역을 담당하는 이외에도 홍삼 밀무역을 감시하고 단속할 권한을 부여받은 상인을 말하는 것으로, 여기에는 막대한 이권이 걸려 있었다.[51] 제10

---

[50] 권23, 장16뒤. "陪持發馬, 以二十四刻, 達于京. 邊報重也, 今西邊之重, 不及海防."
[51] 이철성, 「19세기 전반 포삼무역包蔘貿易 전개 과정과 서로상인西路商人」, 『동서사학』 5, 한국동서사학회, 1999 참조.

수의 주석에서는 "지난날 신택ㅇ·이여흥 두 사람이 모두 포삼별장으로 집안을 일으켰다. 구성군수 임상옥은 의롭게 재물을 흩음에 있어 근래의 으뜸이었다"[52]라고 설명을 달아 놓았다. 임상옥(1779~1855)이 죽은 지 20여 년의 세월이 흘렀는데도 여전히 의주 사람들에게 칭송된다는 것은 임상옥 당시의 호경기를 그리워하는 마음이 투영된 것으로 보아야 할 것이다.

그런데 의주가 이렇게 차차 퇴락해 가고 있었지만 과거의 흥청거리던 분위기가 아주 없어진 것은 아니었다.

9
얼음처럼 맑고 옥처럼 고결한 명성으로	冰淸玉潔好名聲
벼슬길도 당당히 만 리 길을 나섰더니	雲路堂堂萬里程
금석산[53]의 광채가 시력을 앗아갔네	金石山光奪眼去
다시 누가 이전의 밝음을 되돌려줄까.	更誰能保前時明

15
술은 촉 지방 소춘, 안주는 계화충	蜀燒按酒桂花蟲
기생 옥희네 촛불도 붉어라.	玉校書家繡燭紅
천금인들 아까우랴 하룻밤이 중요하니	輕視千金重一夜
서리들이 기방에서 당직을 서는구나.	隨廳上直洞房中

52_ 권23, 장17앞. "昔年申澤ㅇ·李汝興兩人皆以包蔘別將致家, 林龜城尙沃仗義疎財, 爲近古之最."
53_ 금석산은 의주에서 북쪽으로 멀지 않은 곳에 있는 산이다. 여기서 '금석산'이란 명칭은 실제 금석산과 '황금'에 대한 비유적 의미를 함께 갖고 있다.

제9수에서는 옥수 특유의 풍자가 발동되고 있다. 주석을 보면, "근년에는 합안전閜眼錢이 부윤 한 사람에게 폐해가 된다"[54]고 되어 있다. '합안전'이란 부정을 눈감아 주는 대가로 받는 돈을 뜻한다. 아무리 훌륭한 명성을 가진 이라 하더라도 의주로 한번 벼슬을 나오게 되면 각종 이권에 눈이 멀어 타락하게 된다는 풍자이다.

제15수는 의주의 유흥 문화를 그리고 있다. 주석을 보면, "기생집에서 손님을 맞을 때 계화충을 안주로 내놓는데, 이는 서울 바깥에서는 하기 어려운 바다. 동헌의 서리도 귀하게 맞으니 그 인심이 가소롭다. '기생'은 요즘 춤을 잘 춘다는 옥희를 말한다"[55]라는 설명을 달아 놓았다. 기·승구에 보이는 '소춘', '계화충' 등의 고급술과 안주라든가, 당시 이름을 날렸다는 기생 '옥희'의 이름이 등장함으로써 의주 기방의 호사스런 분위기가 실감나게 표현되고 있다.

그런데 「용만죽지」가 의주의 부정적인 모습만을 그리고 있는 것은 아니다. 의주가 과거의 영광을 간직하고 있던 모습이 제13수에서 그려지고 있다.

관등절과 단옷날 놀며 즐길 때면	燈夕端陽遊樂年
사람마다 우리의 조선을 자랑하네.	人人誇道我朝鮮
조선은 의주의 흥성함이 있기에	朝鮮能有龍灣盛
비로소 관등절과 단옷날을 사랑할 수 있도다.	燈夕端陽始可憐

주를 먼저 보면, "조선의 관등절과 단오절 놀이는 서울 이외 큰

---

[54] 권23, 장17앞. "近年, 閜眼錢, 爲府尹一人弊."
[55] 권23, 장17뒤~18앞. "妓家接賓, 按酒以桂蟲, 此京外之所難也. 猶以東軒隨廳爲貴, 人情可笑. 玉校書卽當今善舞之玉姬云."

도회지들도 모두 말할 만하지만, 의주가 가장 성대하다"[56]고 되어 있다. 전국에서 가장 성대하게 행사를 치른다는 것은 그만큼 지역 경제가 활발함을 의미할 것이다. 그래서 사람들은 그 성대한 놀이에 참여하며 '조선인'으로서의 자부심을 느꼈다고 전하고 있다. 그런데 이렇게 조선이란 말이 강조됨에 주목하게 된다. 의주 사람들이 이처럼 조선을 강조한 것은 의주가 중국과 국경을 맞대고 있는 지역이었음을 반영하는 것이라 여겨지며 중국 이외의 외국들이 뚜렷이 의식되기 시작한 시대 의식으로도 볼 수 있을 듯하다.

이상에서 향촌의 모습을 그린 「삭전가」, 「강서잡기」와 변새의 풍정을 그린 「용만죽지」를 살펴보았다. 이 작품들은 모두 옥수의 손끝에서 나온 것이지만 그 분위기는 서로 퍽 다르다. 앞의 두 작품이 민중들의 건강함을 발랄하게 그려냈다면 「용만죽지」는 개항 이후 쇠퇴해 가는 의주의 풍경을 약간은 쓸쓸한 정조 속에 담아냈다. 19세기 조선 사회의 상이한 단면들이 옥수의 솜씨에 의해 각각 적실한 표현을 얻었다고 평할 수 있겠다.

---

[56]_ 권23, 장17뒤. "朝鮮燈夕端陽之遊, 京外大都會, 皆足可言而龍灣甚盛."

6
서구 열강에 대한 항전의 의지

병인양요와「서사잡절」

옥수는 허위의식을 경계하고 청빈의 실천을 통해 사士로서의 본분을 지키려 노력했다. 누차에 걸쳐 현실 대응력을 상실한 사대부 계층의 무능력과 무책임을 신랄하게 비판했으니, 옥수는 자신을 포함한 사대부들의 맹성을 촉구한 것이다.

그러한 옥수의 사 의식이 가장 전면적으로 표출된 분야가 바로 우국시이다. 옥수가 살았던 19세기는 서세西勢의 침투가 본격화되며 조선의 안위를 위협하는 사건들이 연이어 발생하던 시기였다. 그러한 사건들이 일어날 때마다 옥수는 사士로서의 우국정신에 충만하여 자신의 견문과 소회를 담은 우국시들을 창작했다. 제너럴셔먼호 사건(1866),[1] 병인양요(1866),[2] 오페르트 도굴사건(1868),[3] 신미양요(1871),[4] 강화도조약(1876)[5] 등과 같은 중대한 역사적 사건마다 옥수는 우국시

---

[1] 이때 옥수는「聞箕營按使期殲洋舶」(권11),「浿江夷舶燒殄人情可見」(권12)을 지었다.
[2] 「西事雜絕」(권11);「中秋夜」,「九月八夜」,「滿城風雨近重陽」,「登高」,「夜坐」,「大風登北山」,「夜坐」(권12)
[3] 「殲勦邪種」,「邪種今正法快哉 然其不悟而至此者 足可爲世之愚惑者可悲 詩以論之」(권13)

를 남겼고 개항 이후에도 시시각각 밀려드는 외세에 대한 위기감과 고민을 담은 시들을 다수 창작했다.[6]

그런데 그 우국시들 가운데 병인양요와 신미양요를 총체적으로 노래한 「서사잡절」西事雜絶(권11)과 「후서사잡절」後西事雜絶(권15)은 그 규모나 문학적 성취, 또 자료적 가치에서 단연 으뜸이라고 할 수 있으며 나아가 전체 옥수 시문학에서도 가장 중요한 성과로 꼽을 수 있다.

「서사잡절」을 처음 발굴하고 학계에 소개했던 선행 연구는 「서사잡절」이 "생생한 묘사"와 "날카로운 풍자"를 통해 "우국정신과 비판적인 시각에서 병인양요 기의 실상을 증언"한 "시사詩史의 걸작"이라 평가했다. 또 이 연구는 「서사잡절」의 내용이 역사적 사실과 부합하는지 세밀히 검토하고, 작품의 성과와 한계에 대해서도 신뢰할 만한 논평을 가하고 있어, 「서사잡절」 연구의 기반을 마련했다고 할 수 있다.[7] 여기서는 선행 연구의 성과를 토대로 작품 전체의 내용을 개괄하고, 비교적 소략하게 다루어졌던 서술 수법을 중심으로 논의를 펴고자 한다.

7절 45수로 이루어진 「서사잡절」은 병인양요의 발발 원인, 프랑스 함대의 1·2차 침입 과정, 이에 대한 조선 측의 대응, 사건의 결말

4_ 권15, 「後西事雜絶」
5_ 「倭船請大官相接 廟議尙未歸一 誠可異也 是何嘗疑劫事 可歎」, 「悶悶」, 「日使定約返櫂 幷小識」(권19)
6_ 「贈別德源府使金倉山幷小識」(권21); 「痛哭」(권23); 「快子歎」, 「至月吉曉 附小識」(권24); 「燕市烟壺西天成 製度又變 今人多不識堯天成」, 「倭製」, 「各國人 齊會于禁衛營 張樂 觀項莊舞」, 「慎詩」, 「慎市」, 「幽慎」(권26)
7_ 김명호, 「옥수 조면호의 〈서사잡절〉 전후편에 대하여」, 『고전문학연구』 20, 한국고전문학회, 2001 참조. 또 이 논문은 「서사잡절」이란 제목의 '서사' 西事가 1차적으로 양요가 서해에서 일어났음을 가리키지만, 송나라 때 서하西夏의 침입에 직면하여 한기韓琦와 범중엄范仲淹이 서북 변경을 안정시켰던 '서사'란 뜻도 포함하고 있음을 밝히고 있다(313면).

등을 시간 순서에 따라 그려 낸 장편 '시사'詩史[8]이다. 각 수마다 자세한 주가 달려 있고 앞머리에는 창작 동기와 방법을 밝힌 간략한 서문이 있다.

> 병인년(고종 3년, 1866) 8월 서양 배가 한강에 들어와 서울에 큰 소동이 나더니, 9월에는 강화도가 마침내 함락되었다. 애초에 싹을 제거하지 않았다가 큰 환란을 초래한 것이다. 이에 한탄스러워 공문서와 항간의 소문을 수집하여 엮고 나의 소견을 덧붙여, 손길 가는 대로 시를 짓고는 이름 붙이기를 '서사잡절'이라 했다.[9]

서울에서 일어난 큰 소동은 중국 주둔 프랑스 함대의 로즈 제독이 본격적인 원정에 앞서 정찰을 목적으로 군함 3척을 이끌고 한강의 서강 부근에까지 올라와 무력시위를 하고 돌아간 '1차 침입'을 말한다. '9월' 이하의 대목은 로즈가 다시 군함 7척을 이끌고 와서 강화도를 점령했다가 정족산성 전투의 패배 이후 퇴각했던 일을 말한다. 그리고 '애초의 싹'은 국내의 천주교도들을 말하는 것으로 옥수는 천주교도들이 내부에서 프랑스 군대에 호응했다고 보고 있는 것이다. 천주교도를 포함한 '서세'에 대한 강한 적개심이 창작 동기라 할 수 있겠고, "공문서와 항간의 소문을 수집하여 엮고 나의 소견을 덧붙였다"는 것은 창작 방법이라 할 수 있다.

선행 연구는 「서사잡절」을 크게 세 단락으로 나누었다. 병인양요

8_ 시사詩史는 "당대 사건이나 현실을 핍진하게 형상화한 시"를 뜻한다(심경호, 「한국한시와 역사」, 『한국한시의 이해』, 태학사, 2000, 29면).
9_ 권11, 장49앞. "丙寅初秋, 洋舶入京江, 都下繹騷. 九月, 江都乃陷, 兩葉斧柯, 馴致堅氷. 于是可悗, 拾綴公文及塗說, 附以蕘啓, 隨手入筆, 命之曰, 西事雜絶."

발발을 예고하는 징조들을 다룬 제1~4수가 첫째 단락, 1차 침입을 다룬 제5~16수가 둘째 단락, 2차 침입을 다룬 제17수부터 끝까지가 셋째 단락이다. 이 구분에 따라 작품 전체를 개관해 보면 다음과 같다.[10]

⬜1 병인양요의 배경(1866. 1~1866. 4)[11]

제1수 프랑스 주교 장경일張景一(베르네)과 천주교도 남종삼南鍾三 등을 처형(고종 3년 1월). 이에 따라 청조淸朝에서 프랑스가 침략할 것임을 알려주는 자문咨文을 보내옴.

제2수 강화도 인근에 양선(독일 상인 오페르트 일당)이 출현.

제3수 조정에서는 통역 방우서方禹叙를 보내 탐문함. 양선은 통상을 요구했으나 조선 측은 거절함.

제4수 양추洋酋 최난헌崔蘭軒(토마스 목사)이 대동강에서 죽임을 당함(제너럴셔먼호 사건, 4월).

⬜2 1차 침입(1866. 8. 10~8. 23)

제5수 프랑스 함대가 강화도 인근에 출현.

제6수 조선 측에서는 훈련중군 이용희李容熙를 보내어 막도록 함. 시정인 이우혁李禹赫이 자원하여 양선에 들어가 담판을 벌임.

제7수 프랑스 함대가 서강西江까지 진출. 구경꾼들이 몰려듦.

제8수 양선에 여러 남자와 세 명의 여자가 관측됨. 여자는 한복을 입음.

10_ 이하에서 작품을 분석하는 데 필요한 역사적 사실은 대부분 김명호, 『초기 한미관계의 재조명—셔먼호 사건에서 신미양요까지—』, 역사비평사, 2005를 참고했다.
11_ 날짜는 음력을 기준으로 했다.

제9수	요인妖人 이정천李正天이 양선을 잡아오겠노라 호언하며 출전. 아무 효과 없었음.
제10수	양선이 한강에서 좌초.
제11수	조선에서는 화공을 준비했으나, 적이 미리 정탐하여 실패.
제12수	양선에는 한간漢奸(중국인) 동간東奸(조선인)이 있었음. 양선 물러감.
제13수	민심이 크게 동요함. 천주교도들이 내통했을 것으로 의심됨.
제14수	호남 유신 기정진奇正鎭이 올린 척사 상소 칭송.
제15~16수	양이에 대해서는 철저히 대비하고 있어야 한다는 논설.

③ 2차 침입(1866. 9. 8~10. 20)

제17수	강화도가 함락됨. 서울 양반가에선 피난 소동이 일어남.
제18~19수	강화도에 모신 숙종과 영종의 어진御眞이 허겁지겁 서울로 이봉됨.
제20수	아무런 조치도 취하지 않은 강화유수 이장렴李章濂 비판.
제21수	적이 오자 황망히 도주한 통진부사 이공렴李公濂 비판.
제22수	나아가 싸우지 않는 중군 이용희 비판.
제23수	역시 나아가 싸우지 않는 총융사 신관호申觀浩 풍자.
제24수	인재 부족에 대한 한탄.
제25수	송경松京 방어에 치중하고 연해 방비를 소홀히 했던 정책에 대한 비판.
제26수	승군僧軍이 조직됨. 그러나 사람들의 신뢰를 받지는 못함.
제27수	권율權慄 장군의 후손 권용權鎔이 행주로 출정.
제28수	노대신 홍재철洪在喆이 위무사慰撫使가 되어 독려함.
제29수	전장신前將臣 이경순李景純이 출정을 자원함. 허락되지는 않

	았으나 여론이 훌륭하다고 여김.
제30수	강화도에서 순절한 이시원李是遠, 이지원李止遠 형제를 칭송.
제31수	문신 한성근韓聖根이 지휘한 문수산성 전투 승리(9월 18일). 연안부사 한응필韓應弼도 전공을 세움.
제32수	교동도喬桐島가 공격당함.
제33수	조정이 우왕좌왕하는 가운데, 신응조申應朝의 상소가 크게 쓰임.
제34수	무신 양헌수梁憲洙가 지휘한 정족산성 전투 승리.
제35수	천주교도를 뿌리 뽑아야 한다는 논설.
제36수	동부승지 김선필金善弼이 출전함. 승지가 출전함은 드문 일이라 하여 칭송.
제37수	조정에서 이항로李恒老를 불러들이자, 이항로는 상소문만 올리고 다시 내려감.
제38수	프랑스 함대가 퇴각함.
제39수	포수 최병륜崔秉崙과 이기조李基祖의 전공을 칭송.
제40수	재신宰臣 강로姜㳣를 파견하여 강화도민의 민심을 안정시키도록 함.
제41수	아무 역할도 하지 않은 중군 이용희를 또다시 비판.
제42수	부평부사 조병로趙秉老가 부평을 잘 방비함을 칭송.
제43수	정족산성 승리에 큰 기여를 한 유학幼學 이 아무개(李某)를 칭송.
제44수	정족산성 전투 때 전권대신 라羅(로즈)가 사망했다는 소문을 소개.[12]
제45수	개선한 군사들에게 임금이 친히 술잔을 내림.

이처럼 「서사잡절」은 병인양요의 원인부터 1·2차 침입의 과정, 주요 전투 및 사건, 결말 등을 포괄하고 있으며 그 외에도 풍부한 주변 상황을 담고 있다. 「서사잡절」은 병인양요를 총체적이고 전면적으로 다루고 있는 작품임을 확인할 수 있다. 이상의 작품 개괄을 통해 「서사잡절」의 서술 방식을 살펴보면 다음의 몇 가지 특징을 발견할 수 있다.

첫째, 「서사잡절」은 시간의 흐름에 맞추어 사건이 전개되고 있긴 하지만, 인과관계로 사건이 진전되는 서사적 구조를 이루고 있지는 않다. 작가가 시적 화자가 되어 자신이 견문한 바를 시간 순서에 따라 나열하는 구조를 취하고 있기에 극적劇的 구성과는 거리가 멀다. 그리고 7절 연작의 잡절雜絶 형식이므로 각각의 절구는 「서사잡절」의 일부분이면서 동시에 독립된 한 편의 시라는 양면성을 지니고 있다.[13]

둘째, 작품 전개가 '사건 중심'이라기보다는 '인물 중심'으로 진행되고 있다. 병인양요의 주요 사건 가운데 하나인 문수산성 전투를 그린 제31수를 예로 들면, 실제 전투에 대한 서술은 기구의 "문신文臣이 돌격하며 철포를 쏘았네"(突擊文臣鐵砲丸) 한 구절뿐이다. 그리고 기구에 대한 주석을 보면, "문신인 한성근은 자청하여 무관이 되었다. 양놈들이 문수산성을 범하자 한성근은 먼저 함성을 지르며 총을 쏘아 사살한 자가 상당히 많았다. 여러 차례 벼슬이 올라 포상을 받았는데, 한성근은 원래 비천한 사람이었다"고 하여 실제 전투보다는 한성근이란 인물에 대해 더 깊은 관심을 두고 있음을 볼 수 있다. 이처럼 「서사잡절」은 병인양요에 관련된 다양한 인물을 등장시켜 그들에 대한

12_ 그러나 이는 잘못된 정보였다. 이에 대해서는 김명호, 앞의 논문, 317면, 33번 주석 참조.
13_ 그래서 잡절 형식은 서술상 융통성을 발휘하기 쉬운 점이 있다. 반면에 각각의 절구들이 산만하게 흩어질 위험성도 지니고 있다. 「서사잡절」에서는 '시간의 흐름'이 각 절구들을 묶어 주고 있다.

포폄을 가하는 과정에서 병인양요의 여러 사건들이 부수적으로 기술되도록 하는 구성 방식을 취하고 있다. 그런데 이는 잡절 형식에 매우 적합한 서술 방식이라 할 수 있다. 각 절구는 한 편의 시로 완결을 지어야 하므로 절구 한 수에 인물 한 명씩을 다루는 것은 앞의 회인시에서 보았듯 매우 익숙한 방식이다. 또 인물에 대한 포폄은 독자들에게 흥미를 제공하는 측면도 있다.

셋째, 각 절구마다 주로 활용되고 있는 서술 방식을 살펴보면 간략한 '설명적 진술' 방법이 가장 많이 쓰이고 있고, 그 다음으로 '구체적인 장면을 묘사'하는 방법, 그리고 '논설적 진술' 순으로 활용되고 있다. 다소 건조하고 딱딱한 감을 줄 수도 있는 설명적 서술 방법이 주로 쓰이는 것은 칠언절구의 짧은 본문 안에 복잡한 사건을 담아내야 하는 잡절 형식상 불가피한 것으로 볼 수 있다. 구체적인 장면 묘사는 설명적 진술보다 형상화에 유리한 방법이라 할 수 있겠는데, 제7수, 8수, 10수, 17수, 19수 등 서울에서 벌어졌던 사건을 서술하는 대목에서 주로 활용되고 있다. 이는 옥수가 서울에 있었기에 이 사건들에 대해서는 구체적인 정황을 파악할 수 있었던 점에 기인하는 것이라 생각된다. 논설적 서술이 주로 활용되는 대목으로는 '둘째 단락'의 소결小結에 해당하는 제15, 16수와 '셋째 단락'에서 사건이 전환되는 대목인 제24수 등이 있다. 이 부분에는 옥수의 역사 인식이 직접적으로 표출되어 있다.

이러한 서술상의 특징을 요약해 보면 가장 중요한 요소는 '인물'이라 할 수 있다. 그러므로 「서사잡절」은 등장인물들을 그 성격에 따라 구분하고, 그 구분에 따라 작품을 구체적으로 살펴보는 것이 효과적인 분석 방법이 될 수 있다.

「서사잡절」에서 가장 두드러지는 인물들은 역시 전쟁을 직접 수행했던 관료들이다. 무신으로는 중군中軍 이용희李容熙, 총융사摠戎使 신관호申觀浩, 강화유수江華留守 이장렴李章濂, 금위중군禁衛中軍 권용權鎔, 동부승지同副承旨 김선필金善弼, 별요사別饒士 최병륜崔秉崙, 별군관別軍官 이기조李基祖, 천총千摠 양헌수梁憲洙가 등장하고, 문신으로는 통진부사通津府使 이공렴李公濂, 문적인文籍人 한성근韓聖根, 연안부사延安府使 한응필韓應弼, 부평부사富平府使 조병로趙秉老, 유학幼學 이 아무개(李某; 관료 아님)가 등장하고 있다.

먼저 무신 가운데 비중 있게 등장하는 통진부사 이공렴과 중군 이용희를 그리고 있는 부분부터 살펴보도록 하겠다.

21
바다 방비도 허슬하고, 힘도 기르지 않더니	海戍荒凉力未恢
통진 관사에 놈들 우두머리 들이닥쳤네.	通津官舍大酋來
몇 집 있는 궁벽한 마을에 살아날 구멍은 있었으니	數村隱僻生門在
창졸간에 신발 버리고 달아날 줄은 용케 알았구나.	倉卒能知棄屨回

22
펄럭 펄럭 나부끼는 대장군 깃발	獵獵風生大將旗
중군은 노련한 군대를 출정시켰건만	中軍一出老王師
어찌하여 염창의 견고함만 믿고서	如何却恃塩倉險
경기 연해가 분탕됨을 구경만 한단 말인가.	坐觀畿沿蕩爐時

프랑스 함대가 9월 5일 강화도 근해에 도착함으로써 2차 침입은 개시되었다. 9월 8일 프랑스 함대는 두 갈래로 나누어 한 무리는 강화부를 공격해 점령하고, 또 한 무리는 강화도 건너편의 통진通津에 상

류하여 통진 관사에까지 들어가 분탕질을 한 뒤 저녁 때 물러갔다. 제21수는 그 당시 통진의 상황을 그리고 있다. 주를 보면, "통진부사 이공렴은 어려움을 대비하지도 않다가 양놈의 우두머리가 가마를 타고 온다는 소식을 듣고는 겁을 집어먹고 신발도 잊은 채 촌가로 달아났다. 양놈이 노략질을 하고 떠난 뒤에야 보고를 올렸다"[14]라며 이공렴의 비겁한 행위를 신랄하게 비판하고 있다. 이 일로 인해 이공렴은 결국 귀양을 가고 말았다. 프랑스군의 통진 상륙이라는 '사건 자체'보다 이공렴이라는 '인물의 포폄'에 더 큰 관심을 두고 있음을 볼 수 있다.

프랑스 함대의 2차 침입을 맞아 조선에서는 임시 사령부의 역할을 하는 순무영巡撫營을 설치하고, 이용희를 중군에 임명하여 통진에 나아가도록 했다. 제22수는 이러한 조선 측의 대응을 이용희라는 인물을 중심으로 보여주고 있다. 제22수는 각 구마다 주석이 달려 있다. 기구에는 "순무사 이경하李景夏가 금위영에 부대를 설치하고 사졸을 조련하며 새로이 '순무사명기'巡撫司命旗를 만들었는데 대단히 휘황찬란하여 서울 사람들이 구경하려고 모여들어 마치 시장 같았다"[15]는 주가 달려 있다. 옥수 특유의 과장된 어조를 느낄 수 있으니 실속 없이 허세만 부리는 군부의 행위를 비판하는 뜻을 담고 있다. 승구에는 "중군 이용희가 통진에 나와 진을 쳤는데, 머뭇거리며 나아가질 않았다"[16]는 주가 달려 있다. 실록을 보면 이용희는 강화해협을 건널 배가 없어 머물러 있을 수밖에 없다는 이유를 대고 있었다.[17] 전·결구는

14_ 권11, 장52뒤~53앞. "通津府使李公濂, 不備虞, 聞洋酋乘肩輿而入, 惱怯棄屣, 走避村舍, 洋乃侵掠而去, 有啓."
15_ 권11, 장53앞. "巡撫使李景夏, 開府於禁衛營, 鍊士卒, 新製巡撫司命旗, 極焜燿, 都人往觀者如市."
16_ 위와 같은 곳. "中軍李容熙, 出駐通津, 逗撓不進"
17_ 『고종실록』 3년 9월 12일조 참조.

이용희의 이러한 태도에 대한 신랄한 비판이다. 주를 보면 "양놈들은 중군이 꼼짝 않는 걸 알고는 닥치는 대로 분탕질과 노략질을 일삼아 참혹하기 이를 데 없었다"[18]고 당시 상황을 증언하고 있다. 이 일로 인해서 조정에서는 이용희에 대한 문책 논의가 있었으나 급박한 사태 속에서 유야무야되고 말았고, 이듬해 이용희는 형조판서에 등용되어 나중에는 어영대장, 훈련대장, 한성판윤까지 역임했다. 이처럼 옥수는 무신들에 대해서는 대체로 비판적인 시각을 지니고 있었다.

한편 전투에서 용감히 싸워 공적을 올린 사람에 대해서는 그 신분에 관계없이 크게 칭송했다. 다음은 전세가 전환되는 계기가 되었던 문수산성 싸움을 그리고 있는 제31수이다.

문신文臣이 돌격하며 철포를 쏘더니	突擊文臣鐵砲丸
장삿배로 깊이 들어감도 연안부사일세.	商船深入又延安
활 쏘는 무사들 지금 어디로들 갔나	射弓武士今何往
군중에는 한 씨 두 사람만 있을 뿐.	纔得軍中有二韓

기구는 9월 18일에 벌어졌던 문수산성 전투에서 보인 한성근의 활약상을 그리고 있다. 프랑스 정찰대가 강화도 건너편에 있는 문수산성으로 다가오자 매복 중이던 조선군이 선제공격을 가하고 치열한 전투를 벌였던 것이 문수산성 싸움이다. 이 전투에서 조선군은 중과부적으로 퇴각할 수밖에 없었지만 프랑스군으로서는 처음으로 조선군의 강력한 저항을 경험한 사건이었다. 그런데 옥수는 이 사건을 "문신이 돌격하며 철포를 쏘더니"라는 한 구절로 처리하고 말았다. 옥수

18_ "時塩倉梢存守備, 而列郡無恃. 洋知中軍不動, 到處燒殘劫略, 不勝慘毒."

에게 중요한 것은 역시 사건보다는 인물이었음을 확인할 수 있다. 그리고 옥수는 한성근이 '문신'이었음을 강조하고 있으며 주석에서는 "한성근은 원래 비천한 사람이었다"[19]라고 부기하고 있다. 이는 무능한 고위 무신들을 비판하기 위한 의도였을 것이다.

승구는 당시 황해도 연안부사였던 한응필의 활약을 소개하고 있다. 주를 보면, "연안부사 한응필은 음직으로 고을 원이 되었다. 군사를 일으켜 갑곶에서 저항했으나 감당할 수 없자 돌아가서 장삿배로 위장하여 연화보까지 들어가 적정의 허실을 정탐했다"[20]고 되어 있다. 병인양요와 관련하여 한성근의 활약상은 널리 알려져 있지만, 한응필은 거의 알려지지 않은 인물이다. 실록에는 병인양요와 관련한 한응필의 기록을 찾을 수 없고, 『승정원일기』 및 『일성록』 9월 21일 기사에 '위험을 무릅쓰고 적정을 정탐한 공로'로 가자加資한다는 간략한 내용을 볼 수 있다. 그리고 한응필 자신이 저술한 『어양수록』禦洋隨錄을 보면 9월 7일 강화유수 이인기李寅夔로부터 구원 요청을 받고 군사를 모아 출동했던 사정과 이후 군사들을 모집하고 훈련시켰던 일들이 자세히 기록되어 있다.[21] 이러한 기록들을 종합해 보면 당시 한응필의 활약상이 상당했음을 확인할 수 있다. 「서사잡절」을 통해 한응필의 공적이 앞으로 널리 알려지기를 기대해 본다.

옥수가 무신들에 대해서는 불신의 시각을 지니고 있었지만 양헌수에 대해서만큼은 후한 평가를 내리고 있음이 주목된다. 다음은 양헌수의 영웅적 활약에 의해 승리로 이끌 수 있었던 정족산성 싸움을

---

[19] 권11, 장54뒤. "……韓元是卑賤人."
[20] "延安府使韓應弼, 蔭倅也. 起軍拒甲津, 力未抵, 還乃扮作商船, 入寅火堡, 偵探敵情虛實云. 命超通政大夫."
[21] 한응필, 『어양수록』, 규장각 소장. 이 책에 대해서는 규장각 한국학연구원 홈페이지에 연갑수의 해제가 있어 참고가 된다.

그리고 있는 제34수이다.

좌윤左尹이 원래 장수의 재목이라 일컬어지더니	左尹元稱將帥才
정족산성 승전보가 오늘 또 왔구나.	山城捷報又今來
강도江都를 다니는 놈들의 수효를 알기 어려웠기에	遊都衆寡料難得
탄약은 겨우 한 발 쏠 것 남았었다지.	丸藥纔得一放回

정족산성 전투는 병인양요 기간 중에서 가장 빛나는 전과를 자랑한다. 위의 제22수에서 보았듯 중군 이용희는 강화도로 진격할 마음을 먹지 못하고 시일만 보내고 있는 사이에 양헌수는 회군하라는 상부의 지시를 어기면서까지 10월 1일 야음을 틈타 강화해협을 건넜다. 그리고는 전등사 위에 있는 정족산성으로 들어가 10월 3일 일전一戰을 벌였던 것이다. 이 당시 양헌수의 직위는 중군 이용희 휘하의 천총千摠이었는데 그를 '좌윤'이라 호칭한 것은 전투가 끝난 후에 공을 인정받아 한성부 좌윤에 임명되었기 때문이다. 전구는 프랑스군에 대한 묘사이다. 주에 의하면 프랑스 군대는 양헌수 부대가 정족산성에 있음을 "미처 알지 못하고 말을 타고 나귀를 끌고 들어왔다"[22]고 설명하고 있다. 그러나 사실 프랑스군이 정말 몰랐던 것은 아니고, 양헌수 부대를 토벌하러 오는 길이었다. 그러나 너무나도 조선군을 얕보았기 때문에 마치 '강화도를 유람하듯'(遊都) 느긋하게 진입했다가, 불의의 기습을 당해 큰 피해를 입고 퇴각했던 것이다. 그런데 조선 측도 사정이 급하기는 마찬가지였다. 적의 수효를 가늠하지 않고 사격을 하다가 탄알이 모두 소진되고 말았던 것이다. 주를 보면, "양헌수는 탄알

22_ 권11, 장55앞. "……賊未及知, 騎馬牽驢而入……"

이 다 떨어져, 적이 만약 군사를 투입했다면 속수무책이었을 것이라고 보고를 올렸다"[23]고 설명을 달아 놓았다. 탄알이 떨어진 시점에 프랑스군이 퇴각했기에 망정이지 그렇지 않았다면 꼼짝없이 당했을 상황이었던 것이다. 전·결구는 이러한 상황을 표현하고 있는데, 우리 측의 승리를 일방적으로 미화시키지 않은 점이 오히려 문학적 흥미를 높이고 있다.[24]

그리고 옥수는 양헌수가 정족산성 전투를 승리하는 데 결정적 도움을 주었던 무명용사 이 아무개에 대해서도 칭송을 아끼지 않고 있다(제43수).

이용희에게 버려지고, 양헌수에게 쓰였네	失之於李得之梁
그 선비 노련한 지혜 주머니라 일컬을 만하도다.	措大堪稱老智囊
그 사람 어떤 모습인지 알지 못하나	不識其人何狀者
뭇사람들이 향기로운 그 이름 칭송하네.	輿人傳說姓名香

먼저 주를 보면, "통진 유학 이 아무개는 강화도가 함락된 것이 원통하여 장사치로 변장하고 누차 서양 배에 들어가 그들의 부족한

23_ "……梁以丸藥俱盡, 賊若添兵, 計無所出. 具手本."
24_ 그런데 이는 옥수가 양헌수의 보고서를 토대로 한 것이다. 「서사잡절」 서문에서 밝혔듯, 옥수는 주로 '공문서'를 통해 정보를 입수한 것인데, 이는 여기 제34수도 마찬가지이다. 『고종실록』 3년 10월 3일조에는 다음과 같은 양헌수의 보고서가 실려 있다. "우리 군사들이 좌우에 매복하여 있다가 일제히 총탄을 퍼부었습니다. 저들이 죽은 것은 6명이고 아군이 죽은 것은 1명입니다. 적들은 도망쳐 가면서 짐바리와 술, 음식, 무기 등을 모두 버리고 갔기 때문에 거두어 보관해 두고 있는데 훗날 자세히 조사하고 기록하여 보고하도록 하겠습니다. 그러나 아군도 탄알이 또한 다 떨어지고 말았습니다. 저들이 만약 군사를 더 보강해서 다시 쳐들어온다면 어떠한 지경에 이를지 알 수 없습니다."(我軍左右埋伏, 齊發銃丸, 彼死者六, 我死者一, 賊乃逃去, 輜重酒食器械皆棄去, 拾聚留置, 以待後日. 詳閱錄報, 而我軍藥丸且盡, 彼若加兵復來, 不知至何境.)

점을 탐지해 내고는 중군에게 진격하기를 권했으나 이용희는 듣지 않았다. 이에 양헌수에게 정족산성을 수복할 것을 권했다. 또 흩어진 백성을 불러 모아 편히 거처하도록 했던 것도 사실은 이李의 힘이었음을 여러 사람들이 칭송한다"[25]고 되어 있다. 그런데 주석을 보아도 이 아무개가 어떤 사람인지 별다른 정보가 제시되지 않고 있으며 그의 행적도 다소 모호하게 소개되어 있다.[26] 이는 '이 아무개'에 대한 이야기를 '공문서'에서 취한 것이 아니라, '항간의 소문'에서 취했기 때문일 것이다.

한편 여기서도 이용희가 용렬한 인간으로 그려지고 있어 눈길을 끈다. 그에 대한 옥수의 불신이 대단했음을 실감할 수 있는데[27] 병인양요를 승리로 이끈 주역은 이용희 같은 고급 무관이 아니라 이 아무개와 같은 한미한 사람들이었음을 강조하려는 뜻이 담겨 있다.

이상에서 「서사잡절」에 등장하는 인물 가운데 전투에 직접 관여했던 인물들에 대한 시편들을 살펴보았다. 그 결과 옥수는 아무리 고위직이라도 비판받아 마땅한 자라고 판단되면 통렬히 비판했고, 아무리 한미하더라도 용감히 싸운 자들은 영웅으로 높이 평가했음을 볼 수 있다. 이러한 입장은 옥수가 평소 사대부 계층의 무능력을 비판했던 것과 맥을 같이 한다.

옥수는 양반 계층의 무능에 대해 매우 비판적 인식을 지니고 있었

---

[25] 권11, 장56뒤. "通津幼學李○, 有智略, 江都陷, 忿之, 作商態, 屢入洋船, 悉其不足, 爲勸中軍進兵, 李容熙不聽, 乃勸梁憲洙收復鼎足山城, 又招諭散民, 使之安接, 實李之力, 輿人多誦之."
[26] 양헌수의 저술을 모은 『하거집·병인일기』荷居集·丙寅日記(국방군사연구소, 1997)를 검토해 보면, '통진백의종사通津白衣從事 이중윤李重允'(589면)이 '이 아무개'가 아닌가 하는 심증이 간다. 이중윤은 프랑스 함선이 강화해협에 보이는 조선 배를 모두 불태워, 상륙할 방법을 찾지 못하고 있던 양헌수에게 배를 조달해 주었다고 한다(66·562면).
[27] 제41수도 이용희를 비판하는 내용을 담고 있다.

지만[28] 「서사잡절」에 등장하는 양반들이 모두 부정적으로 그려지는 것은 아니다. 전투와 직접적인 관련은 없지만 기정진, 이시원 형제, 신응조, 이항로 등이 비중 있게 다뤄지고 있다. 옥수는 이들이 난국을 극복하는 데 정신적인 측면에서 일조했다고 보았다.

14
임하에서 독서하는 이 정녕 얼마나 되는가　　　　　林下讀書定幾人
절절히 시절을 걱정하며 경륜을 다 펼쳤네.　　　　憂時急切盡經綸
호남 유신이 글자마다 늠름한 기상을 담아　　　　湖南字挾風霜氣
상소문을 지어 임금님께 올리도다.　　　　　　　　却把封章上紫宸

30
사람이 살고 죽는 것 중에 무엇이 더 어려운가　　　人生人死孰爲難
어려움 닥쳐서는 모름지기 의리 따라 살펴야 하리.　難處須從義理看
강화부의 이 지사李知事를 찬미하노니　　　　　　歎息沁陽李知事
형제가 쌍으로 절의를 지켜 유소遺疏를 올리도다.　一門雙節上琅玕

구한말 이항로와 함께 위정척사파의 양대 거두로 평가받는 기정진은 1차 침입 때 이른바 '병인소'丙寅疏를 지어 올려 조야朝野 간에 상당한 반향을 불러일으켰다. 제14수는 그 병인소를 언급하고 있다. 병인소의 내용은 첫째 조정의 계책을 먼저 세울 것, 둘째 서양인들과의 접촉을 대비해 응답할 말을 준비해 둘 것, 셋째 지형을 잘 살펴 둘

28_ 제17수에서는 서울에 있던 양반들의 행태를 날카롭게 꼬집고 있다. 김명호, 앞의 논문, 315면에 제17수에 대한 자세한 해설이 나와 있다.
29_ 『고종실록』 3년 8월 16일조 참조.

것, 넷째 군사를 잘 조련시킬 것, 다섯째 언로를 열 것, 여섯째 내수內
修에 힘쓸 것 등이었다.[29] 이는 당시 조선 측이 마련한 대책 가운데 가
장 조리 있는 것이었다는 평가를 받고 있다. 옥수 또한 기정진의 상소
가 여론을 통합하는 데 기여했음을 높이 평가하고 있다.

제30수는 영재寧齋 이건창李建昌의 조부 이시원과 그의 동생 이지
원을 다루고 있다. 주를 보면 "이시원은 강화도에서 세거했다. 성이
함락됨에 이르러 성을 구원할 목적으로 나귀를 타고 성에 들어갔는데
유수며 경력이며 중군이 모두 어디에 있는지 알 수 없었다. 이에 유소
遺疏를 남기고 자결했다"[30]라고 되어 있다. 이시원이 죽자 동생 이지
원도 따라 자결하여, 형은 영의정에 추증되고 동생은 참판에 추증되
었다. 사실 이시원은 당시 관직에 있지 않았으므로 꼭 순절해야 할 의
무는 없었다. 그럼에도 불구하고 '의리'를 따라 죽음을 선택한 것이
다. 당시 서울의 양반 사회는 강화도 함락 소식을 듣고 모두 피난을 가
느라 한바탕 소동이 벌어지던 때였으니(제17수), 이시원의 순절 소식은
조선의 저항 의지를 북돋우는 데 적지 않은 영향을 끼쳤을 것이다.

「서사잡절」은 이 외에도 1차 침입 때 서강에 정박 중인 프랑스 함
선을 찾아가 담판을 벌인 이우혁, 프랑스 함선을 끌어오겠노라 장담
하고 떠났던 이정천 등과 같은 인물들도 소개하고 있다. 그리고 프랑
스 함선이 서강에 들어왔을 때 이를 구경하러 모여들었던 군중들의
모습도 담아 놓았다. 이 같은 인물들이 병인양요에서 중대한 의미를
지니는 것은 아니지만 이를 통해 당시 사회 분위기의 일면이 생생히
드러난다는 의의가 있다.

---

[30] 권11, 장54뒤. "知宗正卿事李是遠, 世居于沁, 及城陷, 欲圖恢復, 騎驢入城, 留守經歷中軍
俱不知處, 乃治遺疏決死, 時年七十八. 其仲弟, 前郡守止遠, 年且六十六, 願從其兄, 兄許
之, 乃以同日仰藥, 後先數刻, 季弟喜遠, 上遺疏, 命贈兄上相, 贈弟亞卿."

다음은 이정천에 대해 소개하고 있는 제9수이다.

천 발 길이 밧줄 그물에 신묘한 계책을 모아	萬繩千尺總神機
광화문의 동쪽 문으로 나는 듯 나서는구나.	光化東門去似飛
지살성·천강성이 함께 비추니	地煞天罡都照合
양놈들 잡아 오겠노라 호언장담!	丈談網得水羊歸

주를 보면 "요인 이정천[31]이 '칡끈으로 그물을 만들어 양놈의 배를 얽어매 도망가지 못하게 한 다음 사로잡아 오겠다'고 하니, 조정에서는 그렇게 하라고 허락했다. 이정천은 또한 광화문의 동쪽 문을 열고 나갈 수 있게 해달라고 했는데 그것도 허락해 주었다. 밧줄을 싣고 수레를 타고 떠나갔으나 끝내는 효험이 없었다"[32]고 한다. 전구의 지살성, 천강성은 흉살凶殺을 주관한다고 알려진 별들로 그 별들이 양놈들을 비추고 있으니 틀림없이 잡을 수 있다고 큰소리를 쳤던 것이다. 그 같은 요망한 사람을 밀어주었던 조정에 대해 은근히 풍자하고 있는 가운데, 호언장담하는 이정천의 허풍스런 모습이 흥미롭게 형상화되어 있다. 이 같은 허황된 술수가 조정에서까지 통할 수 있었음을 통해 당시 사회가 병인양요라는 미증유의 사태를 맞아 얼마나 다급했는지를 짐작할 수 있다.

다음은 프랑스 함대를 구경하기 위해 몰려든 군중들을 그린 제7수이다.

31_ 이정천은 대원군의 문객이었다. 대원군은 평소 이정천과 같은 술수가들을 신뢰했다고 한다.
32_ 권11, 장51앞. "妖人李正天, 請得葛繩爲網, 網洋船, 不得退, 可擒. 議許之. 正天請開光化東門而出, 亦許之. 馱繩, 乘轎而去, 竟不驗."

담처럼 늘어선 구경꾼들 몹시도 흥분하여	人如觀堵十分狂
잇달아 몰려와 어깨를 비비며 떠들썩하게 웃네.	疊踵磨肩大哄堂
포가가 움직일 땐 놀라 다시 흩어지니	砲架動時驚復散
이는 진짜 담 크고 분별없는 자들이라.	底眞麤膽底癡腸

주를 보면 "서양 배가 온 날 서울에 난리가 났는데, 그래도 구경꾼들은 담처럼 늘어섰다. 서양인이 포가砲架로 사람을 위협하려고 무리 지어 모인 곳마다 겨누니 구경꾼들은 우박처럼 흩어졌다가 다시 모여 떠들썩하게 웃어댔다"[33]라고 설명하고 있다. 그런 긴박한 상황 속에서도 호기심 많은 군중들의 모습이 대단히 사실적으로 묘사되는 가운데 해학을 즐기는 옥수 특유의 필치가 느껴진다. 두려움과 호기심이 교차하는 군중들의 모습은 당시 '서양'을 대하던 조선인의 일반적 심리가 표출된 것이라 하겠다.

「서사잡절」에는 조선인의 눈에 비친 프랑스 군대의 모습도 들어 있다. 제8수와 10수는 서강까지 진출한 프랑스 군대의 모습이다.

8

네모난 창문마다 유리가 달려 있고	方窓面面盡琉璃
여자들 배회하네, 칼날 번쩍이는 사이로.	雲影徘徊劒拂時
뭇 남자들 앞에 여자 세 명	衆男子前三女子
푸른 치마 입고 깔깔대니 더욱 요상하여라.	靑裙笑語更堪疑

---

[33] 권11, 장51앞. "船來日, 都下波蕩, 猶觀者如堵. 洋以砲架嚇人, 隨群簇處擬之, 觀者雹散, 又復哄堂."

10

농산에 물 빠지니 화륜선도 별수 없네	農山水落火輪空
암초가 버티고 있어 너도 궁지에 몰렸군.	礁石相撐爾亦窮
옴팡눈 크게 뜨고 가쁜 숨 몰아쉬다가	深目瞠圓餘喙息
일시에 통곡하네, 바다 구름 속에서.	一時慟哭海雲中

제8수의 주는 "배에는 유리로 된 네모난 창이 달려 있고, 안에는 거울, 대포, 칼, 창 따위를 늘어놓았는데 햇빛을 받아 번쩍거렸다. 세 명의 여자가 있어 우리나라 옷차림을 하고 한 옆에서 요염하게 웃고 있었다"[34]라고 되어 있다. 특이한 것은 배 위를 배회하는 여성들의 존재이다. 이들에 대해 옥수는 조선 여자가 아닌지 의혹의 눈초리를 보내고 있다. 필시 조선의 천주교도들이라고 의심했을 것이다.

제10수는 프랑스 함선이 서강 부근 농암農巖에서 얕은 수심 때문에 일시 좌초했던 광경을 그리고 있다. 주에서는 그때 프랑스 군인들이 "정신을 차리지 못하고, 여러 양놈들이 일시에 통곡했다 하더라"[35]라며 당시에 떠돌던 소문을 소개하고 있다. 프랑스군을 우스꽝스럽게 묘사하는 데서 당시 조선 사람들이 프랑스인을 어떻게 바라보고 있었는지 드러난다.

이처럼 「서사잡절」은 병인양요에 관련된 인물들을 중심으로 시상을 전개하면서 당시 사건의 생생한 단면들을 풍부하게 소개하고 있다. 이로 인해 병인양요의 여러 국면이 다각도로 그려질 수 있었으며, 그 사이사이에 옥수의 견해가 제시되기도 했다. 다음의 제15수는 옥

34_ 위와 같은 곳. "船裝琉璃方窓, 內列鏡砲劍戟, 照日陸離. 有三女, 以東人裝束, 嬌笑其側."
35_ 권11, 장51뒤. "……不得抖擻, 諸洋一時慟哭云耳."

수의 역사의식이 직접적으로 피력되는 '논설적 진술 방법'이 구사되고 있는 대목이다.

오늘날 조선에서 잘들 하는 이야기	近日朝鮮好話頭
서양인은 교역 이외 바라는 것 없다고.	洋人交易外無求
저승의 고염무를 불러다 말하게 할 수도 없으니	九原難作亭林語
인도와 화란36_이 모두 기우란 말인가?	印度賀蘭總杞憂

기·승구의 내용과 관련하여 개화파의 중요 인물인 오경석吳慶錫의 『양요기록』洋擾記錄에 소개된 "서양인의 욕심은 토지에 있지 않고 세계를 모두 상업에 따르게 만들어 그 중에서 이익를 취하려는 계책이다"라는 말이 참고가 된다.37_ 이는 오경석이 병인양요가 일어나기 직전 연행을 갔을 때 오수림吳樹林이라는 중국인으로부터 들은 말이었다고 한다. 이런 견해는 당시 개화파들의 세계 인식에 상당한 영향을 끼쳤던 듯하다.

전·결구는 이러한 낙관적 서양 인식을 비판하는 내용이다. 주를 보면 "고염무顧炎武의 『천하군국리병서』天下郡國利病書는 여러 서양 지리에 대해 논한 것이 매우 자세하다. 그러나 오인도五印度38_와 하란 賀蘭이 또한 서양의 외부外府39_가 되고 말았으니 서로 멀고 가까운 것

36_ 원문의 '하란' 賀蘭은 '화란' 花蘭(和蘭) 즉 네덜란드를 지칭한다. 여기서 화란은 네덜란드 본토를 가리키는 것이 아니라, 당시 네덜란드의 식민지였던 인도네시아 등지를 가리키는 것이라 생각된다.
37_ 『한국사』 37, 국사편찬위원회, 2000, 109면에서 재인용.
38_ 오인도五印度는 인도와 같은 말이다. 인도는 이미 1858년에 영국의 식민지가 되었다.
39_ 외부外府는 원래 경기 이외의 '지방'을 뜻하는 말인데, 여기서는 '식민지'를 의미하는 듯하다.

은 또한 믿을 것이 못 된다"⁴⁰고 하였다. 고염무는 청조 고증학의 비조라 할 수 있는 학자로서 조선 후기 학문과 사상에도 큰 영향을 끼쳤던 인물이다. 『천하군국리병서』는 고염무가 남긴 미완성 저작으로 중국의 역대 전적典籍에서 세계 지리와 경세經世에 관련된 자료를 광범위하게 모은 책이다. 박규수는 1826년 연행을 떠나는 홍양후에게 편지를 보내 이 책을 구해 올 것을 부탁한 일도 있었다.⁴¹

옥수는 『천하국군리병서』를 언급하며 낙관적 서양 인식을 비판했다. 서양 세력이 동양의 영토에 관심이 없다는 주장의 근거는 주로 '거리가 멀다'는 것이지만, 인도와 화란이 서양과 가까워서 식민지가 된 것은 아니지 않은가 하는 것을 주된 반박의 논거로 들고 있는 것이다.

흥미로운 것은 서양 세력의 본질적 성격을 두고 당시에 이미 두 가지 견해가 경쟁하고 있었다는 점이다. 옥수가 "오늘날 조선에서 잘들 하는 이야기"라고 말하는 어세로 볼 때, 서양 세력을 낙관적으로 보는 측도 그 세가 상당했을 것으로 짐작된다. 물론 옥수는 서양 세력의 침략적 성격을 간과할 수 없다는 입장을 취하고 있고, 이것이 서양 세력에 대해 항전의 자세를 가다듬는 「서사잡절」의 이념적 바탕이 되고 있다. 그런데 서양을 부정적으로 보고 있는 옥수도 세계 지리와 세계 정세에 대해 눈과 귀를 열어 놓고 있었던 만큼, 옥수와 같은 입장을 단순히 수구적이고 배타적인 것으로 볼 수만은 없을 것이다.

40_ 권11, 장52앞. "顧亭林天下郡國利病書, 論諸洋事甚悉. 而五印度及賀蘭, 亦爲洋外府, 相距遠近, 亦不足恃."
41_ 김명호, 「박규수의 학문관」, 『진단학보』 88, 진단학회, 1999, 469면 참조.

신미양요와 「후서사잡절」

신미양요는 고종 8년(1871) 제너럴셔먼호 사건에 대한 보복 차원에서 미국의 아시아 함대 소속 로저스 제독이 로우 공사와 함께 다섯 척의 군함을 이끌고 와서 강화도 일대를 침범함에 따라 조미朝美 간에 약 50여 일에 걸쳐 공방이 벌어졌던 사건이다. 옥수는 병인양요 때처럼 신미양요의 전 과정을 담은 「후서사잡절」을 창작했다. 다음은 그 서문이다.

> 병인년에 서양 배가 졸지에 한강에까지 들어왔으며 강화도를 분탕질했다. 이에 앞서서는 대동강에서도 싸움이 있었다. 그때 기록과 견문을 대략 엮은 것으로 「서사잡절」 한 편이 있다. 올해 신미년 4월에 서양 배가 또 창궐하니, 다시 공사간의 기록과 소문에다 나의 견해를 덧붙여, 한 단락씩 절구를 짓고는 「후서사잡절」이라 하였다.[42]

---

[42] 권14, 장38뒤. "丙寅之歲, 西洋船猝入京江, 燒殘沁都, 先是而有浿江之役也. 時略綴記聞, 有西事雜絶一局. 是年辛未四月, 洋船又猖獗, 又以公私紀聞, 附以己見, 逐段爲絶句, 曰後西事."

옥수 스스로 「후서사잡절」이 「서사잡절」의 후편임을 밝히고 있고, 각종 문서와 소문에서 자료를 구하며 잡절 형식을 활용하는 것도 「서사잡절」과 동일한 창작 방법이다. 또 구성 방식에서 시간의 흐름이라는 틀에 따른 개괄적 설명, 묘사적 수법에 의한 구체적 장면 제시, 주관적 견해의 표출 등이 어울려 구사되고 있는 점도 동일하다. 앞서와 마찬가지로 「후서사잡절」도 다음과 같이 개괄할 수 있다.[43]

1 전투 발발 전의 교섭 과정(1871. 4. 6~4. 13)

제1수   미군의 침범을 알리는 첫 번째 봉화가 풍도楓島에서 솟음.
제2수   조미 간에 문정문자問情文字를 교환함.
제3수   미군 측이 보낸 서함의 격식과 내용을 두고 논란이 일어남.
제4수   조정은 뚜렷한 대응책을 결정하지 못함.

2-1 손돌목 포격 사건과 이후의 대치 국면(4. 14~4. 22)

제5수   손돌목으로 항해하는 미 함선을 향해 조선 측이 먼저 발포하여 퇴각시킴(4. 14).
제6수   조선 측에서는 소, 돼지 등을 보내어 평화적 해결을 모색함(4. 20).
제7수   조미 간 교섭 중, 개인 소지품을 교환했던 일화 소개(4. 20).
제8수   부평부사 이기조李基祖가 조정의 허락 없이 서신 교환을 시도함(4. 16).
제9수   당시 흉흉했던 민심 소개.

43_ 선행 연구에 의하면 「후서사잡절」은 제1~4수를 '첫째 단락'으로, 제5~39수를 '둘째 단락'으로, 제39~48수를 '셋째 단락'으로 나누었다. 본고에서는 논의의 편의를 위하여 둘째 단락을 보다 세분하도록 하겠다.

제10수 각 군영의 식량 사정이 좋지 못함.

2-2 초지진 공방(4. 23)

제11수 이염李濂이 지키던 초지진으로 미군이 상륙함.
제12수 이염은 일단 물러났다가 야간에 다시 기습함.
제13수 당시의 불순하던 일기日氣 소개.
제14수 이염이 기습하던 순간의 상세한 정황.

2-3 광성보 전투(4. 24~4. 26)

제15수 미군이 광성보를 기습하여 중군 어재연魚在淵이 장렬히 전사함(4. 24).
제16수 1868년 오페르트 도굴 사건을 다시 상기(천주교도를 색출하자는 취지).
제17수 강화부의 장계가 올라와 어재연이 전사하던 순간의 정황이 자세히 알려짐(4. 26).

2-4 광성보 패전 이후 대치 국면(4. 24~5. 11)

제18수 광성보 패전을 자책하며 진무사가 대죄함(4. 27).
제19수 통진부사 홍재신洪在愼이 방비를 잘한 것을 칭송.
제20수 조정이 적을 가벼이 보아 방비를 소홀히 했음을 비판.
제21수 한치림韓致林을 풍덕부사로 임명하고(4. 25), 배용구裴用九를 덕진만호로 임명(4. 24).
제22수 하급 무관인 권병엽權秉燁, 손관원孫寬遠의 용력勇力에 기대를 표시.
제23수 장사壯士 정금손鄭金孫이 몽둥이로 우두머리를 잡아 오겠다고 장담하고 나섬.

제24수 거상居喪 중인 이재정李在靖을 불러들여 강화부로 보냄.

제25수 부평부사 이기조로 하여금 다시 격서를 보내게 함(4. 25).

제26수 미군이 포로 9명을 석방함(4. 26).

제27수 미군 측은 부평부사에게 편지를 보내 조정에 전달할 것을 요구, 부평부사가 거절함. 이후 이러한 편지 공방이 이어짐.

제28수 화친이란 말을 하지 말라는 어명이 내려 민심이 단결됨.

제29수 미국 측의 편지를 되돌려주었던 일화 소개.

제30수 천주교도 임한원林漢元이 미군을 도왔다는 소문을 소개.

제31수 이승훈李承薰의 손자인 이연균李蓮龜과 이균학李筠鶴을 처형함(5. 6).

제32수 미군이 작은 배를 불사르는 것이 관측됨. 천주교도들이 타고 갔던 배로 추정(5. 7).

제33수 서울에 배가 들어가지 못해서 서울 사람들이 어려움을 겪음.

제34수 경기중군 양계태梁桂台가 화공을 준비함(5. 11).

제35~36수 화성유수 신석희申錫禧의 철저한 방비를 칭송.

제37수 광성보 전투 때 잡혀갔던 문계안文啓安이 돌아와 당시의 사정을 더욱 자세히 전함.

제38수 황해수사 윤협이 백령도 부근에서 흑귀黑鬼와 백귀白鬼가 타고 있던 배를 잡아 조사함. 이로 인해 민심이 더욱 불안해짐.

제39수 또다시 미 군함 곁에 작은 배가 있는 것이 관측됨. 역시 천주교도로 추정.

③ **미군의 퇴각(4월말~5. 16)**

제40수 미 군함이 바다 모래를 퍼 올리는 것이 관측됨. 식수를 얻으

　　　　려는 목적으로 추정.

제41수　미 군함의 이동이 관측됨(5. 15).

제42수　미군이 바닷가에 편지 한 통을 내려놓음(5. 15).

제43수　월식에 이어 밝은 달이 나타남(5. 15).

제44수　군사들의 여름옷이 부족하자, 서울에서 여름옷을 모아 보내줌.

제45수　조선의 운수를 관장하는 기성箕星과 미성尾星이 나타남. 길조.

제46수　미국 함대의 조선 원정이 있을 것이라며 일본이 국서를 보냄.

제47수　미군이 물러감(5. 16).

제48수　양이에게 굴복하지 않음을 자랑.

　「후서사잡절」은 서술 방식과 태도에서 「서사잡절」과 대체로 유사함을 볼 수 있는데, 다음과 같은 차별점도 보인다.

　첫째, '시간의 흐름'이라는 틀에서 벗어나는 서술이 곳곳에 나타난다. 물론 크게 보아서는 시간의 순서에 따라 작품이 진행되지만, 위의 제18수(4. 27)와 제21수(4. 24~25)처럼 시간이 역전되는 경우가 종종 보인다. 이는 절구 한 편 내에서도 발견되는 현상으로, 기본적으로는 신미양요가 병인양요에 비해 훨씬 복잡하게 전개되었던 데서 기인하는 현상이지만, 듣는 순서에 따라 서술하는 것이 서술상의 원칙이 되고 있기 때문이기도 하다. 다시 말해 먼저 들은 사건을 먼저 기록하다 보니 사건의 순서가 뒤집힐 수 있다는 것이다. 이러한 서술 태도 때문에 작품 구성이 다소 혼란스러워 보이는 면이 있기는 하지만, 시시각각 들려오는 전선戰線의 소식에 귀를 기울이던 옥수의 심정을 추체험할 수 있게 해 주는 면도 있다.

　둘째, 「후서사잡절」도 「서사잡절」의 '인물 중심'적 서술 방식을 기본적으로 따르고 있다. 그런데 상대적으로 사건의 전후 맥락을 서술하는 데 많은 비중을 두고 있다. 그래서 「서사잡절」처럼 절구 한 수에 한 명의 인물을 담아내는 정형적 틀에서 벗어나, 한 인물의 행적을 여러 수에 걸쳐 서술하기도 한다. 예를 들어 초지진의 첨사였던 이염은 초지진 전투와 관련하여 제11, 12, 14수에 등장하고, 중군 어재연은 광성진 전투와 관련하여 제15, 17, 37수에 등장하고 있다. 또 부평부사 이기조는 조미 간의 교섭 과정과 관련하여 제8, 25, 27, 42수에 등장하고 있다.

본 절에서는 「후서사잡절」이 지닌 이러한 서술상의 특징이 잘 드러나면서도 옥수가 큰 비중을 두고 서술하고 있는 초지진 전투, 광성진 전투 그리고 조미 간의 교섭 과정에 관련된 시편을 중심으로 논의를 전개하도록 하겠다.

제5수는 신미양요 때 무력충돌을 야기했던 손돌목 포격 사건을 다루고 있다.

한낮에 움직이기 시작하여 그날 밤 닭이 울자	午時移碇聽鷄催
호도에 있던 배 지금은 손돌목에 들어왔다 하네.	虎島船今孫石來
며칠 전엔 삼영에서 일제히 포수를 선발하여	昨日三營齊選砲
양놈들 겁먹고 돌아갔다 들었는데.	已聞洋醜喫驚回

기구에 달린 주를 보면, "18일 오시(오전11~오후1시)에 급보가 왔는데, 저들의 배가 부평의 호도로 옮겨 왔다고 했다. 그곳은 서울과의 거리가 60리밖에 안 된다. 이날 밤 닭이 울자 손돌목으로 돌입하여 사태가 급박했다"[44]고 되어 있다. 사변이 일어나지 않을까 불안해하던 당시 서울의 분위기가 생생히 느껴진다. 또 결구에 달린 주를 보면,

"이에 앞서 삼영三營(훈련도감·금위영·어영청 — 인용자)의 포수들 가운데 선발하여 바다를 지키게 하였다. 양놈들의 배가 강화 뱃길로 들어오자 통진의 포수가 먼저 배를 향해 포를 쏘니 저들 배의 대포가 부서지고 다친 사람이 또한 많았다. 저들의 배가 황급히 손돌목을 빠져나가 이전에 정박했던 호도로 돌아갔다"⁴⁵고 되어 있다. 14일에 있었던 '손돌목 전투'를 말하는 것이다. 그런데 18일의 사건을 기·승구에서 다루고 그보다 앞선 14일의 사건을 전·결구에서 다루고 있어 시간의 흐름을 거스르고 있다. 이는 기·승구의 내용을 더욱 강조하려는 수사적 장치라고 할 수 있으니 미군 함대의 움직임에 촉각을 곤두세우고 있던 서울의 민심을 그리려는 의도일 것이다.

'손돌목 전투'에 대해 미국 측은 보복을 다짐했다. 물때가 알맞기를 기다린 미군은 4월 23일 초지진에 대한 공격을 감행함으로써, 치열한 교전이 개시되었다. 다음 제11·12수는 교전이 시작된 당시의 초지진을 그리고 있다.

11
거리에선 이염의 군대만 믿고 있었네	巷頭曾恃李濂軍
깊은 눈 긴 수염, 정족산성 싸움에 공훈을 세웠지.	深目長髥鼎足勳
손돌목 요새에 화포를 감추어 두었는데	孫石關防藏火礟
누가 알았으랴! 한 갈래 길이 초지진에서 갈라질 줄.	誰知一路草芝分

44_ 권15, 장40앞. "十八日午時, 塘報, 彼船移泊富平之虎島, 距京旱路六十里也. 是夜鷄鳴, 突入孫石項, 事機急迫云."
45_ 위와 같은 곳. "前此, 選三營砲手, 赴海防, 見洋船猝入港沁, 通津砲手, 先向彼船, 開礮, 彼船破傷, 傷人亦多, 彼船忙出孫石項外, 還住虎島曾住處."

12

초지진은 재가 되고 덕진진은 텅 비어   草芝灰燼德津虛
배후로 군사를 숨겨 오니, 그 기세 막지 못했네.   背後潛師勢未沮
깊은 밤엔 양놈들이 놀라 흩어지니   深夜洋屯驚復散
이기고 지는 것은 돌고 도는 것.   一番乘敗亦乘除

제11수의 주는 이러하다. "호남의 무사 이염은 깊은 눈과 긴 수염에 자못 완력이 있었다. 병인년에는 별군관으로 정족산성 싸움에 참가하여 공을 세웠다. 이번에 서양 배가 오자 이염을 초지첨사로 임명하고 바다 길목을 지키게 하였다. 23일 오시에 양놈의 범선 두 척이 몰래 상륙하여 기습했다. 초지진의 급보를 갖고 당마塘馬가 들어왔으나 어떤 상황인지 자세히 알려지지 않았다."[46] 연달아 제12수의 주도 살펴보면 이러하다. "전해 들으니, 초지진은 허물어진 진지여서 방비가 견고하지 못했고, 화포도 바다 쪽으로만 쏘게 되어 있었다. 양놈들이 갑자기 육지 쪽으로 들어와 먼저 불을 질러 버리니 이염은 막아낼 수 없음을 깨닫고 퇴각하여 산으로 들어갔다. 한밤중에 양놈들은 초지진의 미곡을 포구에 쌓아 두고 지키고 있었는데, 이염이 다시 배후에서 공격하니 양놈들도 뜻밖의 일이라 곡식을 지키던 놈들이 다수 죽었다. 이윽고 (미군은) 덕진진으로 들이쳤는데 무인지경과 다름없었다고 한다."[47] 두 수의 주를 종합해 보면, 미군은 초지진을 바다 쪽

---

[46]_ 권15, 장41앞. "湖南武士李濂, 深目長髥, 稍有膂力. 丙寅, 以別軍官, 赴鼎足之役, 有功. 今値船至, 差濂爲草芝僉使, 防海隘. 二十三日午時, 洋之二帆船, 潛下連陸處襲之. 草芝急報, 塘馬克入, 而事狀未詳."

[47]_ 권15, 장41앞~뒤. "傳聞, 草芝, 以殘鎭守備不嚴, 火砲但向海面而排之, 洋猝從旱地入, 先以燒之. 濂知不可敵, 退入山谷, 及夜, 洋以草芝米穀, 積之浦頭而守之, 濂又從背後擊之, 洋亦不意也, 守穀者多死. 仍入德津, 如無人之境."

에서 공격하기에 앞서 일부를 먼저 상륙시켜 수륙 양면에서 공격했음을 알 수 있다.[48] 제11수의 결구와 제12수의 승구는 이러한 사정을 표현한 것이다. 일단 퇴각했던 이염은 용감하게도 야간에 미군을 공격해 피해를 입혔다.[49] 이튿날 미군은 덕진진을 손쉽게 점령했는데 당시 덕진만호가 궐위闕位였기에 무인지경일 수밖에 없었다.[50]

위의 제11·12수는 이러한 어려운 여건 속에서도 용감히 싸운 이염을 칭송하는 문맥으로 짜여 있는데, 앞뒤 전투의 전개 과정도 비교적 소상히 전하고 있다. 그런데 앞의 제11수 주석의 말미에서 '어떤 상황인지 자세히 알려지지 않았다'는 말을 하고, 바로 뒤이어 제12수 주석은 '전해 들으니'라는 말로 당시 상황을 소상히 설명하고 있다는 점에서, 듣는 순서에 따른 서술이 이루어지고 있음을 또다시 확인할 수 있다.

다음의 제14수는 '또 다른 통로'를 통해 전해들은 이염의 활약상이다.

이염은 실수를 만회하고도 승전 보고를 하지 못했네	李濂補過捷書無
양놈 병사들 수습하여 한밤중에 달아날 적에	收拾殘兵半夜趨
삽시에 깃발 위 등불 끄고서	片刻燈光旗首滅

[48] 실제로, 미군은 해군과 해병대로 이루어진 혼성부대였으며, 당일 초진진 전투에는 총 644명이 야포 7문을 이끌고 기정 4척, 단정 18척에 분승하여 상륙 작전을 감행했다고 한다(김원모,「로저스 함대의 來侵과 魚在淵의 항전(1871)」,『동방학지』29, 연세대 국학연구원, 1981, 280~282면 참조).
[49] 그러나 미군 측의 기록에 의하면 이염의 기습을 가볍게 격퇴한 것으로 되어 있다(김명호, 앞의 책, 316면).
[50] 『일성록』고종 8년 4월 24일 기사를 보면, "덕진만호가 비었다"(德津萬戶有闕矣)고 되어 있다. 그런데 이 시급한 순간에 왜 덕진만호가 궐위였는지 언제부터 궐위였는지 전임자가 누구였는지는 기록되어 있지 않다.

허둥지둥 몇몇 양놈 시신 옮겼더라네.　　倉皇搬去幾羊雛

제14수 역시 제13수와 마찬가지로 4월 23일 밤 이염이 초지진의 미군을 공격하던 장면을 그리고 있다. 그 주는 이러하다. "들리는 이야기에, 이염이 군대를 수습하고 놈들을 격퇴할 때 뒷산 높이 올라가 살펴보니 양놈 진영 깃발 머리엔 모두 등이 걸려 있었다. 이염의 군대가 일제히 포를 쏘니 양놈들이 황급히 등불을 꺼서 이염의 군대가 보지 못하도록 했다. 한편으론 군량을 배에 싣고, 또 한편으론 시신을 배에 옮겼다. 이것은 엎드려 숨어 있던 초지 인민이 상세히 말해 준 것이라 한다."[51] 이염이 공식적인 보고를 하지 못하고 있는 상태에서 이런저런 소문으로 조금씩 정황이 알려졌음을 짐작할 수 있다. 그러한 소문들 가운데 이번에는 초지 백성이 전한 소식이었던 것이다. 그러나 이 소문들을 전적으로 신뢰할 수는 없을 듯하다. 무엇보다 이염은 상륙한 미군이 광성보까지 걸어서 진격하는 것을 전혀 저지하지 못했기에 다음날 광성보가 어이없이 함락당하는 결과를 초래하고 말았던 것이다.

4월 23일 밤 초지진에서 야영한 미군은 다음날 아침 '무인지경'과 같았던 덕진진을 손쉽게 접수하고, 진무중군 어재연이 지키고 있던 광성보로 쳐들어갔다. 바다에서는 함포를 쏘아대고, 상륙해 있던 부대는 광성보를 뒤에서 공격해 들어갔다. 다음 제15·17·37수는 이때의 정황을 그리고 있다.

---

[51] 권15, 장41뒤. "有傳, 濂之收拾擊退之時, 濂從後登高而覘之, 羊屯旗首俱縣燈, 濂軍之砲齊發, 洋倉皇急滅其燈, 使濂軍不辨也, 一邊運穀於船, 一邊運屍於船. 此草芝人民竄伏者, 詳說也."

15

불길처럼 승승장구 쳐들어오니　　　　　　　乘勝驅來勢若焚
광성진 군대는 패하고 중군은 전사하였네.　　廣城軍敗死中軍
안타깝다, 대포 소리 창망한 곳에　　　　　　可憐礮響蒼茫處
충절은 세웠으되 공훈은 세우지 못하였구나.　但樹奇忠未樹勳

17

중군의 부하들 모두 애처롭도다　　　　　　　中軍幕屬儘堪哀
상기도 슬픈 구름 장대將臺를 감싸네.　　　　尙見愁雲擁將臺
분하다, 개 같은 양놈들 창궐하는 기세　　　　憤殺犬羊猖獗氣
포로들을 거명하며 데려가라 하는구나.　　　計開擒獲使回歸

37

군막 밑에 몸을 숨겼던 문계안이　　　　　　　幕底潛身文啓安
충장공 형제의 순절을 자세히 말했네.　　　　備言忠壯弟兄難
양놈 큰 배에서 시중들던 두 조선놈　　　　　大船扶掖雙東漢
씹어 먹고 싶었다네, 천 번이고 만 번이고.　　欲嚼千端復萬端

　세 수 모두 어재연의 죽음을 설명하고 있는데 뒤로 갈수록 주석이 상세하다. 제15수는 진무사의 정식 장계가 올라오지 않은 상태에서 군량리軍糧吏의 보고를 바탕으로 지어진 것이고, 제17수는 강화부의 정식 장계를 바탕으로 지어진 것이며, 제37수는 광성진 전투 때 잡혀갔던 별무사 문계안이 7일 만에 살아 돌아오면서 알려지게 된 사실이다. 그래서 제37수에서는 그 호칭도 중군이 아닌 '충장공'이 되었다. 가장 자세한 설명을 하고 있는 제37수 주석을 보면 다음과 같다. "당일 군영에서 밥을 막 지었는데, 배후에서 서양 오랑캐가 대포를 쏘며 내려오는 것을 문득 발견하고 척후가 모두 달아났음을 알아차렸다. 아군이 발포하려 하자 중군이 '백 보 너머는 발포하지 말라!'고 하여 사기가 조금 꺾였다. 그러나 양놈 무리가 나는 듯이 돌격하여 중군에게 대거 발포하니 중군은 쓰러졌다가 다시 일어나 손으로 칼을 들어 적을 많이 쳐 죽였다. (중략) 중군의 동생 어재순은 군인이 아니었을 뿐만 아니라, 그 형을 보기 위해 왔다가 이러한 사태를 만나게 되었던 것이다. 중군은 돌려보내려 했으나 어재순은 가지 않았고 끝내 적의 칼에 죽고 말았다."[52]

그런데 이러한 내용 가운데에는 의심스러운 점이 다소 있다. 먼저 미군 측의 기록에 의하면 아침밥을 지을 때 들이닥친 곳은 광성진이 아니라 덕진진이었다.[53] 또 실록을 보아도, 어재연은 뒤늦게나마 미군의 기습을 인지하고 어영군을 출동시켰고, 광성진이 함락된 것은 미시(오후 3시경)에 이르러서였다.[54] 이 이야기 역시 여러 사람의 입을 거치는 동안 윤색되는 과정을 겪었다고 보아야 할 것이다.

제37수 전·결구의 내용도 흥미롭다. 문계안은 군막 밑에 숨었다가 전투가 끝난 뒤에 사로잡혔는데, 양놈 우두머리를 보좌하던 두 명

---

[52] 권15, 장45뒤. "御營別武士文啓安, 赴廣城之陳, 被擄而去, 拘諸船七日, 與同被擄四人, 始見釋回, 始詳說廣城事. 當日軍食纔炊, 忽見背後洋夷鳴砲而下, 已知斥堠俱散也. 我軍欲放砲, 中軍曰, '百步外, 勿放.' 士氣稍挫, 於是群醜飛突, 大砲中軍, 中軍仆之, 旋起以手提釰, 擊殺亦多. 是時, 啓安覆軍幕坐板而避之 臥, 從板隙而窺之也. 將死兵散, 一疊無聲, 啓安始起, 乃爲瞭望洋兵所獲, 縛至大船傍, 一酋出, 視之, 扶腋兩個, 是東漢也. 問啓安曰, '君是何營將官?' 啓安曰, '語聲, 是汝東漢, 吾欲嚙汝萬端.' 洋酋曰, '休矣, 納歟, 不爾, 斬.' 啓安不屈. 諸羊遂奪裂軍裝, 拘之船中, 船中燃丁, 不分晝夜. 今始見放, 記板底所見, 中軍弟在淳非徒軍人也, 爲見乃兄而來, 值此猝變, 中軍欲令回去, 在淳不去, 竟死於賊鋒."
[53] 김원모, 위의 글, 282~283면 참조. 미군이 덕진진을 점령했을 때, 조선군이 지어놓은 아침밥이 솥에 담겨 있었다고 한다.
[54] 『고종실록』 고종 8년 4월 24일조 참조.

의 조선인이 자신을 심문하자, 그는 "말소리로 보니 너 조선놈이구나. 너를 만단으로 씹어 먹고 싶다"며 꾸짖자, 양놈의 우두머리가 "그만 해라! 항복을 받겠느냐! 아니면 베어 죽이겠다"고 위협을 했는데도 그는 끝내 굴복하지 않았다는 것이다. 생생한 육성 증언으로 인해 서술이 활기를 띠고 있는데, 배반자에 대한 증오심이 오히려 적에 대한 증오심보다 크게 표출되고 있다는 점이 눈길을 끈다.

4월 24일 광성진을 점령한 미군은 그곳에서 하룻밤을 지내고 다음 날 물러나와 원래 있던 작약도 부근으로 돌아갔다. 원래 그들의 목적이 '손돌목 전투'에 대한 보복에 한정되어 있었던 것이고, 또 더 이상 전투를 지속할 역량도 없었다.[55] 이후 양측의 무력 충돌은 더 이상 일어나지 않았다.

그러나 이것으로 '신미양요'가 끝난 것은 아니었다. 미군은 그곳에서 20일 가량 더 머물다가 5월 16일이 되어서야 겨우 물러갔다. 그러한 대치 국면에서 미군은 줄기차게 조약 체결과 로우 공사의 친서를 조선국왕에게 전달해 줄 것을 요구했고, 조선은 그 요구를 끝내 거절했다. 명분과 논리로 상대를 압도하기 위하여 치열하지만 소리 없는 전쟁을 벌였던 것이다. 또한 그 와중에는 이질적 문화가 접촉하는 가운데 웃지 못할 해프닝이 벌어지기도 했다.

다음의 제3수는 신미양요 초기 단계인 4월 9일 조선 측이 미국 측에 대하여 처음으로 문정問情하던 과정을 그리고 있다.

흠차니 제독이니 이 무슨 명칭인고	欽差提督是何名
편지 보낸 그 속셈 흉측하도다.	投到書函叵測情

---

[55] 김원모, 앞의 논문, 290~291면 참조.

| 커다란 배, 문마다 유리가 달려 있고 | 大舸門扇琉璃處 |
| 창끝이 빛을 받아 번쩍번쩍 하더라지. | 戈鋌照日動晶晶 |

승구에 달린 주는 이러하다. "종선從船이 우리나라가 문정하는 곳에 와서는 (편지를) 던지고 갔다. 편지 가운데에는 이런 말이 있었다. '대아메리카합중국은 곧 대미국이다. 여기에 온 것은 우리나라의 흠차대인과 수사제독이 조선국의 대헌大憲과 상판商辦할 일이 있기 때문이다. 대략 상판하고 타협하는 데에는 시일이 소요되므로, 본선은 일정 구역을 정하여 정박하며 조약이 체결되기를 기다렸다가 곧 돌아가겠다.'"56_ 여기서 '흠차대인'은 전권 공사의 자격으로 온 주청공사(American Minister to China) 로우F. Low를 말하고, '수사제독'은 아시아함대 제독(Commander-in-chief of the Asiatic Fleet) 로저스J. Rodgers를 말한다. 미국 측은 'Minister' 'Commander' 등의 직위를 한문으로 표현하면서, 동양의 전통적 관직인 '흠차', '제독' 등의 말을 차용했던 것이다. 그런데 '흠차'라 하면 당연히 '황제'의 명을 받았다는 의미가 들어가므로 중국의 황제가 아닌 다른 황제가 있음을 전제하는 것이 된다. 그것을 인정할 수 없었기에 옥수는 기구에서 "이 무슨 명칭인고" 하며 개탄했다.

전·결구에서는 문정에 참여했던 관리들의 말을 옮겼다. 그들은 문정을 하고 돌아와 "커다란 배는 산만 한데, 배 위에는 유리창이 있고, 그 가운데에는 병기가 많이 쌓여 있어 아찔하도록 번쩍번쩍했다"57_고 말했다는 것이다. 앞의 「서사잡절」에서 프랑스 배를 묘사하는 대목에

56_ 권15, 장39뒤. "從船到我國問情處, 投而去, 書中云, '大亞美理賀合衆國, 卽大美國, 來者因我國欽差大人·水師提督, 欲與朝鮮國大憲有商辦事件, 大略辦妥, 尙需時日, 本船在海, 畵一帶, 停泊俟事竣約, 便回去.'"

서도 유리창이 언급되었는데, 여기서도 또다시 유리창이 언급되고 있음이 흥미롭다.

미군은 위의 편지를 일방적으로 전달하고는 자기 편의대로 강화해협에 수로 탐사를 나섰다가 위의 '손돌목 전투'가 벌어지고 말았던 것이다. 그런데 그 전투에서 승리했다고 판단한 조선 측에서는 이후 사태를 유화적으로 풀어 볼 목적으로 강화유수를 통해 편지와 소·돼지 등을 보내며 교섭을 시도했다. 다음 제7수는 이때 있었던 일화를 소개하고 있다.

유리병, 동전, 납촉, 그릇, 도금한 단추	瓶錢燭盒鍍金樞
통사는 괜스레 호박구슬 가져갔구나.	通事虛輸琥珀珠
참으로 군인은 뜻이 커야 하거늘	眞有兵機志於大
고위 관료에 어찌 이런 탐욕꾼을 썼던고.	品官焉用此貪夫

주를 보면, "통사가 강화유수의 편지를 전하던 날, 저들은 유리병 12개, 천보통보대전天保通寶大錢 3문, 백랍촉白蠟燭 8매, 도금한 단추 3개를 사공과 하인들에게 나누어 주었다. 2품관이란 자는 통사 김낙영의 호박구슬을 보고는 너무도 사고 싶어 하기에, 김낙영은 부득이 거저 주고 말았는데, 그는 공수를 하며 감사를 표했다 한다"[58]고 되어 있다. 군사적 긴장은 고조되고 있지만 상대방의 물건에 대한 호기심을 억제하지 못했던 미군 '품관'品官의 행위도 우습거니와 이것을 서

57_ 위와 같은 곳. "問情衆胥回告曰, 大舸之大如山, 舸上設琉璃窓, 扇其中, 多積兵仗, 眩幻光晶, 皆是傳者過實, 使聞之者, 相煽恐嚇也."
58_ 권15, 장40뒤. "通事傳沁書曰, 彼以琉璃瓶二十一箇·天保通寶大錢三文·白蠟燭八枚·鍍金衣樞三箇, 分給船格及下走. 其二品官云者, 見通事金樂英琥珀珠, 大欲買之, 樂英不得已白購, 彼拱手稱謝焉."

술하는 옥수의 필치도 해학적이다.

그런데 이러한 편지 공방이 있기 전에, 당시 부평부사였던 이기조는 손돌목 전투 직후 조정의 재가도 얻지 않은 상태에서 독자적으로 미군을 성토하는 편지를 장대에 걸어 보낸 일이 있었고, 옥수는 이런 행위를 크게 비판했다(제8수). 그런데 광성진 전투 이후 교섭 창구를 닫아 버린 조선 조정은 부평부사 이기조 개인 명의로 미군에 격서를 보내도록 하는 일종의 심리전을 펼쳤다(제25수).

한편, 그러한 대치 국면에서 미국 측이라고 어려움이 없는 것은 아니었다. 또다시 전투를 개시할 형편도 아닌데다가 시일은 자꾸 흐르는데 조선 조정에서는 교섭조차 거부했던 것이다. 미국 측에서는 로우 공사의 친서를 조선국왕에게 전달해 줄 것을 거듭 요구했으나 부평부사 이기조는 그럴 수 없다며 맞서는 가운데, 그 친서의 접수 여부를 두고 양 진영은 팽팽한 신경전을 벌였다. 다음 제29수는 그러한 편지 공방 중에 있었던 흥미로운 장면 하나를 소개하고 있다.

가쯔란 놈이 탄 배를 항도 나루에서 만났네[59]	哥姓船逢項島津
편지를 돌려주며 화친을 거부한다 문답했지.	還書問答拒和親
'정말로 지킬 수 있느냐? 대포도 쏠 테냐?'	果能守備兼能礮
'네가 참으로 알고 싶다면, 저 물에 물어 보거라!'	爾欲眞知問水濱

조선 측에서는 미군의 친서를 되돌려 주기 위해 통사를 미군에게 보냈는데 그 길에 미군 측의 '가쯔'란 자를 만나 문답을 나누었던 것이다. 주에 그 문답이 소개 되어 있다.

59_ '가쯔'는 서기보 겸 통역인 코울즈 J. P. Cowles이고, 항도項島는 통진부에 속한 섬이다.

가쓰가 열어 보고 말하기를, "공사의 편지는 어찌하여 돌려보냈는 가?" 하니, 통사가 "감히 조정에 올릴 수 없다"고 하였다. 가쓰가 "이미 보낸 편지를 답장도 없이 돌려보내니 무안하기 이를 데 없다"고 하며, 이어서 "우리가 다시 그 물길로 올라간다면 또 대포를 쏠 테냐?"고 묻자, 통사는 "좁은 입구에 들어온다면 어찌 대포를 쏘지 않겠는가?" 하였다. 가쓰가 "잘 지킬 수 있겠느냐?"고 묻자, 통사는 "한번 와 보거라"고 하였다.[60]

광성진 전투에서 조선은 참패를 당했으나, 장기간 대치 상태가 이어지자 오히려 미국 측이 초조해하고 조선 측은 여유를 보이고 있다. 이러한 편지 공방도 5월초를 지나면서 두절되고, 양측은 긴장된 대치를 이어 갔다. 이때 조선에서는 나름의 군사적 대비 태세를 강화하면서[61] 적의 동향을 예의 주시하고 있었다.[62] 그러다 지구전을 견디지 못한 미군은 5월 15일 한 통의 편지를 바닷가에 던져두고 다음날 철수하고 말았다. 옥수는 '승전'의 기쁨을 마지막 제48수에서 다음과 같이 노래하고 있다.

    사나운 양놈들 처음 기세에 누군들 놀라지 않았으랴　獰羊初勢孰無驚

---

[60] 권15, 장44앞. "平日通事以彼書欲還之, 乘船向票島, 逢小船於水次有哥姓者, 同往項島, 下碇, 彼問來由, 通事曰, '以富平大人書來.' 哥坼見曰, '一件公事, 何爲還來?' 通事曰, '不敢上朝廷.' 哥曰, '已送之書, 不答還來, 無顔極矣.' 仍問曰, '我們更往水上, 則又當放礮乎?' 通事曰, '入隘口, 安得不放礮乎?' 哥曰, '善守備乎?' 通事曰, '第往看之.'"
[61] 제22·23·24수에는 권병엽·손관원·정금손·이재정 등의 장사들이 전선에 투입되는 내용, 제34수에는 경기 중군 양계태를 중심으로 화공을 준비하는 내용, 제35·36수에는 화성유수 신석희의 방어 준비 상황을 칭송하고 있다.
[62] 제32수에는 천주교도들이 타고 온 것으로 보이는 작은 배가 소각되는 상황, 제39수에는 '무범선' 無帆船의 활동에 대한 내용, 제40수에는 담수화에 소용되는 것으로 추측되는 모래 채취에 대한 관찰이 보고되고 있다.

통주에도 돌입하여 황제의 수도를 분탕질했지.	突入通州蕩帝京
군함과 대포로 이 세계를 교만스레 횡행해도	船礮驕橫此天下
청구 한 곳만은 홀로 깨끗하도다.	靑邱一域獨淸明

승구는 1860년 북경사변 때 북경이 함락되었던 일을 말하고 있다. 중국도 서양 세력에 밀려 수도가 함락되기까지 했는데, 우리 조선은 끝내 굴복하지 않았다며 매우 자랑스러워하고 있다. 주에는 결연한 의지가 한층 선명히 드러나 있다. "양놈들이 화륜선과 대포로 천하를 횡행하고 다닌다. 지난번에는 황성皇城의 변란에 억지로 맹약을 맺은 치욕도 있었으니, 이는 모두 나라를 담당하는 자들이 일을 망친 탓이다. 그러나 우리나라는 올바름을 지켜 흔들리지 않으며, 흥망으로도 꺾지 못한다. 장차 천하 후세에 영원토록 할 말이 있을 것이다"[63]라고 하였다. 이 가운데 '흥망으로도 꺾지 못한다'는 말이 더욱 비장하다. 설령 망하는 일이 생길지라도 굴복하지는 않겠다는 결의인 것이다.

이상에서 신미양요의 주요 사건을 중심으로 「후서사잡절」을 살펴보았다. 그 결과를 가지고 「서사잡절」과 비교해 보면, 서술 방식에서 세세한 차이점이 없는 것은 아니지만 전체적인 형식이나 역사의식에서는 큰 차이가 없었다. 두 편 모두 양요洋擾라는 사건을 주체적 입장에서 총체적으로 그려낸 작품이라 할 수 있다.

병인·신미양요는 우리 역사의 중대 사건이었다. 중화 체제를 고수하던 조선이 처음으로 서구 자본주의 세계 체제와 무력으로 격돌한 사건이었던 것이다. 「서사잡절」 전후편에는 이때의 경험이 충실하게 담겨 있다. 양요의 발발 원인부터, 전개, 결말에 이르는 전 과정이 들

---

[63] 권15, 장47앞. "洋以火船大砲, 驕橫天下, 曩年皇城之變, 遂有劫盟之辱. 是皆主國者誤之, 而我東國守正不撓, 不以興亡撓之, 殆將永有辭於天下後世也."

어 있으며, 조정의 대책 논의에서부터 하층 민심의 동향에 이르기까지 양요의 다양한 국면이 포착되어 있다. 그리고 그 내용들은 사료史料로 활용되어도 좋을 만큼 사실에 기반하고 있다.[64]

그리고 작품에 일관하는 주제 의식은 '결연한 저항 정신'이라 할 수 있다. 서구 열강의 무력이 우리보다 우세함을 몰랐던 바는 아니지만, 결단코 물러설 수 없다는 의지가 표출되고 있다. 또한 내부를 향한 비판 정신도 날카롭다. 지배층의 무능과 비겁함에 대해서는 신랄한 비판을 아끼지 않는 반면, 아무리 무명의 인물이라 하더라도 영웅적 행위를 한 사람이라면 높이 기렸다. 이러한 점은 이후 애국계몽기에 많이 지어졌던 우국시의 선성先聲이 된다고 볼 수 있다.

---

[64] 「서사잡절」 전후편에 보이는 옥수의 사실 인식이나 역사 인식에 한계점이 없는 것은 아니다. 그러나 옥수가 전문한 사실을 왜곡하는 일은 없었다고 판단된다. 옥수의 잘못된 사실 인식에 대해서는 김명호, 앞의 논문, 317·322~323면 참조.

개항 전후의 현실 인식

「서사잡절」 전후편에서 확인했듯 양요洋擾 당시 옥수는 양이洋夷를 단호히 배격해야 한다는 입장이었으며 이항로, 기정진 등의 위정척사파를 적극 지지했다. 그런데 신미양요로부터 5년이 흐른 1876년 강화도조약의 체결 즈음에 이르러서는 위정척사파와 정반대의 입장을 취하게 된다. 위정척사파는 일본을 양이의 앞잡이로 인식하여(왜양일체론倭洋一體論) 강화도조약 체결을 극력 반대했지만, 옥수의 생각은 그들과 달랐다.

1868년부터 조선과 일본은 외교가 단절된 상태였다. 이는 일본이 1867년 메이지유신을 단행한 이후 대마도를 매개로 행해지던 그때까지의 외교 관행을 무시하고 메이지 정부가 직접 외교를 담당하려 한 데서 비롯된 것이었다. 특히 유신 직후 외교 문서의 격식을 바꾼 것이 크게 문제가 되어 조선 측에서는 서계書契의 접수조차 거부하고 있었다.

1875년에 이르러 일본은 조선의 문호를 열기 위해 자신들이 미국에게 당했던 것과 똑같은 방식을 썼다. 부산과 강화도 앞에서 군함을 동원한 무력시위를 벌이며 압력을 가했던바, 1876년에는 마침내 강화도조약이 체결되기에 이르렀다. 이러한 과정에서 민심은 크게 동요했고 조약 체결을 반대하는 유림의 여론은 높아만 갔다.

옥수는 강화도조약이 체결되기 직전에 「왜선이 대관과 만나기를 청하는데, 조정은 의논이 아직 통일되지 않고 있으니 참으로 이상한 일이다. 이것이 어찌 의심하고 겁낼 일이리오! 탄식할 만하도다」(倭船請大官相接 廟議尙未歸一 誠可異也 是何嘗疑劫事 可歎 _권19)라는 시를 지었는데, 여기에는 일본과의 교섭을 지지하는 입장이 드러나 있다.

동래 왜관 우호를 잃은 지 팔구 년	萊館失和八九年
부사와 역관 모두 왜들 그러는가?	邊臣象譯總胡然
다른 일도 아니요 이웃나라 서계 받는 일이거늘	交隣書契非他事
온 나라가 틀린 말 하니 참으로 가련하구나.	擧國訛言足可憐
마음속으론 계속 수뢰포를 의심하고	心內長疑水雷砲
입만 열면 먼저 화륜선부터 겁을 내네.	語頭先怯火輪船
우리가 충신을 다하면 오랑캐인들 가릴 것 없으니	盡吾忠信無蠻貊
강화부에서 흑전黑田을 대접한들 잘못될 게 뭐있나.	沁府何傷宴黑田

작품 말미에는 다음과 같은 주가 달려 있다. "왜인들의 서계가 무진년(1868)부터 받아들여지지 않고 있다. 동래부사 정현덕鄭顯德과 역관 안동준安東晙이 실상 조정의 판단을 혼란스럽게 하더니 급기야 우호를 잃어버리는 지경에까지 이르렀고, 나라의 여론이 그 때문에 온통 동요한다. 왜인들이 사용한다는 수뢰포와 화륜선이란 말만 들어도 모두 겁을 집어먹는다. 조정에서는 왜인들과 만나려고 하는데 여러 이야기가 들쭉날쭉하여 대관을 내보내서는 안 된다는 의론까지 있으니 가소로운 일이다. '흑전'黑田(黑田淸隆: 구로다 기요타카)은 왜의 대관

을 말한다."[65] 옥수는 세계와 관련된 국내의 비판적 여론을 '와언'訛言이라 단언하며 일본 측에 대한 지나친 위기의식에 매몰되지 말고 자신감을 가질 필요가 있다는 주장을 펼치고 있다. 또 옥수는 다시 「민민」悶悶(권19)[66]이란 시를 지어 좀 더 구체적으로 자신의 생각을 드러냈다.

이웃나라와 우호를 다짐은 마땅한 일이거늘	交隣道好事之常
어찌하여 이처럼 한바탕 떠들썩하단 말인가.	胡此紛紛鬧一場
천지엔 원래 이와 다른 의리가 없거늘	天地元無他義理
고금토록 거짓 문장 판치는구나.	古今多販假文章
우물 안 개구리의 잘난 체 참으로 우습고	井蛙自大情堪笑
난리 났다는 소문 너무도 황당하구나.	風鶴相傳語太荒
실패의 전철 따라가느라 길을 바꿀 줄 모르니	覆轍不知翻改路
편협하고 하찮은 선비들, 생각이 부족하네.	拘儒曲士欠商量

척화파들을 '우물안 개구리'로 비유하고 그들의 노선을 '복철'覆轍로 표현하며 이미 세상의 길은 '번개'翻改했다고 말하고 있기에, 서세西勢에 대한 옥수의 생각이 완전히 바뀐 것처럼 보인다. 그러나 옥수가 정말로 '우물'을 벗어났던 것은 아니었다. 수련을 보면 옥수가 일본과의 수호修好를 '교린'交隣으로 표현하고 있음에 주목하게 된다. 교린은 '사대교린'事大交隣 즉 천자국에게는 사대를, 이웃 나라와는

65_ 위와 같은 곳. "倭人書契, 自戊辰不許相通. 府使鄭顯德 譯官安東晙, 實眩亂朝聽, 而至失和之境, 而國言因以胥動, 其所用水雷砲·火輪船, 聞者莫不懷怯也. 及夫廟算之欲許相通, 衆議參差, 有不可許大官接見之論, 可笑也. 黑田, 倭大官云."
66_ 1월 25일(음력)에 지었다고 기록되어 있다. 조약이 체결된 날짜는 2월 3일이다.

교린을 하는 중세 동양의 외교 체제를 말한다. 옥수는 어디까지나 중화 체제 내에서 일본과의 수호를 생각하고 있었던 것이다.

강화도조약이 체결된 후에 지은 「일본 사신들은 조약이 체결되자 배를 돌리다」(日使定約返櫂 幷小識 _권19)를 보면 조약 체결을 지지했던 또 다른 까닭이 드러나 있다.

천 사람 만 사람 모두 대롱으로 하늘을 보아	萬千人盡管窺天
아침저녁 조수를 보고도 배라고 착각하네.	夕汐朝潮錯認船
양놈의 앞잡이가 대마도에서 나왔다며 의심하는데	猜道洋奸生馬島
조약 맺지 않았다면 임진년 난리처럼 후회했으리.	不惠隣約悔龍年
근거 없는 낭설들로 속 좁은 선비들이 오해하지만	無根曲折拘儒誤
결국은 잘 되었으니, 재상은 현명하였네.	到底彌綸輔相賢
이월이라 동풍 불어 밭 갈러들 나오고	二月東風耕者出
태평 시절 초가집서 나는야 한가로이 잠을 자노라.	太平茅屋我閒眠

이 작품에는 다음과 같은 서문이 있다. "조정에서는 판부사 신헌申櫶, 부총관 윤자승尹滋承을 선발했다. 왜사 흑전청륭黑田淸隆(구로다 기요타카), 정상형井上馨(이노우에 가오루), 삼산무森山武(모리야마 시게루)가 강화부에서 묵으니 또 유언비어가 그치지 않고 모두들 겁을 먹었다. 이제 조약이 체결되니 일본 사신들은 배를 돌렸다"[67]_ 이 작품의 핵심 주장은 함련에서 찾을 수 있다. 척화파들의 주장을 따라 강경 일변도로 사태에 대처했다면 임진왜란과 같은 전면전이 일어났을 것이

67_ 권19, 장4앞. "朝廷簡大官判府事申櫶·副總官尹滋承, 倭使黑田淸隆·井上馨·森山武, 館于沁府. 且浮訛不息, 擧懷疑怯. 今定條約, 倭使返櫂."

라는 우려이다. 옥수가 조약 체결을 지지했던 주된 이유를 바로 여기서 찾을 수 있다. 옥수가 당시 정한론征韓論을 둘러싸고 일어났던 일본 내의 논란을 파악하고 있었는지는 알 수 없지만, 최대한 무력 충돌을 피하고 조일朝日 양국간의 평화를 지향했다는 점은 나름대로 합리적이고 온건한 현실감각이라 평가할 수 있을 것이다. 하지만 일본이 과거의 일본이 아니고 제국주의의 길로 이미 들어섰음을 파악하지 못했던 것은 명백한 한계가 아닐 수 없다.

그런데 이러한 옥수의 인식은 조약 체결을 추진했던 고종 및 집권층 일부의 입장에 동조하는 것이었다고 볼 수 있다.[68] 고종은 일본과의 조약 체결에 대해 "이번 일은 구호를 닦는 것에 지나지 않을 뿐"[69] 이라 말했는데, 이는 위에서 보았던 옥수의 입장과 동일한 논리이다. 그렇다면 옥수가 조약 체결에 대해 이토록 적극적인 입장을 세우게 되었던 것은 당시 북촌시단의 분위기에서 영향 받은 것으로 볼 수 있을 듯하다. 당시 북촌시단에는 박규수가 생존해 있었을 뿐만 아니라, 조약 체결을 전담했던 신헌申櫶, 신헌을 보좌했던 강위姜瑋 등이 옥수와 시문을 교환하는 사이였다. 그런 점에서 옥수의 한계는 곧 당시 조약을 추진한 조선 조정의 한계로 볼 수 있다. 일본의 실체를 제대로 파악하지 못한 상태에서 조약 체결에 임했기에 그 내용이 조선 측에 일방적으로 불리할 수밖에 없었던 것이다.

역시 강화도조약 체결은 옥수의 희망과는 달리 곧 전면적인 개항으로 이어졌고 조선은 외세의 각축장이 되고 말았다. 이러한 상황에

---

[68] 강화도조약이 체결된 이후 조정에서도 역시 이와 같은 논리로 반대파들을 무마하려 했다(『한국사』 37, 국사편찬위원회, 2000, 246면 참조). 이러한 논리가 위정척사파들을 설득하기 위한 논리였는지, 아니면 정말 옥수가 그렇게 생각하고 있었는지는 정확히 알 수 없다.
[69] 『승정원일기』 고종 13년 2월 5일 참조.

대해 옥수는 개탄해 마지않았다. 1884년에 지은 「새벽꿈」(至月吉曉 _ 권24)에 위기감이 역설적으로 표현되고 있다. 다음은 작품의 '소지' 小 識이다.

> 꿈에 한 전각에 이르렀는데, 임금님께서 바야흐로 각국 사람들과 주빈의 예를 거행하고 계셨다. 각국 사람들은 조선을 맹주로 삼았다. 나는 한 연을 지었으니, 곧 이 시의 미련이다. 깨어나서 그것을 기록하고 이어 수련 경련을 지어 완성했다.[70]

옥수는 실제 조선에서 벌어지고 있는 현실과는 정반대의 상황을 꿈꾸어 본 것이다. 옥수는 조선의 군주가 맹주가 되는 꿈을 꾸며, 꿈 속에서 아래 시의 미련을 지었던 것이고, 꿈에서 깨어 나머지 부분을 다음과 같이 채워 넣었다.

무강의 대업을 이어 온 우리 대조선	無疆歷服大朝鮮
넓고 높은 하늘과 땅에 태양은 둥글도다.	盤泰乾坤化日圓
만국의 의관이 우리나라를 따르고	萬國衣冠歸左海
천년을 이어 온 문물, 저 하늘에 빛난다.	千年文物煥中天
어느 때인들 어진 정치 베풀기 귀히 여기지 않았던가	何時不貴施仁政
예로부터 세상을 경륜하는 현인이 많았다네.	從古多資濟世賢
초목과 곤충도 조화로운 기운을 드러내고	草木昆蟲呈協氣
전각 위 별빛이 찬란하게 내려온다.	离宮星彩耀當前

---

[70] 권24, 장64앞. "夢至一殿閣, 聖上方與各國人講主賓之禮. 各國人, 以朝鮮爲盟主. 冕鎬作一聯, 卽此鎖聯也. 覺而記之, 乃以首頸結續之."

'맹주'는 부국강병이나 약육강식 등과 어울리는 말이지만, 옥수는 조선의 예악 문물과 어진 정치로 세계 각국의 맹주가 된다는 상상을 하고 있다. 상상의 세계이나마 무력을 내세우지 않고 문화의 힘으로 세계의 맹주가 되었으니 그 평화주의적 이상이 소중하게 여겨지기도 한다. 그러나 이것은 어디까지나 꿈속의 일이었고, 현실에서는 시시각각 서구 열강의 세력이 침투하고 있었다. 1885년에 지은 「분노하다」(憤詩 _권26)에는 이러한 위태로운 현실에 대한 옥수의 안타까움이 드러나 있다.

우리나라 오늘날 어떤 때인가	我東今日是何辰
눈앞을 스치는 외국의 먼지들.	觸目泪流外國塵
널리 찾으면 만회할 계책이 없지 않으련만	博採非無挽回策
조정에선 독서인을 찾을 수 없도다.	朝廷不數讀書人

'외국의 먼지들'(外國塵)이란 말 속에 서구 열강에 대한 옥수의 비판적 입장이 함축되어 있다. 또 비슷한 시기에 지은 「시장에서」(憤市 _권26)에서도 '서풍'西風을 비판하는 내용을 담고 있다.

육해의 진귀한 보물 각양각색 신기해	陸海珍藏色色新
인심을 뒤흔들고 정신을 빼앗는다.	蕩人心術奪精神
어느 누가 쇠로 만든 여의봉으로	有誰能把鐵如意
저 서풍을 부수어 한 줌 먼지로 만들려나.	碎擲西風付掬塵

여기서 '서풍'은 구체적으로 '양물'洋物 즉 서양의 상품들을 지칭한다. 그것이 우리의 정신을 빼앗는다며 옥수는 우려했다. 그런데 앞

의 시에서는 '독서인'이 없음을 한탄하고 있고, 뒤의 시에서는 '누군가'가 나서 주기를 기대하고 있다는 점이 주목된다. 이때(1885)에는 박규수나 신석우와 같이 옥수가 경세가로 큰 기대를 품었던 벗들이 이미 타계하고, 대원군도 실각한 상태였기에 옥수는 더욱 외로움을 느꼈을 것이다.

이러한 상태에서 옥수는 서세동점의 시국을 타개할 역량 있는 인물로 이홍장李鴻章과 원세개袁世凱 같은 청나라 조정의 인물들에게 기대를 품게 되었던 것으로 보인다. 다음은 역시 1885년에 창작된 「마음 속의 분노」(幽憤 _권26)이다.

삼천리 강역의 우리 동방	三千里界我東方
문교文敎로 한 줄기 양陽의 기운 부지하네.	文敎扶持一脈陽
근일에 공 많은 자 원세개요	近日功多袁世凱
중국을 이끄는 자 이홍장일세.	中原論定李鴻章
어찌 저리 천주학天誅學[71]은 밀려드는지	何來滾滾天誅學
공공연히 물들여 귀신을 씌우네.	傳染堂堂鬼換腸
여든네 해, 이제 백발이 되어	八十四年今白髮
세상살이 이런 풍상 겪는구나.	人間閱歷此風霜

옥수의 눈에 비친 현실은 암울하기 짝이 없다. 하지만 옥수의 세계 인식에 의하면 조선은 한 줄기 양의 기운을 보전하는 형국이므로, 이치상 동지冬至를 지나면 조금씩 양의 기운이 커지듯 앞으로는 점차

71_ '천주학' 天主學을 조롱하려고 '主'를 '誅'(벌줄 주)로 바꾸었다. '하늘이 벌을 내리는 배움'이라는 뜻이 된다.

좋아질 것이란 낙관적 전망이 불가능한 것은 아니다. 옥수는 원세개와 이홍장을 통해 그러한 가능성을 보고자 했던 듯하다.

이홍장과 원세개는 구한말의 우리 역사와 밀접한 관련이 있던 인물들이다. 하지만 조선의 자주성을 침해했던 인물들이므로 옥수가 이들에게 걸었던 큰 기대는 애초에 그 한계가 명백했다 할 수 있다. 하지만 옥수는 이 문제를 매우 진지하게 생각했다. 옥수의 이러한 입장은 다른 자료를 통해서도 확인된다. 서양식 무기 제조 기술을 도입하기 위해 1881년 김윤식이 영선사가 되어 천진으로 떠날 때, 옥수는 김윤식에게「영선사로 가는 김윤식을 전송하며」(送領選使金洵卿允植序 _권29)를 써 주었는데, 이 글에는 다음과 같은 내용이 들어 있다.

> 오늘날 압록강 서쪽에서는 이홍장이 관중·제갈량과 같은 재주를 가지고 때마침 세상에 나와 대군을 이끌며 남북양의 총독이 되었다. 군비가 대단하여 천진의 관關에 장성을 쌓은 듯하여 외이外夷들이 감히 넘보지 못한다.[72]

옥수는 이홍장이 서양 세력을 막아 낼 역량이 있다고 보았던 것이다. 또 1882년 영선사의 종사관이 되어 떠나는 김명균金明均에게 준「명수 김명균에게 주다」(贈金明叟〔明均〕序 _권29)에도 이홍장과 관련된 내용이 보인다.

> (내가) 지난밤에 꿈을 꾸었다. 이부상李傅相(이홍장)이 명수에게『동국

---

[72]_ 권29, 장28뒤. "近日, 鴨水以西, 李少荃中堂, 以管·葛之才, 應時而出, 握重兵, 總督南北洋, 戎機屹然, 長城於天津之卡, 所以外夷之莫敢覬覦也."

통감』을 주며 "이 책은 내 책상에 두고 늘 뒤적이는 것이다. 조선인들이 집집마다 읽고 외울 만하므로 내가 그대에게 준다. 내가 듣건대『육서정의』六書正義는 조선의 목판본이 (중국의) 판본보다 좋다고 하니 그대는 그것을 가져와 나의 서재를 넓히라."[73]

이 대목 또한 실제 있었던 일화가 아니라 옥수의 꿈 이야기이다. 이 대목 뒤로 옥수는 "아, 꿈이란 것은 내기內氣가 전일해지면 발하는 것인데, 어째서 내가 이런 꿈을 꾸었을까?"[74]라 말하고 있다. 옥수의 말처럼 이 꿈에는 옥수가 평소 간절히 생각하던 것(內氣)이 투영되어 있을 것이다.『동국통감』은 조선 초에 서거정徐居正 등이 중심이 되어 편찬한 우리나라의 대표적 관찬 역사서이고,『육서정의』는 명나라 오원만吳元滿이 편찬한 자서字書[75]이다.

이홍장이『동국통감』을 매일 읽는다는 것은, 이홍장이 중국이라는 일국의 입장에만 갇히지 말고 조선과 중국을 아우르는 차원에서 생각하고 행동해 주기를 바라는 옥수의 염원이 투영된 것으로 볼 수 있다. 또『육서정의』라는 중국책을 조선에서 구해 간다는 것은, 조선과 중국이 문화를 공유하고 있음을 상징적으로 나타내고 있다. 그렇다면 이 글들에 담긴 옥수의 뜻은 서세동점의 시대를 맞아, 조선과 중국이 공통의 문화를 바탕으로 연대하여 서구 세력에 맞서기를 염원했던 것으로 정리할 수 있을 것이다.

그런데 흥미로운 것은 이런 생각을 옥수만 한 것은 아니었다는 점

73_ 권29, 33앞~뒤. "宿昔之夜, 有夢焉, 李傅相授明叟以『東國通鑑』曰, '此置吾几案間, 常所披閱, 東人所可家讀而戶誦, 吾以傳之君也. 吾聞『六書正義』, 東國鋟本, 善於棗梨, 君其賷來以廣我書所, 我欲收天下正義, 以憲萬邦. 君可式遄, 毋令我佇.' 明叟曰, '謹奉敎,'"
74_ 위와 같은 곳. "噫, 夢者, 內氣專而發者, 胡爲乎, 冕有是也."
75_ 『사고전서총목』四庫全書總目 권43,「경부」經部 43, '소학류존목' 小學類存目 1 참조.

이다. 1882년 임오군란이 발발했을 때 청나라는 오장경吳長慶을 제독으로 하여 3천의 병력을 조선에 파견했다. 이때 장건張謇, 주명반朱銘盤, 주가록周家祿 등의 문인들이 오장경의 막료로 조선에 와서 옥수 등 일군의 조선 문인들과 활발한 교유를 했다.[76] 그 가운데 주가록은 다음과 같은 시를 지은 바 있다.

......

이 나라 비록 중도에 쇠락했으나	兹邦雖中落
예로부터 같은 문자 써 왔네.	自昔書同文
이 어려움 함께 헤쳐 나가야 하니	艱難期共濟
조수鳥獸와 함께 살 수는 없지 않은가.	鳥獸豈同群
그 누가 나라를 망치는 말로	誰將亡國言
저 유약한 임금을 해치려 하는가.	抵彼柔弱君
문호를 열고 교역을 하면	開關期互市
외국 선박들 부지런히 오갈 것이라.	番舶遂紛紜
중국은 좌익(조선)에 의지하고 있는데	神州憑左翼
섬 오랑캐가 방자히 광분하누나.	島虜肆狂氛
산하를 한번 잃으면	河山一失勢
약조 따위는 부질없는 법.	約契何足云

시의 제목은 「한강」漢江[77]이다. 주가록이 조선 땅에 처음 들어와 한강을 보고서 느낀 감회를 읊은 시로, 인용된 부분은 그 후반부이다.

76_ 이에 대해서는 김용태, 「임오군란기 한중韓中 문인의 교유 양상―조면호趙冕鎬·김창희金昌熙의 활동을 중심으로―」, 『한문학보』 17, 우리한문학회, 2007.

77_ 주가록, 『수개당집』壽愷堂集 권10(『近代中國史料叢刊』 83, 台北:文海出版社, 1967.)

주가록은 이 시에서 중국과 조선이 같은 문자를 써 왔던 관계임을 강조하며 '조수' 곧 서양 세력에 함께 맞서야 한다고 주장했다. 아울러 지정학적으로 중국은 조선에 의지하고 있음을 지적하면서 '섬 오랑캐' 곧 일본에 대한 적개심을 드러냈다. 주가록은 옥수와 마찬가지로 문화적 동질감을 바탕으로 조선과 중국이 연대하여 서양 세력에 맞서야 한다는 생각을 하고 있었던 것이다. 또 주가록은 「수구당」守舊黨이란 악부시의 서문에서 조선 집권층의 분열주의와 '수구파'를 비판하면서 조선의 안위를 걱정하던 끝에 "오오, 어찌 조선만 그러하겠는가?"[78]라고 하였다. 주가록은 조선의 위태로운 모습에서 중국의 위태로움을 보았던 것이다.

이처럼 서구 제국주의에 대하여 문화를 바탕으로 중국과 조선의 연대를 강조했던 옥수와 주가록의 생각이 당시 현실에 그다지 실질적인 영향력을 발휘했던 것으로 보이지는 않는다. 그러나 이들이 '문화'의 동질성을 강조하면서 중국과 조선의 '협력'을 통해 서양 세력에 맞서고자 했던 염원은 결코 가볍게 평가되어서는 안 된다. 이는 종래 중국과 조선을 주종관계로 규정했던 화이관념으로부터 상당히 탈피한 것으로 볼 수 있다. 동아시아 역내의 평화적 관계를 도모하고, 동아시아의 전통적 문화를 바탕으로 서구 중심의 세계 질서를 넘어서는 새로운 문명을 모색하고자 하는 오늘날의 '동아시아론'이 적극적으로 섭취해야 할 역사적 자산이 아닐 수 없다.

78_ 주가록, 『조선악부』, 「수구당서」, "……鶩虛名而昧實禍 朝鮮其危矣哉 嗚呼 豈獨朝鮮也哉."

7
표현과 형식상의 특색

해학과 풍자의 미학

생애와 문학관의 측면에서 옥수가 시인으로 성장한 과정을 살펴보고, 그것을 토대로 주로 내용적 측면에서 옥수의 다양한 시 세계를 검토한 것이 지금까지의 서술이라면, 이 장에서는 표현과 형식의 관점에서 옥수 시의 특징을 살펴보고자 한다. 그렇게 함으로써 옥수의 시 세계가 갖고 있는 여러 국면들을 좀 더 폭넓게 규명할 수 있을 것이다.

옥수 시를 옥수 시답게 만드는 가장 핵심적 요소는 다른 무엇보다 '해학과 풍자'가 가져오는 웃음에서 찾을 수 있다. 해학과 풍자는 옥수 시에서 즐겨 사용하는 표현 수법일 뿐만 아니라, 옥수 시의 정신이라고 표현해도 좋을 만큼 중요한 의의가 있다. 예를 들어 자신을 포함한 양반 계층의 무능과 허위를 통렬하게 공박하는 데서 신랄한 풍자가 나오고, 어린아이나 계집종과 같은 약자들과 공감을 나누는 탈권위적 자세가 따스한 유머로 표출되는 것을 볼 때, 해학과 풍자는 옥수 시의 주제 의식 그 자체라고 할 수 있을 정도이다. 옥수 시의 해학과 풍자는 그 쓰임새에 따라 다음의 세 가지로 나누어 살펴볼 수 있다.

첫째, 자신의 궁핍을 해학으로 승화시키는 경우이다. 이러한 쓰임은 『옥수집』에서 빈번히 만날 수 있는데, 이 책 3장의 '가난한 일상의 노래'에서 검토했던 작품들이 주로 이 경우에 해당한다. 앞에서 다루지 않았던 작품으로 「배고픔」(調飢_권23)에서 그 전형적인 수법을 볼 수 있다.

봄 해가 처음 더디어져 차차 길어질 무렵	春日初遲漸近長
산가山家의 생계는 날마다 막막한데	山家生理日蒼茫
주인이 배를 문지르니 참말 이게 무슨 일인가	主人捫腹誠何事
매화꽃 만 섬 되는 향내를 마음껏 먹었더라네.	飽食梅花萬斛香

봄철 보릿고개를 맞아 끼니를 마련하기 어려운 상황인데, 자신은 매화 향기로 든든히 배를 채웠다며 한껏 여유를 부리고 있다. 매화 향기를 먹었다 하여 신선 취향을 드러내는 것은 아니며, 궁핍한 삶이 멋스런 유머를 통해 풍류로 승화되고 있다.

그런데 이 시는 매화라는 상징물이 개입함으로써 일정 부분 고고한 분위기가 조성될 수 있었는데, 대부분의 경우 옥수는 자신을 비속하게 표현함에 전혀 주저함이 없다. 「장난삼아 짓다」(戲作_권26)에서 그러한 예를 볼 수 있다.

비오는 날 집 안은 텅 비고 눈마저 흐려져	雨日空空眼乏睛
노인은 모든 일이 괴로워 이루 말할 수 없으나	老人凡百苦難名
세상에서 무엇이 제일 좋으냐 하면	世間何事眞知好
밥 하는 아이가 부엌에서 쌀 찧는 소리.	飯婢東廚擊米聲

이 시에서 웃음이 유발될 수 있는 것은 옥수의 솔직함이 밑바탕에

자리하고 있기 때문이다. 비속해 보일 수도 있는 자신의 욕구들을 감추지 않되 해학적으로 표현함으로써 문학적 흥취를 자아내고 있다. 이러한 표현 수법은 동파의 시에서 그 전범을 찾을 수 있다.

두 번째는 대상을 따스한 시선으로 관찰하여 잔잔한 웃음을 유발하는 경우이다. 특히 어린아이들을 그릴 때 옥수는 이런 방법을 주로 쓰는데, 「타전리사」 같은 작품에서 많이 구사되었다. 다른 예를 통해 살펴보자.

옥수에게는 '순일'順一이라는 이름의 시동侍童이 있었는데, 옥수는 그 아이와 관련된 재미난 일화들을 작품의 소재로 활용하기도 했다. 그 가운데 「희제」戲題(권8)의 서문에는 다음과 같은 일화가 소개되고 있다.

> 순일이가 말하기를, "제가 동산에 올랐다가 시구 하나를 지었는데요, '높이 올라 멀리 보니 모든 산이 가을이네'(高處遙看萬山秋)입니다. 시가 되는지요?"라고 하였다. 나는 "나머지도 채워 시를 완성하여라" 하였다. 다음날 아침 순일이가 창을 열며 웃으면서, "소인의 '만산추'萬山秋가 없어져 버렸습니다" 하기에, 내가 무슨 소리냐고 하니, "벌써 설산雪山이 되고 말았습니다" 하는 것이었다.[1]

순일이의 꾀를 귀엽게 바라보는 옥수의 눈길이 느껴지는 일화이다. 이러한 점들이 옥수 시에 부드러운 느낌을 불어넣고 있다. 「와룡관」(看臥龍冠 _권26)도 아이들을 등장시켜 유머러스한 분위기를 연출하고 있는 작품이다.

---

[1] 권8, 장30앞. "鐙下駿童順一告曰, 小人登園, 有一句語云, '高處遙看萬山秋' 可成語乎? 余曰, 塡作完詩. 翌朝順一拓窓而笑曰, 小人萬山秋已失之矣. 余曰胡說? 曰已雪山矣."

이웃 아이 대여섯 다투어 와서 구경하네.	隣童五六競來看
웃으며 말하길 대감님 학창의도 헐렁하구요	笑說台監鶴氅寬
머리에 이고 있는 동이는 더욱 괴상합니다.	頭上戴盆尤怪異
이 관 이름이 와룡관이란다.	此冠名是臥龍冠

옥수 당시에는 잘 사용되지 않던, 제갈량이 썼던 모자라 전하는 와룡관의 어색함을 아이들의 시각을 이용해 재미있게 그려내고 있다. 옥수는 또한 닭과 같은 짐승과도 교감을 나누었다.

꼬꼬댁 울기를 그치지 않네	膠膠鳴不已
목이 쉬도록 너는 무얼 하느냐?	喉癢爾何爲
온 세상이 꿈속에 잠들었다가	擧世天荒夢
나로 인해 비로소 깨어나지요.	待吾始破之

「닭에게 묻다」(問雞 雞答 _권23)의 전문이다. 마치 오늘날의 동요처럼 들리는 작품으로, 작자의 동심이 느껴진다. 이 밖에도 옥수는 모기, 파리, 쥐 등2_에 대해서도 유머러스한 작품을 남기고 있다. 이처럼 옥수는 어린아이나 미물과 같은 대상들을 대할 때 '어른'이나 '영장'으로서의 권위를 배제한 채 눈높이를 대상과 일치시키고 적극적으로 교감을 나눔으로써 따뜻한 웃음을 유발하는 수법을 매우 유용하게 구사했다. 이는 자신의 권위를 벗어 버리고 솔직하면서도 해학적으로 스스로를 드러내기 좋아했던 옥수의 인생관과 밀접한 관련이 있다.

세 번째는 주로 사대부 층을 비판할 때 활용되는 풍자와 냉소이

2_ 「蠅譴 慰讁中無理」(권5); 「恕蚊」, 「每宵鼠攪可惡」(권17)

다. 「다듬이질 하는 여인의 탄식」(搗女歎 _권24), 「서사잡절」 전후편 등이 그러한 예에 해당됨을 앞에서 확인했다. 앞에서 다루지 않은 작품 가운데서 이러한 예를 들자면, 「조정에서 당오전을 주조할 결정을 하였으니 나라를 부유하게 하고 백성을 넉넉히 하는 방책이었다. 지금 행한 지 4년이 되었다」(朝廷議鑄當五錢 爲富國裕民之術 今行之四年 _권26) 같은 작품을 들 수 있다.

하늘과 땅 사이에	上天下地間
지극한 보배는 오로지 당오전이라.	至寶惟當五
당오전의 신통함이여	當五之神通
용도 삶고, 호랑이도 씹을 수 있네.	可烹龍啗虎
진나라 사람은 지각이 없어	晉人知覺無
심지어는 왕이보 같은 이가 있었지.	至有王夷甫
그가 만일 여기 조선에 있었다면	若在此朝鮮
아도를 위해 천 번은 죽었으리.	千番死阿覩
인정은 어제와 오늘이 달라지는 법이라	人情殊昨今
막상 닥치면 뱃속도 바뀐다네.	當面換腸肚
내 손에는 아무것도 없으니	我手一空空
이 가난의 병이 언제나 나으려나.	斯疾何時愈
탄식하노니, 4년 전 그때	歎息四年前
이 일을 주관한 이 누구였던가.	此權其誰主

1886년에 지어진 이 시는 1883년에 주조되어 통용되기 시작한 악화 당오전을 비판하는 내용이다. 이 작품은 마지막 두 구를 제외하고는 제목에서부터 철저히 반어법으로 일관하고 있다. 돈이란 말조차

입에 담기 싫어 돈을 '아도'('이것'이라는 의미)라고 불렀다는 중국 진나라 왕이보를 짐짓 '지각없는' 사람으로 치부하는 것은 당시 조선의 물신숭배 풍조에 대한 역설적인 풍자이다. 또 당오전으로 용 고기도 먹을 수 있다 하고 왕이보가 조선에 있었다면 그 역시 지조를 버리고 돈을 위해 천 번은 죽었을 것이라는 과장들이 웃음을 유발하는데, 역시 그 속에는 날카로운 비판의 비수가 들어 있다. 이처럼 옥수는 집권층을 비판할 때면 역설과 비유, 과장법을 통해 풍자의 통렬함을 배가시키는 방법을 종종 구사했다.

이상의 검토에서 드러나듯, 해학과 풍자는 옥수 시에서 다양한 층위에서 활용되고 있다. 또 이는 옥수의 사 의식, 약자에 대한 따듯한 마음, 비판정신 등과 밀접한 관련을 맺고 있다. 그러한 점에서 해학과 풍자는 옥수 시를 옥수 시답게 만드는 가장 큰 요소임을 확인할 수 있다.

새로운 시어의 창출

옥수는 신응조에게 보낸 편지에서 다음과 같이 말했다.

> 오늘날 만약 상말(諺) 잘하는 이에게 문임을 맡긴다면, 분명 내가 우뚝하게 뽑힐 것이다.[3]

이는 옥수가 농담 삼아 한 말이지만 옥수 시의 한 특징을 선명하게 보여준다. 2장에서 보았듯 옥수는 지속적으로 '나의 시'를 추구했고 그러한 모색 끝에 도달한 깨달음 가운데 하나는 언문諺文 육담肉談 상담常談 누설陋說 진담陳談을 거리낌 없이 사용할 수밖에 없다는 것이었다.

본래 고도로 세련된 문언 문학인 한시에 일상의 어휘를 도입한다는 것은 작품의 격조를 떨어뜨릴 위험성이 매우 큰 수법이라 할 수 있지만, 조선 후기에는 조선의 어휘를 시어로 도입하는 '조선시풍'이 문

---

[3] 권28, 「계전상공에게 올리는 답장」(上答桂田相公書〔乙酉八月二十日〕) 장49뒤. "當今之世, 若以諺而授文任, 冕鎬必超然登壇."

단의 한 흐름을 형성하고 있었다. 옥수는 이러한 전통을 계승했다고 볼 수 있는데, 그 태도가 대단히 과감하고 전면적이었다. 여기서는 옥수 시에서 구어적 어휘가 시어로 활용된 예들을 정리해 보도록 하겠다.

먼저 우리말의 속담이나 관용적 표현을 시어로 활용한 경우를 들 수 있다. 앞서 살폈던 시 중에서「타전리사」의 제8수에서 "젖 먹던 힘까지 다하니"(吸乳力衰天所憐)와 같은 구절이 대표적 예가 될 것이다. 이와 유사한 예로「추석 속담」(秋夕諺 _권24)에 보이는 "더도 말고 덜도 말아라, 이 추석이여"(不加不減是嘉排)는 속담 '더도 말고 덜도 말고 한가위만 같아라'를 차용한 것이며,「봄추위」(春寒〔全用俗諺〕_권12)의 "옛말이 딱 맞아 봄한테 혼쭐나는군, 이파리와 꽃을 시샘하느라 이 늙은이 얼어 죽이네"(切當古諺罵於春, 葉妬花猜死老人.)는 우리 속담 '꽃샘 잎샘에 설늙은이 얼어 죽는다'를 가져온 것이다.

또 한시는 아니지만, 벗들에게 보내는 편지글에서 "속담에 '늙을 노' 자가 원수라더니, 참으로 격언일세"(諺所云老一字是冤讐, 眞格言耳.)[4]라거나, "일찍이 친척이 생면부지만 못하다고 했던가!"(曾謂戚黨不如陌路乎)[5]라는 식으로 속담을 이용한 표현을 사용하기도 했다.

옥수는 어휘의 차원에서도 한국식 한자어를 활발히 활용했다.「파리」(蠅譴 慰謫中無理 _권5)의 "도용塗䉛으로 적을 유인하니 꼭 항아리처럼 생겼네"(塗䉛誘賊算似甕)라는 구절에서 '도용'은 강서 지방에서 쓰는 파리 잡는 도구로, 대나무 살에 종이를 발라 통을 만들고 그 속에 풀을 발라 파리를 유인해 잡는 기구였다.[6]「해장 생일날 내가 병이 나서 일어나지를 못해 한번 호강할 기회를 잃어 한스럽다. 시 한

4_ 권28,「與經香書(甲申三月三日)」
5_ 권28,「上金判府事(道喜)書」
6_ 권5,「蠅譴 慰謫中無理」장44앞. "竹條格紙塗覆糊膩, 從穴誘蠅."

수 지어 보낸다」(海藏生日 余以病不可作 失一好綱可恨 走草一詩以寄 _권9)
의 제목에 쓰인 '好綱'은 우리말 '호강'을 한자로 표현한 것이다. 또
물고기 '비웃'(青魚)을 음차한 '비유'肥儒(가난한 유자를 살지움)를 시어
로 활용했음은 「비유」肥儒(권11)에서 이미 보았다. 거리의 개싸움을
그린 「거리에서 보다」(路見笑笑 _권15)에는 "워리워리 그만! 해도 개는
더욱 사납게 날뛰네"(呼呼越爾〔呼聲〕休, 犬尤恣跋扈.)라고 하여, 개를 부
를 때 "워리" 하고 부르는 소리를 '월이'越爾로 음차했다. 「배고픔에
대하여」(飢飢 _권19)에서는 '진지'를 '진지'進支로 음차하고, '수제비'
를 '수연'水䳭이라 한역하기도 했다.[7]

이외에도 '놀라 눈이 튀어 나온다'를 '철안'凸眼[8]으로 표현하고,
추위에 언 입술을 '빙순'氷脣[9]으로 표현하는 등 전통적인 한문에서
볼 수 없는 참신한 어휘들을 구사했다. 또 조선의 고유 지명을 일상적
으로 활용했는데, 「석연을 놀리다」(以俚語嘲石然 _권21)를 예로 들면,
"쌍정교 서쪽 네 번째 집, 필운대가 지척이니 동네 이름 좋구나"(雙井
橋西第四家, 雲臺咫尺洞名奢.)와 같이 정감어린 표현 효과를 거두고 있
다. 그리고 옥수는 시 속에 자신의 이름 석 자를 노출시켜 "웃고 이야
기하는 조면호"[10]와 같은 구절을 짓기도 했다. 「제석리어」除夕俚語(권
22)에는 "채권債券을 통해 인정이 변함을 느끼고 / 인서印書[11]에서 세
태를 본다"[12]라는 구절이 있는데, '채권'이나 '인서' 등 생활의 용무

7_ 권19, 장40앞~41뒤. "小焉童媙告進支" "每人一椀盛水䳭"
8_ 권21, 「手書坐臥黃嬬 時至卷墜聲 輒凸眼 遂用覃溪周鐵凸獨立圖韻」
9_ 권10, 「童子烘于爐 猶吹籟 原其情 匪可笑也 伊可懷也 戲寫俚諺」 장36뒤. "凍指氷脣且弄籟."
10_ 권12, 「戊辰 元朝」 장42앞. "數卷殘書身太平, 笑笑言言趙冕鎬."
11_ 새해를 맞아 인사차 돌리는 명함을 말한다. 권23, 「感歲俚語」 장28뒤. "外方罕印書(每歲時守印簡遍行一世)."
12_ 권22, 장15뒤. "頭頭千萬事, 迫阨一無寬. 債券人情變, 印書世態看."

새로운 시어의 창출　301

와 관련된 딱딱한 어휘들도 시어로 차용하고 있다.

옥수가 구사하는 시어의 또 다른 특징은 그 시대성에서 찾을 수 있다. 화륜선火輪船,[13] 전환국典圜局,[14] 당오전當五錢[15] 등 옥수 당대에 사용되기 시작한 말들을 시어로 적극 활용하고 있는 것이다. 나아가 새롭게 통용되는 어휘들에서 느껴지는 그 낯설음을 시의 모티브로 삼아 창작하기도 했다.

무슨 뜻인지 모르겠구나, '호열자'라니	義意難明虎列剌
왜인들의 문자는 믿을 수가 없거늘.[16]	倭人文字已堪疑
그들에게 물어봤자 어찌 그 요사스런 속내를 알리오	問渠那得妖情秘
성명도 해괴한 혁세아로다.	姓姓名乖嚇世兒

「돌림병이 창궐하니 속칭 '쥐통'이란 것이다. 이것이 순조 신사년(1821)에 돌더니 올해(1879) 또 돈다. 백성들이 동요하고 목숨이 경각에 달려 있으니, 내가 걱정하여 이어로 시를 지었다. 절구가 셋이다」(輪疹飛熾 俗名鼠筒 此在純祖辛巳年 今年又有之 民不靜 死亡在頃刻 冕憂之 以俚語得一律三絶句 _권21)의 세 번째 수이다. '호열자'는 곧 콜레라의 음차이다. 우리나라에서는 이것을 쥐통, 괴질, 마각온麻脚瘟 등으로 불렀다. 이 시를 통해 '호열자'라는 말이 이 시기에 일본을 통해 처음 들어왔음을 확인할 수 있다. 그런데 결구의 '혁세아'嚇世兒(세상을

13_ 권19, 「奉贐安珽山(光默)遊日東絶句」 장20뒤. "火輪船載錦囊還"
14_ 권24, 「歎老」 장5뒤~6앞. "旁午新圜局(典圜局設 多鼓鑄), 請行買少錢."
15_ 권25, 「七月二日 病中 謝倉山」 장35앞. "當五(錢名)包米書一紙, 倉山元是有心人."
16_ 여기에는 다음과 같은 원주가 있다. "왜인들이 접반관들과 주고받은 문서 중에 '분명 호열이 성행할 것이다'라는 말이 있었다"(倭人往復於伴接官書, 有曰當有虎列盛行云.)

협박하는 놈)라는 표현이 낯설다. 여기에는 다음과 같은 주가 달려 있다. "간밤의 꿈에 역귀가 허공에서 소리를 내기는 하는데 모습은 보이지 않았다. 내가 사나운 목소리로 그놈의 성명을 부르며 '네가 혁세아가 아니냐! 어찌 감히 이렇게 행동한단 말이냐!' 하자 역귀가 예예 하며 물러갔다."[17] '호열자'란 말이 입에 붙지 않아 엉겁결에 '혁세아'라고 불렀다는 뜻이다. '호열자'란 말이 주는 낯설음을 제재로 한 편의 흥미로운 작품이 탄생되었다.

이와 유사한 예로 '담배'를 들 수 있다. 대개 옥수는 담배를 '초'草, '연'煙, '언'蔫 등으로 지칭했다. 그런데 「흡초가」吸草歌(권25)에는 "본래 명칭은 요상한 이름이 어지러워, 세상에선 '담파귀'라 일컫네"(本名訛音幻, 諺稱淡巴歸.)라는 구절이 있다. 옥수는 '담파귀'(담바고, 담배)가 원래 말(tabaco)의 음차임을 알고 있었던 것이다.

앞에서 「용만죽지」를 검토하며 하루를 '스물네 시간'이라고 표현함을 주목한 바 있다. 이것 역시 시대성이 짙게 드러나는 언어 구사가 아닐 수 없다. 옥수가 이러한 시간 표시법을 사용하게 된 데에는 당시 널리 보급된 '자명종'이 큰 역할을 했을 것으로 생각되는데, 옥수는 「윤종설」輪鍾說(권30)이란 글을 통해 자명종의 원리를 자세히 기록하기도 했다. 그리고 옥수는 신석희에게 보낸 편지에서 이러한 자명종의 모습을 이용해 자못 시적인 표현을 구사하기도 했다.

> 요즘 내 몸은 스스로 시계가 되었으니, 그대 형제를 열쇠 삼아 태엽을 감으면 째깍째깍 돌아갈 수 있었다. 이제 한 명은 옥하로 사신이 되어

---

[17] "夜夢云有疹鬼在虛空間, 條斂之聲而不見形, 余乃厲聲而呼其姓名曰, '爾非嚇世兒乎! 何敢若是.' 鬼唯唯而退."

떠나고, 또 한 명은 벽해의 사람이 되니 나는 고장 난 기계가 되고 말았다.[18]

기발한 상상력이 아닐 수 없다. 관습적인 비유에 만족하지 않고 변화하는 현실 속에서 더욱 적실한 표현을 구하려 했던 시인의 자세를 볼 수 있다. 이러한 자세가 있었기에 옥수의 시는 19세기 조선 사회의 다양한 국면들을 풍부하게 담아낼 수 있었을 것이다.

---

[18] 권30,「答韋史書」장17앞. "年來此身自做一時辰標, 賴公昆季爲鑰匙, 機輪胎葉, 得幹幹旋也. 今一爲玉河使, 一爲碧海人, 吾其爲虛器也."

다양한 양식의 활용

옥수의 시인적 역량을 가장 단적으로 보여주는 것은 그가 활용했던 양식의 다양함에서 찾을 수 있다. 하나의 양식에는 그에 따르는 고유한 양식적 규율이 있기에 다양한 양식을 활용하기 위해서는 각 양식들의 규율을 소화해 낼 수 있는 공력이 쌓여 있어야만 한다. 그런 점에서 자신의 다양한 시 세계에 맞추어 다양한 양식들을 무리 없이 활용했던 옥수는 그 시인적 역량이 대단했다고 말할 수 있다.

옥수가 활용했던 형식 가운데 가장 두드러지는 것은 '잡절' 형식이다. 옥수 시문학의 대표작이라 할 수 있는 「서사잡절」, 「감시절구」, 「회인절구」, 「타전리사」 등이 모두 잡절 형식을 이용한 작품들이다. 잡절은 절구를 자유롭게 연작하는 형식을 지칭하는데, 조선 후기에 장편 기속시 등을 지을 때 매우 애용되었다.[19] 특히 박제가朴齊家 등 사가四家들이 지은 기속시 가운데 '잡절'이 활발히 사용되었던 점이 주목된다.[20] 옥수는 이러한 문학사적 전통을 계승하는 한편, 주로 기

---

[19] 김명순, 「조선후기 기속시 연구」, 경북대 박사 학위 논문, 1996, 155~158면 참조.

속시를 노래하던 잡절 형식을 가지고 양요洋擾와 같은 당대의 역사적 사건을 그려냈다는 점에서 옥수만의 독특함을 찾아볼 수 있다.[21]

이 밖에 『옥수집』에는 절구, 율시, 배율의 근체시와 사언시,[22] 육언시,[23] 삼오칠시,[24] 악부 등의 각종 고체시[25]가 구비되어 있으며, 연구聯句,[26] 집구集句[27] 등도 볼 수 있다. 또 부賦 3수(권1)와 사詞 59수(권27)도 따로 묶여 있다. 이렇게 다양한 시체詩體가 구사되었던 것을 통해 옥수가 자신의 시 세계를 넓히고 단련하기 위해 얼마나 부단히 노력했던가를 가늠할 수 있다.

이러한 다양한 형식 가운데에서 특히 사언시, 육언시, 삼오칠시

20_ 유득공柳得恭은 평양과 개성의 풍물을 「서경잡절」西京雜絶과 「송경잡절」松京雜絶로 그려 낸 바 있으며, 박제가는 만년에 함경도 종성으로 유배되어 그곳의 풍정을 7절 연작의 「여차잡절」旅次雜絶, 「억언 이십이 수」憶言二十二首, 「수주객사 칠십이 수」愁州客詞七十二首 등의 작품에 담아냈다.

21_ 왜 잡절 형식이 애용되었던가를 생각해 보면, 잡절에는 다음과 같은 장점이 있다. 우선 작품의 길이를 자유롭게 늘일 수가 있다. 내용이 많아지면, 그만큼 절구 한 수를 덧붙이기만 하면 되는 것이다. 그런 점은 '배율'排律도 마찬가지라고 할 수 있지만, 배율은 처음의 운자를 계속 사용해야 하는 데 반해 잡절은 매 절구마다 운자를 바꿀 수가 있다는 편의성이 있다. 또 각 절구가 독립된 한 편의 작품이므로 전체의 구성도 융통성 있게 대처하기가 쉽다. 이처럼 '잡절'은 한시로서 지니는 제약이 비교적 적어, 복잡한 현실을 담아내기에 적당한 갈래였다고 볼 수 있겠다. 하지만 약점이 없는 것은 아니다. 각 절구가 독립되다 보니, 전체적인 유기적 구성은 밀도가 떨어지는 경향이 있다.

22_ 「西園之樹」(권3); 「東園之樹四章 二章四句 二章六句 此朋友相懷之作」(권11); 「謝眉堂」(권19)

23_ 「松石 又以六言三詩寄之」(권9)

24_ 「三五七言」(권24); 「俚語(三五七言)」(권25); 「遲夜得三五七言」(권26)

25_ 「古詩」(권2); 「邀蕙園 值出未遇」, 「索戰歌」(권5); 「海藏追作賦 以紀江遊 余亦以古體 復述前游 實坡公賦韻」(권8); 「擬古」(권11); 「寶武山房藁存」(권13)의 諸詩; 「和陶詩」, 「飮酒二十韻」(권20); 「捍睡初藁」(권22)의 諸詩; 「石然以近體一音于之僕近日酷厭近體以古意和之」, 「擬古詩」, 「曉作幷小叙」(권23); 「寄倉山幷小叙」(권24); 「詠懷」(권25) 등등.

26_ 「十月十三夜 會于竹露閣 海公以是歲十月之望 命題 得江字韻 聯句」(권8); 「銅雀瓦 聯句」, 「八盆花 聯句」, 「竹醉 聯句」(권13); 「詠書 聯句」(권16)

27_ 「笨翁近以酒奕消閒 每以是係念 偶閱漁洋絶 集四句以寄」(권9)

등과 같은 형식을 활용한 작품들이 주목된다. 이 가운데 「유조」(有鳥三章 _권6)와 「동원지수」(東園之樹四章 二章四句 二章六句 _권11), 「미당에게 감사하다」(謝眉堂 _권19) 등은 『시경』의 체제를 모방했다는 점에서 더욱 독특한 형식이다. 이 가운데 제목에서부터 시경의 분위기를 느낄 수 있는 「동원지수」를 살펴보자.

동쪽 정원의 나무여	東園之樹
그 잎이 무성하도다.	其葉蔽芾
그대와 이야기를 나누니	與子成說
붉은 보불 문장에 옥을 찼도다.	朱黻玉佩

4장章 가운데 수장首章이며 제목 아래에는 "벗이 그리워 지은 것이다"라는 서문이 달려 있다. 2구의 '폐패'蔽芾는 『시경』 「감당」甘棠의 "蔽芾甘棠"에서 나온 표현으로, 전체 형식이나 분위기가 완연한 시경체임을 느낄 수 있다. 이러한 작품들이 옥수 시 전체에서 큰 비중을 차지하는 것은 아니지만 옥수가 다양한 표현 방식을 모색했음을 보여주고 있다.

『옥수집』에는 의고시만을 모은 '보무산방고존'寶武山房藁存과 '한수초고'捍睡初藁 두 권의 시집이 따로 묶여 수록되어 있다. '보무산방고존'은 1868년에 엮은 것으로 청나라의 서화가이자 시인인 동무東武 유용劉墉(1719~1804)의 악부 고시에 차운한 시들을 모은 시집이다.[28] '한수초고'는 1881년에 엮은 것으로 "시는 이당怡堂 조조경趙藻卿이 지은 것인데 여러 체가 모두 구비되어 있으니 대가大家라 할 수 있

28_ 「寶武山房藁存小叙」(권13); 「寶武山房初藁自序」(권29) 참조.

다"²⁹⁻라는 신응조의 서문을 통해 옥수가 고시와 악부 창작에도 상당한 공을 들였음을 알 수 있다.

옥수의 시인적 역량을 유감없이 확인할 수 있는 양식은 바로 '사詞'이다. 차주환은 옥수의 사를 평가하여 "익재 이제현 이후에 제일인자라 하기에 손색이 없"으며, "옥수 사의 가치는 사詞의 율조 상의 구속을 극복하여 개성이 뚜렷하고 사의詞意를 자재自在하게 발휘"함에 있다고 했다. 또 제언체齊言體를 지양하여 우리나라 사문학을 한 단계 끌어올렸다는 평가도 덧붙였다.³⁰⁻ 그런데 옥수는 사문학에도 조선적 언어 감각을 불어넣었으니, 기존의 사패詞牌를 따르지 않고 스스로 사조詞調를 창안하기도 하고,³¹⁻ 아래의 작품처럼 '정'亭과 '정'情의 우리말 음이 동음同音인 점을 이용하여 작품을 짓기도 했다.

천광정亭 해운정亭	天光亭 海云亭
북쪽으로 남쪽으로 떠나보내는 정亭	串北分南送客亭
사람살이 도처에 정亭	人生到處亭
금년의 정情 작년의 정情	今年情 去年情
아침저녁 끊이지 않는 정情	朝還暮又不斷情
어느 때라 그칠까 이러한 정情³²⁻	何時了此情

29_ 권22, 장35. "詩爲怡堂趙藻卿之詩, 衆體皆備, 盖大家也. 乃獨勤勤於此, 其志遠矣. 詩作於今, 七十九歲之年, 而益情深, 此尤其難也夫."
30_ 차주환,「한국 사문학 연구(4)」,『아세아연구』19, 고대 아세아문제연구소, 1965.
31_ 「행춘교」行春橋(권27, 장3앞)가 그러한 예이다. 여기에는 다음과 같은 서문이 있다. "행춘교는 꿈에 다리 기둥에 지은 사詞로 다리를 행춘이라 이름 지은 것이다. 어딘가에 이 다리가 정말 있기는 한 건지, 이 사詞가 어느 사패에 맞는지 알지 못하지만 다만 꿈의 인연을 소중히 여겨 여기에 수록한다."(行春橋, 夢題橋柱詞也, 橋以行春名, 未知何處果眞有是, 此詞亦合何聲, 而特其奇夢緣, 姑戴于此.)
32_ 권27,「長相思」, 장3앞~뒤.

「장상사」長相思의 사조詞調를 따와 지은 것이지만 그 묘미는 우리말을 할 줄 아는 사람만이 느낄 수 있도록 되어 있다.

죽지사체는 옥수가 즐겨 구사했던 양식으로, 앞에서도 여러 작품을 다루었다. 그런데 옥수는 죽지사체를 활용하면서 자신만의 개성을 발휘했다. 만년작인 「속죽지」續竹枝(권26)에는 다음과 같은 주가 달려 있다.

> 내가 요즘 지은 시 가운데 죽지사체가 있는데, 그 중에 일부를 내버리며 그냥 '노지'蘆枝라고 이름 붙여 보았다. 창산 김기수가 '노지'라 함에 근거가 있다고 인정해 주었다.[33]

옥수가 왜 '노지'라고 했는지 그 까닭이 확실치는 않지만,[34] 그가 지은 죽지사 중에 죽지사의 본래 성격과 맞지 않는 작품이 있어 따로 제목을 달았다는 이야기로 보인다. 그런데 옥수가 만년에 지은 일련의 죽지사들 가운데는 정말로 죽지사 본래의 성격에서 벗어난 작품들을 볼 수 있다. 다음은 1886년에 지은 「죽지」(권26) 5수 중 제2수와 4수이다.

---

[33] 권26, 「속죽지」 장47앞. "玉垂, 近日所得, 有竹枝體裁, 而玉垂汰之, 强名蘆枝. 倉山認以蘆枝有據."
[34] 몇 가지 가능성을 생각해 볼 수는 있다. 옥수가 살던 곳 부근에 갈대가 많이 있어 노지라 했을 수도 있고, 이백李白의 악부 「명안행」鳴雁行에 나오는 "한 마리씩 노지를 물고, 남쪽으로 날아가며 천지 사이에 흩뿌리네"(一一銜蘆枝, 南飛散落天地間.)를 전고로 삼았을 수도 있다. 「명안행」은 서리와 눈에 괴로워하는 기러기들을 측은해하는 마음에서 지은 것이며, '일일함노지'는 기러기들이 매의 공격을 피하기 위해 입에 갈대를 물었던 것을 나타낸다. 옥수는 자기 삶의 고단함을 기러기에 의탁했던 것일까?

2

가회동 동쪽 마을 조 호군趙護軍[35]	嘉會東隣趙護軍
살림살이 휑하니 누구에게 말할까.	生涯澹泊向誰云
전당잡힌 옷가지 찾아올 계책으로는	典當衣服推還計
멀리 남원 땅 김 사또를 믿어 볼밖에.	遠恃南原金使君

4

언제나 비어 있는 상자, 가련도 하여라.	常時空匣可憐夫
잎담배나 겨우 있지 살담배는 없구나.	葉草艱辛剉草無
삼십 년 전 외직으로 나갔을 땐	三十年前關外去
이름난 담배들, 모두 내 차지였는데.	有名之草盡歸吾

죽지사는 본래 민풍토속을 노래하는 갈래이다. 그런데 여기서 옥수는 자기 자신의 모습을 그리고 있다. 제2수에서는 남원 김 사또에게 도움을 청하여 전당잡힌 옷가지를 찾아올 생각을 하고 있고, 제4수에서는 살담배(썬 담배)도 못 피우는 신세를 한탄하며, 30년 전 지방 수령 시절을 그리워하고 있다. 이는 죽지사에 담을 만한 내용은 아닌 것이다. 그런데도 굳이 죽지사에 이런 내용을 담아낸 것은 옥수 자신을 주인공으로 한 서울 가회동의 토속을[36] 보여주려 했던 것이라고 생각해 볼 수 있겠다. 하지만 역시 파격이다. 이러한 점을 옥수 자신도 의식하

35_ 『승정원일기』 고종 19년 1월 2일조를 보면 옥수가 호군에 병비兵批되어 있음을 볼 수 있다.
36_ 당시 가회동에는 옥수와 같은 '한사' 寒士들이 집단적으로 살고 있었다. 「혜원을 맞으러 갔으나 마침 외출하여 만나지 못함」(邀蕙園 値出未遇 _권5)에는 "가회동 북쪽 마을에는 한사들이 많다"(嘉會北隣 多是寒士)라는 표현이 보이고, 「탄」歎(권26)에는 "우리 이웃 몇 집이나 될까? 미치지 않은 사람을 볼 수가 없네"(吾隣凡幾屋, 不見不狂人.)란 표현도 보인다.

여 농담 삼아, '죽지'가 아닌 '노지'라고 했던 것이 아닐까 생각된다.

시 형식과 직접 관련된 사항은 아니지만, 옥수가 역대의 다양한 시인들을 차운했던 점도 그의 시 세계가 지닌 다채로움과 관련하여 주목되는 점이다. 옥수가 차운했던 시인들을 열거해 보면 다음과 같다. 먼저 중국 시인으로는 완적阮籍,[37] 육기陸機,[38] 도잠陶潛,[39] 포조鮑照,[40] 심약沈約,[41] 왕유王維,[42] 장적張籍,[43] 맹호연孟浩然,[44] 두보杜甫,[45] 저광희儲光羲,[46] 고적高適,[47] 소식, 이상은,[48] 주희朱熹,[49] 원굉도袁宏道,[50] 왕사진王士禛,[51] 정섭鄭燮,[52] 소자邵孜,[53] 옹방강翁方綱,[54] 완원阮元[55] 등이 있고, 우리나라 시인으로는 변계량卞季良,[56] 권필權韠,[57] 이

[37] 「詠懷(用阮嗣宗韻)」(권25)
[38] 「贈人用陸士衡韻」, 「歎息用謝玄暉東田韻」(권23); 「澗松以韓山郡守(姨弟 洪在鐸) 將美赴拈陸士衡古詩一韻 走筆書寄」(권25)
[39] 「和陶詩」, 「飮酒二十韻」(권20)
[40] 「吸草歌(用鮑明遠韻)」(권25)
[41] 「晶同志(用沈休文應詔韻)」(권25)
[42] 「歎老行(用王摩詰隴頭吟韻)」(권25)
[43] 「白頭吟(用張文昌 題韻)」(권24)
[44] 「天然行(用孟浩然韻)」(권25)
[45] 「十月九日感情之作 用杜韻」(권11)
[46] 「看書樂(用儲光羲薔薇韻)」(권24)
[47] 「快子歎(褡穄俗稱快子 用高達夫邯鄲少年韻)」(권24)
[48] 「下簾效玉溪」(권1); 「憶舊用玉溪詩韻」(권2); 「倣玉溪生」, 「玉溪詩意」, 「南隣少年 李準榮·紹竹尙龜·海蓮 佩酒而至 拈玉溪韻」(권21); 「雨屋應接無聊 用李玉溪排律韻擬倣」(권24); 「睡餘拈玉溪韻率寫」(권25)
[49] 「十二辰 敬用紫陽夫子詩韻」(권8)
[50] 「又閱袁中郞集 有所感 遂拈一韻 亦不能不擬倣 是日風雨陰晴極眩幻」(권24)
[51] 「憶事」(권7); 「諫巷絶句(漁洋詩韻)」(권12)
[52] 「調瑞鶴仙(酒)(次鄭板橋韻)」, 「賀新郞(憶花)(次鄭板橋靑藤草書韻)」(권27)
[53] 「夜坐 借(邵)靑門詩 三韻」(권13)
[54] 「賦梅(用翁覃溪題惲道生山水卷韻)」(권12)
[55] 「憶驪齋(用阮雲臺韻)」(권12)
[56] 「新正第四日次卞春亭集中韻」(권13)
[57] 「燈下 儀也讀魯論述而篇 書響可聽 仍取權石洲讀書韻隨筆寫之」(권6)

정귀李廷龜,[58] 김창흡金昌翕,[59] 김창협金昌協,[60] 박지원朴趾源,[61] 이언진李彦瑱[62] 등이 있다. 이 시인들 가운데 옥수에게 가장 큰 영향을 준 시인은 역시 소식이었고, 도잠이나 이상은도 옥수가 애호했던 시인이라 할 수 있다. 우리나라 시인으로는 이언진이 주목된다. 옥수는 중국인 채수기蔡壽祺에게 보내는 편지에서 이언진의 다음 시를 소개한 적이 있다.[63]

태양이 굴러서 서산으로 넘어가네	白日輥轆西下
이 순간 나는 늘 통곡하고 싶노라.	此時吾每欲哭
식구들은 늘상 보는 일이라	家人看作常事
다만 재촉하길 저녁밥 먹으라 하지.	只管催呼夕食

자신의 처연한 심정을 내보이는 듯하다가 돌연 식구들을 등장시켜 자신의 감상感傷을 순식간에 희화하고 있다는 점이 주목된다. 옥수가 자기 자신을 상대화시키고 희화시키는 수법과 상통하는 면이 있음을 느낄 수 있어, 옥수가 이언진으로부터도 문학적 자양분을 끌어 왔

58_ 「海藏書屋 春意瀾珊 用月沙集韻 共賦」(권9)
59_ 「沈松石尙書 用三淵先生集韻 疊成二律 寄桂田 以其草示余求和 步其一篇」(권18)
60_ 「素山宅詩會 翠堂洌石石然蘭坡共賦 拈農巖先生韻」(권26)
61_ 「金陵舟遊幷序」(권8)
62_ 「桐廬 携書農(金商懋 卽阮堂許小癡黃漢案 越峴見訪 拈松穆館韻 共賦)」(권7)
63_ 권28, 「태사 채매감에게 주는 편지」(與蔡梅盦太史書). "전에 혹시 동국의 백여 년 전에 이언진이란 자에 대해 들어 보았는지요? 호는 우상이며 역관 집안이었는데 천품이 평범하지 않았습니다. 나이 스물여덟에 죽고 말았답니다. 그가 강호江戶(에도)에 갔을 때 그 풍도가 본국과 일본 사람 가운데 으뜸이었으며 지은 글이 매우 많았지만 스스로 그 초고를 불태워 버렸는데 다른 사람이 빼앗아 보존한 것은 얼마 되지 않습니다. 그 시 가운데……."(曾或聞東國百年前李彦瑱乎? 號曰虞裳, 其人以象譯家世, 天品不常, 年廿八而逝. 其江戶之役, 渡勝本海, 多所述作, 而自焚其草, 爲人所奪而存之者, 無幾多. 其詩有曰, 白日輥轆西下, 此時吾每欲哭, 家人看作常事, 只管催呼夕食.)

음을 알 수 있다.

　이와 같이 옥수는 한국과 중국의 여러 시인들을 차운하고, 사詞를 비롯한 각종 형식을 활용함으로써 어느 특정 유파에 매몰되지 않고 동아시아 한시사 전반을 조망하는 시각을 확보할 수 있었다. 그리고 이러한 점은 옥수가 '나의 시'로 나아가는 문학적 힘이 되었을 것이다.

19세기의 조선시풍, 옥수 조면호의 시 세계
―결론을 대신하여

지금까지 옥수 조면호의 시 세계가 지닌 여러 가지 특징적 국면들을 살펴보았다. 이제는 그 특징들을 종합적으로 검토하며 옥수 시의 전반적 성격과 그 문학사적 의의에 대해 논의해 보고자 한다.

옥수의 시 세계를 살펴볼 때 가장 먼저 주목하게 되는 점은 그 제재의 다양함이다. 자신의 내면을 들여다보며 자아 정체성에 대해 고민하는 시에서부터, 일상을 넘어 사회 풍속과 세태를 시에 담기도 하고, 양요洋擾나 개항開港과 같은 역사적 사건들에 대해서도 옥수는 정면으로 대응하여 시의 대상으로 삼았다. 이처럼 다양한 대상들을 자유자재로 시화詩化할 수 있었다는 점만으로도 옥수 시의 남다른 점은 충분히 확인할 수 있다.

그런데 보다 주목되는 바는 다양한 시 세계에 일관되게 관류하는 '반성적 사유'가 보인다는 점이다. 자기 자신을 기꺼이 희화하여 웃음을 자아내고, 가사노동에 참여하지 않는 남성들의 뻔뻔스러움을 비판하고, 급변하는 사회 현실에 대응하지 못하는 사대부 계층의 무능함을 조롱하고, 양요와 같은 국가적 위기를 맞이하여 비겁하게 보신에만 급급하는 사대부 계층의 무책임함을 통박하는 시편들의 저변에는 남성으로서 또한 사대부로서 자신의 정체성을 심각하게 반성하는 정신이 흐른다. 그 정신이 자기 자신을 향할 때에는 개인적 서정시로 표출되고, 사회와 역사를 향할 때에는 우국시로 표출되는 것이다. 반성적 사유는 옥수 시의 원동력이다.

그렇다면 옥수는 무엇 때문에 이처럼 심각하고도 예민하게 자신의 정체성을 파고들었을까? 이는 물론 그의 섬세한 시인적 자질과 연결 지어 생각할 수 있는 부분이지만, 19세기라는 시대와 분리될 수 없는 문제라고 본다. 옥수에게 반성적 사유는 자신을 향한 세계의 거센 도전과 그에 따르는 좌절에 대응하는 방식이었다. 애초에 그가 관료로서 경세제민의 포부를 실현하지 못하고 '시인'의 길로 들어서게 되었던 계기가 당시 관료사회의 구조화된 부패를 극복하지 못한 것이었거니와, 이후 급변하는 사회 현실에 대해서도 옥수를 포함한 사대부 일반은 적절히 대응하지 못했던 것이다. 그런 점에서 볼 때, 옥수의 '반성적 사유'에는 안팎의 거센 도전이 거듭되었던 19세기 역사 현실이 절절히 반영되어 있다고 볼 수 있다. 결과적으로 볼 때 그 도전들에 대한 옥수의 대응이 충분하고 성공적이었다고는 할 수 없지만, 지속적으로 자기 자신을 갱신하며 현실에 맞서고자 했던 그의 자세는 공감을 불러일으키는 바가 있으며, 바로 이 점이 그의 시 세계가 울림을 지닐 수 있는 바탕이 되었다.

한편 옥수가 이룩한 시 세계는 18세기의 문학사와 19세기의 문학사가 맺고 있는 관련성에 대해 다시 생각하도록 만들고 있다. 일반적인 문학사의 인식에서 18세기와 19세기는 연속성보다는 단절성이 강조되고 있다. 18세기에는 실학과 관련된 참신한 풍조가 발달하다가 19세기에 들어서면 세도정치의 영향으로 참신성이 퇴보하고 보수화의 길을 걷게 된다는 것이 일반적인 견해로 받아들여지고 있다.

　그러나 앞서 확인한 바와 같이 옥수의 시 세계는 18세기 문학사의 성과를 적극적으로 계승한 바탕 위에 이룩된 것이었다. 조선의 현실에 눈길을 돌리고, 조선의 어휘를 적극적으로 수용했던 18세기 '조선시풍'의 성과를 충실히 배우고 그것을 창조적으로 활용하여 19세기의 역사 현실을 담아낸 것이 옥수의 시 세계이다. 그러한 점에서 옥수의 시 세계는 '19세기의 조선시풍'으로 그 의의를 자리매김할 수 있다.

　19세기의 역사나 문학에 대해서는 여러 가지 부정적 성격들만을 부각시켜 온 경향이 있었으며, 은연중 이러한 점들은 왕조의 멸망을 야기한 요인으로 해석되어 왔다. 이러한 인식은 상당 부분 현실과 부합하는 것으로 인정할 수 있지만, 19세기에 대한 새로운 해석을 억압하는 폐단을 가져오고 있다. 특히 19세기의 모든 역사 현상을 왕조의 멸망이라는 한 점으로 귀결시키는 태도는 분명 문제가 아닐 수 없다. 비록 당대 역사 현실 속에서는 패배하고 말았다 하더라도 오늘날 되새기고 계승해야 할 가치가 충분한 다양한 국면들이 이러한 인식으로 인해 모두 기억 저편으로 사라지고 마는 것이다.

　19세기 한시사를 대표하는 시인 옥수 조면호가 근대화의 파행 속에서 망각 속에 묻혀 있다가, 21세기에 다시 기억되었다. 긴 잠에서 깨어난 옥수 조면호의 시 세계는 19세기의 역사와 문학을 새로운 눈으로 탐색할 것을 우리들에게 요구하고 있다.

옥수 조면호 연보

참고문헌

본문에 수록된 옥수 조면호의 작품

찾아보기

옥수 조면호 연보
1804~1887

- **1803년** (순조 3년 계해癸亥, 1세)

12월 26일(양력 1804년 2월 7일) 서울에서 조기항趙基恒과 안동 김씨 사이의 3남 2녀 중 장남으로 출생하다. 휘는 면호冕鎬, 자는 조경藻卿, 호는 옥수玉垂·이당怡堂이다. 본관은 임천林川(현재 충청남도 공주 지역)으로, 선조 때 문인 죽음竹陰 조희일趙希逸(1575~1638)의 8대손이다. 옥수의 집안은 대대로 서울에 세거한 명문 경화사족이었다.

- **1806년** (순조 6년 병인丙寅, 4세)

4월 증조부 조덕형趙德泂이 타계하다. 당시 증조부 이하 4대의 대가족이 서울 교동 집에서 함께 살았다. 이후 가회방, 안국방, 사간동 등지를 옮겨 가며 살았다. 어려서 서원犀園 김선金鑌(1772~1833)의 훈도를 입었다.

- **1817년** (순조 17년 정축丁丑, 15세)

9월 조부 잉헌剩軒 조학춘趙學春이 타계하다. 조학춘은 송원松園 김이도金履度와 풍고楓皐 김조순金祖淳 등 안동 김씨 인물들과 막역한 사이였고, 추사秋史 김정희金正喜의 종조從祖가 되는 김태주金泰柱의 사위였던 관계로, 이후 옥수의 집안과 안동 김씨·경주 김씨 집안은 대대로 인척 관계를 맺게 되었다.

- **1821년** (순조 21년 신사辛巳, 19세)

8월 모친 안동 김씨(송원 김이도의 따님)가 역병에 걸려 향년 41세로 타계하다.

- **1823년** (순조 23년 계미癸未, 21세)

평생의 지기였던 해장海藏 신석우申錫愚, 작옥芍玉 홍종응洪鍾應 등과 교유하다. 『옥수선생집』玉垂先生集에는 이때 지은 시문부터 수록되어 있다.

- **1825년** (순조 25년 을유乙酉, 23세)

부친 조기항이 순안현령으로 부임하다. 부친의 임소를 따라가 북방의 칠보산, 묘향산 등지를 유람하다.

- **1827년** (순조 27년 정해丁亥, 25세)

1월, 순안 관사에 화재가 발생하다. 온가족이 몰살당할 위기에서 겨우 살아났고, 이후 부친의 임기가 끝나 서울 집으로 돌아오다.

5월, 부친 조기항이 향년 49세로 타계하다.

- **1828년** (순조 28년 무자戊子, 26세)

4월, 숙부 조기겸趙基謙이 진하사절(정사는 남연군南延君 이구李球)의 서장관이 되어 연행을 다녀온 인연으로, 서신을 통해 청조 인사 조강曹江, 장시蔣詩, 오숭량吳嵩梁, 웅앙벽熊昂碧, 정태丁泰, 여동훈厲同勛 등과 교분을 나누기 시작하다.

- **1832년** (순조 32년 임진壬辰, 30세)

4월, 첫 번째 부인 연안 이씨가 세상을 떠나다. 부인 연안 이씨는 이서李墅의 따님으로, 이서는 김정희의 양부 김노영金魯永의 사위이다.

- **1837년** (헌종 3년 정유丁酉, 35세)

식년시 진사과에 합격하다.

- **1838년** (헌종 4년 무술戊戌, 36세)

음직인 경릉참봉(서오릉의 하나)에 처음 출사하다.

- **1845년** (헌종 11년 을사乙巳, 43세)

10월, 평안도 삼등현령에 제수되다.

- **1847년** (헌종 13년 정미丁未, 45세)

5월, 전라도 순창군수에 제수되다.
11월, 전라좌도 암행어사 이교영李教英은 옥수가 백성들의 소송을 매우 잘 처리하고 학문을 진작시켰다는 내용의 서계를 올리다.

- **1848년** (헌종 14년 무신戊申, 46세)

5월, 평양서윤에 제수되다. 당시 평안도 관찰사는 심암心菴 조두순趙斗淳 (1796~1870)이다.

- **1850년** (철종 1년 경술庚戌, 48세)

3월, 암행어사 이삼현李參鉉의 탄핵으로 평양서윤에서 파직되다. 당시 평안도 지역에는 환곡을 탕감해 주라는 조정의 명령이 내려졌는데, 아전들은 이를 무시하고 가혹하게 포흠逋欠을 징수하는 일이 벌어졌다. 이러한 아전들의 행위를 막지 못했다는 것이 옥수에 대한 죄목이었다.
서울로 돌아와 당시 한강 가에서 지내고 있던 추사 김정희의 문하에 본격적으로 출입하다. 김정희에게서 고동서화와 시문에 대해 본격적인 가르침을 받다.

- **1851년** (철종 2년 신해辛亥, 49세)

1월, 옥수를 서용하라는 명이 내리다.

7월, 스승 김정희가 북청 지방으로 유배되다. 유배 길에 오르는 스승을 전송하다.

- **1855년** (철종 6년 을묘乙卯, 53세)

8월, 호조정랑에 제수되다.

- **1856년** (철종 7년 병진丙辰, 54세)

10월 10일, 스승 김정희가 향년 71세로 타계하다.

- **1857년** (철종 8년 정사丁巳, 55세)

3월, 순원왕후의 칠순을 맞아 거행한 진찬례의 의궤 작성에 참여하고, 당시 연행되었던 정재무용을 「정재십영」呈才十詠으로 그려내다.

5월, 창덕궁 인정전을 중수할 때 상량문 제술관에 임명되다.

9월, 경상도 의성현령에 제수되다.

- **1858년** (철종 9년 무오戊午, 56세)

3월, 암행어사 임응준任應準의 탄핵으로 파직되고, 평안도 강서 지방으로 유배를 가다. 이때의 죄목 역시 아전들의 횡포를 막지 못하고, 오히려 그들에게서 뇌물을 받았다는 것이었다.

유배지에서 들은 민요를 한시로 옮긴 「강서잡기」江西雜記를 창작하다.

8월, 해배되어 파주 선영에 은거하다.

- **1859년** (철종 10년 정미己未, 57세)

퇴락한 청간당聽澗堂(서울 효자동 소재 옥수 집안의 옛집)을 수리하다.

- **1860년** (철종 11년 경신庚申, 58세)

파주 생활을 정리하고 서울 집으로 돌아와 본격적인 시사 활동을 시작하다.

- **1862년** (철종 13년 임술壬戌, 60세)

8월, 김포군수 윤종의尹宗儀의 초대로 신석우, 환재瓛齋 박규수朴珪壽, 자원紫園 장조張照 등 가까운 벗들과 함께 뱃놀이를 다녀오다. 이때 신석우의 제의로 연암燕巖 박지원朴趾源의 「강거만음」江居漫吟을 차운하여 시를 짓다. 운고雲皐 서유영徐有英 등 '남사'南社의 시우들과도 교유하다.

- **1865년** (고종 2년 을축乙丑, 63세)

청어를 해학적으로 노래한 「비유」肥儒를 창작하다.

가장 가까운 동갑내기 벗이었던 신석우가 세상을 떠나다.

12월, 공릉참봉에 제수되다.

- **1866년** (고종 3년 병인丙寅, 64세)

2월, 옥수의 딸이 고종 임금의 비를 간택할 때 재간택에 들다.

6월, 경복궁 중건 공사를 기뻐하는 내용의 「장생로」長生路를 창작하다.

8월, 병인양요가 발발하자 이 사건의 전 과정을 그린 「서사잡절」西事雜絶을 창작하다.

가까운 벗 홍종응이 세상을 떠나다.

- **1868년** (고종 5년 무진戊辰, 66세)

4월, 오페르트 도굴 사건이 일어나자 분격하여 「섬초사종」殲勦邪種을 창작하다.
청대 문인인 정섭鄭燮, 소자邵孜, 조익趙翼 등의 시문을 읽다.

- **1869년** (고종 6년 기사己巳, 67세)

재취再娶 부인 무송 윤씨가 세상을 떠나다.

- **1871년** (고종 8년 신미辛未, 69세)

4월, 신미양요가 발발하자 이 사건의 전 과정을 그린 「후서사잡절」後西事雜絶을 창작하다.
5월, 장악원정에 제수되다.

- **1872년** (고종 9년 임신壬申, 70세)

9월, 먼저 죽은 선배와 벗들을 추억하며 회인시 「감시절구」感詩絶句를 창작하고, 연이어 살아있는 벗들을 대상으로 한 「회인절구」懷人絶句를 창작하다.

- **1875년** (고종 12년 을해乙亥, 73세)

2월, 품계가 통정대부로 오르다.
5월, 공조참의에 제수되었으나, 곧 다른 사람으로 교체되다.
9월, 흥선대원군의 삼계三溪 별장에 모여 성대한 시회를 열다. 이때 지은 시들을 모은 『호국계풍집』湖菊溪楓集이 현재까지 전하고 있으며, 그 서문은 옥수가 쓴 것이다.

- **1876년** (고종 13년 병자丙子, 74세)

2월, 강화도조약이 체결되다. 옥수는 이를 지지하는 취지를 담은 「일사정약반도」日使定約返欋 등의 시를 창작하다.

12월, 가까운 벗이었던 박규수가 세상을 떠나다(양력으로는 1877년 2월 9일).

- **1882년** (고종 19년 임오壬午, 80세)

1월, 가선대부에 가자되어, 동지돈령부사에 제수되었으나 나아가지 않다.

3월, 호조참판에 제수되었으나 곧 교체되다.

의주 풍물을 노래한 「용만죽지」龍灣竹枝를 창작하다.

- **1883년** (고종 20년 계미癸未, 81세)

서울 거리에서 벌어지는 아이들의 돈치기 놀이를 통해 사대부 계층의 무능을 해학적으로 풍자한 「타전리사」打錢俚詞를 창작하다.

임오군란을 계기로 조선에 왔던 장건張謇, 주명반朱銘盤 등 제독提督 오장경吳長慶의 막료들과 교유하다.

8월, 동지의금부사에 제수되었으나 나아가지 않다.

- **1887년** (고종 24년 정해丁亥, 85세)

10월 2일(양력 11월 16일), 타계하다. 선영이 있는 파주 혜음령惠陰嶺에 안장되다.

참고문헌

자료

趙冕鎬, 『玉垂集』, 규장각 소장.
＿＿＿, 『玉垂集』, 연세대 소장.
＿＿＿, 『玉垂集』, 고려대 소장.
趙冕鎬 外, 『湖菊溪楓集』, 규장각 소장.

姜瑋, 『古歡堂收草』, 규장각 소장.
＿＿, 『姜瑋全集』, 아세아문화사, 1978.
姜溍, 『對山詩鈔』, 규장각 소장.
金大根, 『如淵遺稿』, 국립중앙도서관 소장.
金鑢, 『藫庭遺稿』, 한국문집총간 289, 민족문화추진회, 2002.
金晩植, 『蘭室遺稿』, 국립중앙도서관 소장.
金命喜, 『山泉抄錄』, 국립중앙도서관 소장.
金炳始, 『蓉菴集』, 장서각 소장.
金尙鉉, 『經臺詩存』, 성대 존경각 소장.
金奭準, 『紅藥樓懷人詩錄』, 여항문학총서 5, 여강출판사, 1986.
金善臣, 『淸山島遊錄』, 국립중앙도서관 소장.
金永爵, 『邵亭先生文集』, 한국역대문집총서 2993, 경인화문화사, 1999.
金允植, 『雲養先生文集』, 한국역대문집총서 2743~2745, 1999.
金履陽, 『金履陽文集』, 국립중앙도서관 소장.
金在顯, 『微溪集』, 국립중앙도서관 소장.
金正喜, 『阮堂全集』, 한국문집총간 301, 2003.
＿＿＿・金命喜, 『聯璧詩鈔』, 국립중앙도서관 소장.

金祖淳,『楓皐集』, 보경문화사, 1986.
金左根,『荷屋遺稿』, 보경문화사, 1986.
金昌熙,『石菱先生文集』, 한국역대문집총서 617, 1987.
金澤榮,『金澤榮全集』, 아세아문화사, 1978.
金學性,『松石漫稿』, 규장각 소장.
金興根,『游觀集』·『游觀雜錄』, 국립중앙도서관 소장.
南秉哲,『圭齋遺稿』, 한국문집총간 316, 2003.
朴珪壽,『瓛齋叢書』, 성대 대동문화연구원, 1996.
朴文逵,『天游詩集』, 국립중앙도서관 소장.
朴齊家,『貞蕤閣集』, 한국문집총간 261, 2001.
朴趾源,『燕巖集』, 한국문집총간 252, 2000.
徐有英,『雲皐詩選』, 장서각 소장.
申錫愚,『海藏集』, 平山申氏文集 8, 평산신씨대종중, 1995.
_____,『西樵詩集』, 계명대 소장.
申錫禧,『韋史集』·『韋史詩稿』, 국립중앙도서관 소장.
申應朝,『荷庵集』, 평산신씨문집 7, 1995.
申緯,『警修堂全藁』, 한국문집총간 291, 2002.
申弼永,『玉坡集』, 평산신씨문집 8. 1995.
申櫶,『申櫶全集』, 아세아문화사, 1990.
梁憲洙,『荷居集·丙寅日記』, 국방군사연구소, 1997.
尹秉鼎,『巴江遺稿』, 성대 존경각 소장.
尹定鉉,『梣溪遺稿』, 한국문집총간 306, 2003.
李沂,『海鶴遺書』, 국사편찬위원회, 1971.
李晩用,『東樊集』, 성대 존경각 소장.
李明五,『泊翁集詩鈔』, 규장각 소장.
李復鉉,『石見樓詩鈔』, 규장각 소장.
_____,『石見樓』, 고려대 소장.
李尙迪,『恩誦堂集』, 한국문집총간 312, 2003.
李參鉉,『鐘山集』, 장서각 소장.
李承元,『迂山稿詩抄』, 규장각 소장.
李鈺,『白雲筆』, 연세대 소장.
李裕元,『嘉梧藁略』, 한국문집총간 315~316, 2003.

李應辰, 『素山文集鈔稿』, 규장각 소장.
李祖默, 『烏雲稿略』, 국립중앙도서관 소장.
_____, 『六橋稿略』, 국립중앙도서관 소장.
趙斗淳, 『心庵遺稿』, 규장각 소장.
趙秉鉉, 『成齋集』, 국립중앙도서관 소장.
趙秉璵, 『洞天集』, 규장각 소장.
趙寅永, 『雲石遺稿』, 한국문집총간 299, 2002.
崔憲秀, 『愚山集』, 장서각 소장.
韓應弼, 『禦洋隨錄』, 규장각 소장.
韓章錫, 『眉山集』, 성대 존경각 소장.
洪錫謨, 『游燕稿』, 국립중앙도서관 소장.
洪鍾應, 『芍玉詩集』, 계명대 소장.
洪顯周, 『海居齋詩抄』, 규장각 소장.
黃五, 『綠此集』, 국립중앙도서관 소장.
黃玹, 『梅泉全集』, 전주대 호남학연구소, 1984.
____, 『梅泉野錄』, 국사편찬위원회, 1971.

張謇, 『張季子詩錄』, 續修四庫全書 1575, 上海古籍出版社, 2001.
朱銘盤, 『桂之華軒遺集』, 臺北 文海出版社, 1966.

『呈才舞圖笏記』, 정신문화연구원, 1994.
『進爵儀軌 戊子·進饌儀軌 己丑』, 한국음악학자료총서 3, 국립국악원, 1980.
『推案及鞫案』, 아세아문화사, 1978.

金正喜, 『국역 완당전집』, 민족문화추진회, 1986.
朴思浩, 『心田稿』, 국역연행록선집 IX, 1977.
박종채 지음·박희병 옮김, 『나의 아버지 박지원』, 돌베개, 1998.
李裕元, 『국역 임하필기』, 민족문화추진회, 1999.
이흥구 역, 『朝鮮宮中舞踊』(呈才舞圖笏記), 열화당, 2000.
許維 저·김영호 역, 『小癡實錄』, 서문당, 1976.
洪錫謨 저·이석호 역, 『조선세시기』, 동문선, 1991.

단행본

강명관, 『조선후기 여항문학 연구』, 창작과비평사, 1997.
_____, 『조선시대 문학 예술의 생성 공간』, 소명출판, 1999.
권혁수, 『19세기말 한중 관계사 연구』, 백산자료원, 2000.
권희영 외, 『병인양요의 역사적 재조명』, 한국정신문화연구원, 2001.
김명호, 『열하일기 연구』, 창작과비평사, 1990.
_____, 『초기 한미 관계의 재조명-셔먼호 사건에서 신미양요까지-』, 역사비평사, 2005.
김석회, 『존재 위백규 문학 연구』, 이회문화사, 1995.
김 영, 『조선후기 한문학의 사회적 의미』, 집문당, 1993.
김영복·정해렴 편역, 『홍기문 조선문화론선집』, 현대실학사, 1997.
김태준, 『홍대용평전』, 민음사, 1987.
류재일, 『이덕무의 시문학 연구』, 태학사, 1998.
박영민, 『한국 한시와 여성 인식의 구도』, 소명출판, 2003.
송재소, 『다산시연구』, 창작과비평사, 1986.
송준호, 『유득공의 시문학 연구』, 태학사, 1985.
심경호, 『한문학과 시경론』, 일지사, 1999.
_____, 『한국한시의 이해』, 태학사, 2000.
안대회, 『18세기 한국한시사 연구』, 소명출판, 1999.
안형재, 『한국의 매화』, 북랜드, 2001.
유봉학, 『조선후기 학계와 지식인』, 신구문화사, 1998.
유홍준, 『완당평전』 1~3, 학고재, 2002.
이가원 편, 『여한전기』, 우일출판사, 1981.
이경수, 『한시사가의 청대시 수용연구』, 태학사, 1995.
이우성, 『한국의 역사상』, 창작과비평사, 1982.
_____, 『실시학사산고』, 창작과비평사, 1995.
이종찬, 『한문학개론』, 반도출판사, 1989
이철성, 『조선후기 대청무역사 연구』, 국학자료원, 2000.
이혜순, 『조선통신사의 문학』, 이대출판부, 1996.
임형택 편역, 『이조시대 서사시』 상하, 창작과비평사, 1992.
_____, 『실사구시의 한국학』, 창작과 비평사, 2000.

_____,『한국문학사의 논리와 체계』, 창작과비평사, 2002.

장효현,『서유영 문학의 연구』, 아세아문화사, 1988.

정양완,『조선조후기 한시연구-특히 사가시를 중심으로-』, 성신여대 출판부, 1983.

정양완 외,『조선후기 한문학 작가론』, 집문당, 1994.

정은혜,『정재연구Ⅰ』, 대광문화사, 1993.

조동일,『한국문학통사』3, 지식산업사, 1994.

진재교,『이계 홍양호 문학 연구』, 성대 대동문화연구원, 1999.

_____,『이조후기 한시의 사회사』, 소명출판, 2001.

국사편찬위원회,『한국사』32·37·39, 1997~1999.

종로구,『종로의 명소』, 1994.

한국민족미술연구소,『간송문화』3·30·60·63, 1972~2002.

藤塚鄰 저·박희영 역,『추사 김정희 또다른 얼굴』, 아카데미하우스, 1994.

오페르트 저·신복룡 역주,『금단의 나라 조선』, 집문당, 2000.

서경수 편저·엄경흠 역,『한시의 미학』, 보고사, 2001

이노구치 아츠시 저·심경호 한예원 역,『일본한문학사』, 소명출판, 1999.

H·주베르 저·여동찬 역,「1866년 프랑스의 강화도 원정기」,『문학사상』, 1979·9.

吉川幸次郎 編·小川環樹 注,『蘇軾』, 岩波書店, 韶和36(1962).

薛瑞生 箋證,『東坡詞編年箋證』, 三秦出版社, 1998.

呂肖奐,『宋詩體派論』, 四川民族出版社, 2002.

王力,『漢語詩律學(增訂本)』, 上海世紀出版集團, 2002.

王洪,『蘇軾詩歌硏究』, 朝華出版社, 1993.

朱靖華,『蘇軾新評』, 中國文學出版社, 1993.

宋希尙,『張謇的生平』, 臺北:中華叢書編審委員會, 1963.

논문

강명관, 「담정 김려 연구(1)」, 『부산대 사대 논문집』 9, 1984.
고연희, 「19세기에 꽃 핀 화훼의 시·화 – 김정희와 그 일파를 중심으로–」, 『시가사와 예술사의 관련 양상Ⅱ』, 보고사, 2002.
권진호, 「연천 김이양의 문학론과 작품세계」, 성대 석사 논문, 1992.
김동준, 「해암 유경종의 시문학 연구」, 서울대 박사 논문, 2003.
_____, 「조선후기 '조선풍' 한시에 대한 재론」, 『국문학연구』 10, 2003·12.
김명순, 「조선후기 기속시 연구」, 경북대 박사 논문, 1996.
김명호, 「환재 박규수 연구 (1)」, 『민족문학사연구』 4, 1993.
_____, 「환재 박규수 연구 (2)」, 『민족문학사연구』 6, 1994.
_____, 「박규수의 학문관」, 『진단학보』 88, 진단학회, 1999.
_____, 「1861년 열하문안사행과 박규수」, 『한국문화』 32, 서울대 한국문화연구소, 1999.
_____·남문현·김지인, 「남병철과 박규수의 천문의기 제작–『의기집설』을 중심으로」, 『조선시대사학보』 12, 조선시대사학회, 2000.
_____, 「동문환의 『한객시존』과 한중문학교류」, 『한국한문학연구』 26, 한국한문학회, 2000.
_____, 「실학과 개화사상의 관련양상」, 『대동문화연구』 36, 성대 대동문화연구원, 2000.
_____, 「옥수 조면호의 〈서사잡절〉 전후편에 대하여」, 『고전문학연구』 20, 한국고전문학회, 2001.
_____, 「대원군정권과 박규수」, 『진단학보』 91, 진단학회, 2001.
_____, 「박규수의 궁사 「봉소여향」에 대하여」, 『한국한문학회』 31, 한국한문학회, 2003.
김성남, 「19세기말 중국인들의 조선 기행 저술 연구」, 『근대전환기 동아시아 속의 한국』, 성대 출판부, 2004.
김상홍, 「다산의 소동파론」, 『남명학연구』 18, 경상대 남명학연구소, 2004.
김소영, 『운양 김윤식 한시 연구』, 성대 석사논문, 1997.
김용태, 「옥수 조면호의 기속시 연구」, 『동방한문학』 24, 동방한문학회, 2003.
_____, 「산문 작품을 통해 본 옥수 조면호의 문학적 지향」, 『한문학연구』 36, 한국한문학회, 2005.

_____, 「옥수 조면호를 통해 본 추사 김정희」, 『대동한문학』 23, 대동한문학회, 2005.
_____, 「옥수 조면호의 유희적 시정신」, 『한문학보』 15, 우리한문학회, 2006.
_____, 「임오군란기 한중韓中 문인의 교유 양상」, 『한문학보』 17, 우리한문학회, 2007.
김원모, 「로저스 함대의 來侵과 魚在淵의 항전(1871)」, 『동방학지』 29, 연세대 국학연구원, 1981.
김윤조, 「실학파문학의 계승양상에 관한 연구」, 『대한한문학』 8, 1996.
_____, 「연암 문학의 계승 양상에 관한 고찰: 김윤식·김택영의 경우를 중심으로」, 『한문학연구』 10호, 계명대 한문학회, 1995.
김철범, 「이학규의 금관기속시」, 『문화전통논집』 2, 경성대 향토문화연구소, 1994.
김태수, 「추사의 유배시 연구」, 『한문학론집』 10, 단국한문학회, 1992.
김현자, 「동방의 예지와 성자의 의미-한국의 현대시에 나타난 매화」, 『매화』, 생각의 나무, 2003.
김혜숙, 「추사 김정희의 시문학 연구」, 서울대 박사 논문, 1989.
_____, 「추사와 자하의 문학적 교유와 그 영향」, 『대동문화연구』 26, 1991.
남재철, 「이서구 시문학 연구」, 성대 박사 논문, 2002.
박동욱, 「산운 이양연의 시문학 연구」, 한양대 석사 논문, 2001.
박준원, 「담정총서 연구」, 성대 박사 논문, 1994.
박준호, 「방산 윤정기의 금릉죽지사에 대하여」, 『한문학연구』 8, 계명한문학연구회, 1992.
박혜숙, 「사유악부 연구」, 『고전문학연구』 6, 한국고전문학연구회, 1991.
_____, 「조선의 매화시」, 『한국한문학연구』 26, 한국한문학연구회, 2000.
방현아, 「중암 강이천의 한경사 연구」, 성대 석사 논문, 1993.
배규범, 「"논시절구" 시의 경향과 전개 양상 -원호문의 〈논시절구삼십구〉를 중심으로-」, 『어문연구』 111, 한국어문교육연구회, 2001.
백원철, 「낙하생 이학규의 시 연구」, 성대 박사 논문, 1992.
신익철, 「이봉환의 초림체와 낙화시에 대하여」, 『한국한문학연구』 24, 1999.
_____, 「18세기 매화시의 세 가지 양상」, 『한국시가연구』 15, 한국시가학회, 2004.
심경호, 「19세기 한시의 전개에 대한 일 고찰」, 『한국문학연구』 창간호, 고대 민문연, 2000.
_____, 「수종사와 조선후기 문인」, 『한국한시연구』 5, 한국한시학회, 1997.

우재호, 「원굉도 시가 연구」, 서울대 박사 논문, 1995.
이관성, 「도애 홍석모의 한시 연구」, 고대 석사 논문, 2003
이동환, 「조선후기 한시에 있어서 민요취향의 대두」, 『한국한문학연구』 3·4합집, 1979.
_____, 「조선후기 '천기론'의 개념 및 미학이념과 그 문예·사상사적 연관」, 『한국한문학연구』 28, 한국한문학회, 2001.
이상엽, 「조선후기 지방행정에 있어서 수령의 역할과 부패 유발구조」, 『한국지방자치학회보』 1, 한국지방자치학회, 2002.
이상필(2005), 『남명학파의 형성과 전개』, 와우출판사.
이신복, 「담정 김려 한시 연구」, 『동양학』 18, 단대 동양학연구소, 1986.
이을호, 「추사와 고증학」, 『한국학』 18, 중앙대 한국학연구소, 1987.
이의강, 「김택영의 중국 망명 원인에 대하여-시작품을 분석의 주요 대상으로 삼아-」, 『동방한문학』 22, 동방한문학회, 2000.
이정선, 「조선후기 한시의 조선풍 연구」, 한양대 박사 논문, 2001.
이종묵, 「조선 전기 한시의 당풍과 송풍」, 『한국한문학연구』 18, 1995
이철성, 「19세기 전반 포삼무역包蔘貿易 전개 과정과 서로상인西路商人」, 『동서사학』 5, 한국동서사학회, 1999.
이철희, 「추사 김정희 시론 연구」, 성대 박사 논문, 2001.
이헌주, 「姜瑋의 對日開國論과 그 性格 -강화도조약 체결을 중심으로-」, 『한국근현대사연구』 19, 한국근현대사학회, 2001.
이현일, 「이봉환 삼대의 비원」, 『문헌과해석』 20, 2002 가을.
이희목, 「애국계몽기의 한시」, 『한국한문학연구』 15, 1992.
_____, 「영재 이건창 산문 연구」, 성대 박사 논문, 1992.
_____, 「이조전기 관각문인들의 '궁사' 연구」, 『대동문화연구』 29, 성대 대동문화연구원, 1994.
_____, 「이조중기 당시풍 시인들의 '궁사' 연구」, 『한문교육연구』 15, 한국한문교육학회, 2000.
장유승, 「17세기 고시 연구」, 정문연 석사 논문, 2002.
장효현, 「조선후기 죽지사연구」, 『한국학보』 34, 일지사, 1984.
전해종, 「청대학술과 완당」, 『대동문화연구』 1, 성대 대동문화연구원, 1964.
정민, 「18~19세기 문인지식층의 원예취미」, 『18세기 조선 지식인의 발견』, 휴머니스트, 2007.

정양완, 「매천 황현의 상원잡영을 읽고서」, 『우전신호열선생고희기념논문집』, 1983.
정우봉, 「19세기 시론 연구」, 고대 박사 논문, 1992.
정일남, 「박제가의 시론과 시」, 성대 박사 논문, 2001.
조규백, 「소식시 연구」, 성대 박사 논문, 1995.
조혁상, 「조선조 검무시의 일연구」, 성대 석사 논문, 2003.
주승택, 「강위의 사상과 문학관에 대한 고찰」, 서울대 박사 논문, 1991.
차주환, 「한국 詞文學 연구(4)」, 『아세아연구』 19, 고대 아세아문제연구소, 1965.
채한숙, 「재현정재 아박무에 대한 연구」, 『한국음악학론집』 3, 한국음악사학회, 1999.
최재남, 「조선후기 민요의 실상과 한시의 민풍 수용」, 『장르교섭과 고전시가』, 월인, 1999.
최진원, 「동동고」, 『대동문화연구』 4, 성대대동문화연구원, 1971.
한영규, 「19세기 회인시의 양상과 조희룡의 회인절구」, 『반교어문연구』 6, 반교어문학회, 1995.
허권수, 「소동파시문의 한국적 수용」, 『중국어문학』 14, 영남중국어문학회, 1988.
허준구, 「김려의 문학관 연구」, 『어문연구』 98, 한국어문교육연구회, 1998.
_____, 「담정 김려의 시세계-그 인생역정에 따른 시경향-」, 성대 박사 논문, 2001.
홍인표, 「죽지사 연구」, 『중국학보』 33, 한국중국학회, 1993.
황위주, 「주자의 소동파 배격과 조선초기 한문학」, 『대동한문학』 5, 대동한문학회, 1993.

본문에 수록된 옥수 조면호의 작품

- 「가소」可笑
- 「가족들에게 사과함」(謝家人)
- 「감시절구」感詩絶句
- 「강서잡기」江西雜記
- 「거리에서 보다」(路見笑笑)
- 「경신년 2월 보름날 꿈에 추사 어른을 뵙다」(庚申二月之望 夢拜秋史丈人)
- 「계전의 중양절구에 화운하다」(附和桂田重陽絶句 幷小序)
- 「궁사체」宮詞體
- 「규재에게 사과하다」(謝圭齋〔南秉哲〕幷解)
- 「금관죽지」金官竹枝
- 「금릉주유」金陵舟遊
- 「기몽」記夢
- 「기무죽지」機務竹枝
- 「길에서 보다」(路見)
- 「김창산에게 주는 편지」(與金倉山書)
- 「나는 날마다 벼루와 먹으로 소일하고, 날마다 거문고와 피리를 일삼으니, 어떻게 일을 해서 생산을 할 수 있겠나? 장난삼아 이어俚語로 짓는다」(翁日以硯墨爲事 日以琴籟爲事 奚由作業生産 戲題俚語)
- 「나의 뜻」我意
- 「남강에 나가보니 길이 진창이 되어, 말 탄 이나 걷는 이나 모두 어려워 보였다. 마침 장례를 치르는 서너 대 수레까지 있었다. 이번 행차는 완당 어른이 북청으로 유배 가는 것을 전송하기 위한 것이다」(出南江 潦濘路艱 見騎步俱窘 時有送葬三數輓車 是行爲送阮堂丈人北靑之謫)
- 「냉기에 상하다」(傷冷)
- 「농부」農夫
- 「늦게 핀 매화 아래서 달빛을 받다」(晚梅下得月)

- 「다듬이질 하는 여인의 탄식」(搗女歎)
- 「닭에게 묻다」(問雞 雞答)
- 「돌림병이 창궐하니 속칭 '쥐통'이란 것이다. 이것이 순조 신사년(1821)에 돌더니 올해(1879) 또 돈다. 백성들이 동요하고 목숨이 경각에 달려 있으니, 내가 걱정하여 이어로 시를 지었다. 절구가 셋이다」(輪疹飛熾 俗名鼠筒 此在純祖辛巳年 今年又有之 民不靜 死亡在頃刻 冕憂之 以俚語得一律三絶句)
- 「돌싸움」巷戰
- 「동원지수」(東園之樹四章 二章四句 二章六句)
- 「동파 시를 읽고 느낌이 있어」(讀坡詩有感)
- 「동파가 적벽부를 지은 이래로 고금의 문장가들은 동파를 보름밤의 주인으로 만들었으니 가소로운 일이다. 나 또한 상투적인 말에서 벗어나지 못하여 절구 3수를 짓는다」(東坡赤壁以後 古今詩文家 以東坡作旣望主 可笑 玉垂亦免不得一例語 有三絶句)
- 「동파점」東坡店
- 「또 '원중랑집'을 읽다가 느낀 바 있어 드디어 한 수 지으니 또한 모의하지 않을 수 없었다. 이날 바람이 불고 비가 내려 극히 어지러웠다」(又閱袁中郎集 有所感 遂拈一韻 亦不能不擬倣 是日風雨陰晴極眩幻)
- 「마음속의 분노」(幽憤)
- 「마음을 터놓다」(攄情詩)
- 「매화」梅花
- 「매화를 경계하다」(戒梅俚語)
- 「매화문답」梅花問答(呈錦洲詞伯)
- 「매화 이야기」(梅說)
- 「명수 김명균에게 주다」(贈金明叟〔明均〕序)
- 「미당에게 감사하다」(謝眉堂)
- 「미친 시」(狂詩疊前韻)
- 「민민」悶悶
- 「박처사를 축하하며」(賀朴處士說)
- 「박환재가 편지를 보내왔다. 매화 소식이 들어 있었는데, 그의 매화가 일찍 꽃망울을 터뜨려 섣달까지 가지 못했다는 것이다. 나의 매화는 아무 소식도 없다」(朴瓛齋有書訊及梅信 盖其所藏者已花 無以消受臘也 余所藏者尙渺然)
- 「발을 내리고 옥계를 흉내내다」(下簾效玉溪)
- 「배고픔」(調飢)

- 「배고픔에 대하여」(歎飢)
- 「병중에 무료하여 서쪽 이웃 젊은이들의 시를 읽고서 되는대로 짓고 쓴 것이 열 편에 이르러서 그쳤다」(病裏無聊 得西隣少年詩韻 隨作隨書 乃至爲十作而止)
- 「봄추위」(春寒〔全用俗諺〕)
- 「부추예삼석」附追禮三石
- 「분노하다」(憤詩)
- 「비몽사몽간에 짓다」(似夢非夢詩)
- 「비유」肥儒
- 「사민설」四民說
- 「4일에 며늘아기가 병들어 누웠는데 밤새도록 신음을 하였고, 듣는 이 또한 마음이 아팠다」(四日 子婦病臥 作達宵叫苦 聽者亦悶)
- 「삭전가」索戰歌
- 「삭전해」索戰解
- 「산계가」山溪歌
- 「산원춘」山園春
- 「새벽꿈」(至月吉曉)
- 「새벽 다듬이질」(曉砧)
- 「생일날 매화에게 농담을 나누다」(生日謔梅)
- 「서사잡절」西事雜絶
- 「석연을 놀리다」(以俚語嘲石然)
- 「선고유사」先考遺事
- 「선비행록」先妣行錄
- 「소치의 고목죽석 부채에 쓰다」(小癡枯木竹石扇)
- 「속예석구시」續禮石九詩(幷引)
- 「속죽지」續竹枝
- 「숙직」(直中)
- 「시장에서」(憤市)
- 「악습」惡習
- 「암행어사가 '직분을 수행치 못했다'고 보고를 올렸다는 소식을 듣고 인끈을 풀어 대죄하다가 배를 타고 대동강을 건너는데 전송하는 백성들이 많았다」(聞繡啓以不職論 解待罪 渡浿江船 民士多送之者)
- 「애궁」哀窮
- 「여몽령」如夢令(和尹寶山)

- 「여종의 말」(婢說)
- 「열한 개의 돌에 예를 표하다」(禮十一石 幷識〔丁卯元日〕)
- 「영선사로 가는 김윤식을 전송하며」(送領選使金洵卿允植序)
- 「옥수대취시」玉垂大醉詩
- 「와룡관」(看臥龍冠)
- 「완당예서변」阮堂隸書辨
- 「왜선이 대관과 만나기를 청하는데, 조정은 의논이 아직 통일되지 않고 있으니 참으로 이상한 일이다. 이것이 어찌 의심하고 겁낼 일이리오! 탄식할 만하도다」(倭船請大官相接 廟議尙未歸一 誠可異也 是何嘗疑劫事 可歎)
- 「요즘 내 시의 성격(詩性)이 날로 촌스러워지니 시사의 벗들이 나무라고 비웃음이 더욱 심해져서 자못 부끄럽고 또한 고민스럽다. 이 시를 지어 나의 생각을 밝힌다」(近日詩性日野 社友訾笑益甚 殊可愧 亦可悶 爲此以自明)
- 「용만죽지」龍灣竹枝
- 「우리 시사의 젊은 벗인 서은경(서상우)과 신용빈(신관조)이 차례로 정목政目에 이름이 올랐다. 이 늙은이는 그들이 포의를 벗고 인끈을 차서 우리 시사를 빛내주기를 날마다 바란다」(社中少友 徐殷卿申用賓 次第檢擬於政目 老夫日企其釋褐牽絲 以光吾社)
- 「우연히 동파집을 보다가 '화도걸식'을 읽고 느낌이 자못 깊어 이에 화운한다」(偶閱坡集 讀和陶乞食 根觸殊深 乃和之)
- 「유재의 시에 화운하다」(次和悠齋十一絶)
- 「유조」(有鳥三章)
- 「윤연재의 '논시'에 차운함」(次尹淵齋論詩)
- 「윤연재의 농담에 장난으로 대꾸하다」(戱應尹淵齋諡意)
- 「윤종설」輪鍾說
- 「을해년 5월 10일 밤의 꿈」(乙亥五月十夜 記夢)
- 「일본 사신들은 조약이 체결되자 배를 돌리다」(日使定約返櫂 幷小識)
- 「일사정약반도」日使定約返櫂
- 「자지자부지서옥기」自知自不知書屋記
- 「자지자부지선생전」自知自不知先生傳
- 「작은 벽에 쓰다」(題小壁)
- 「장난삼아 지은 담배 노래」(戱作蔫詩)
- 「장난삼아 짓다」(戱作)
- 「장상사」長相思

- 「장생로」長生路
- 「정재십영」呈才十詠
- 「제경등루」題竟登樓
- 「제석리어」除夕俚語
- 「조롱에 해명함」(解嘲)
- 「조용한 방에서 불을 끄고 누워 근래 지은 몇 편 시를 외워 보니 모두 성운에 맞지 않는다. 이에 스스로 경계한다」(靜室休燈 臥誦近作數詩 都覺不諧 遂自警)
- 「조정에서 당오전을 주조할 결정을 하였으니 나라를 부유하게 하고 백성을 넉넉히 하는 방책이었다. 지금 행한 지 4년이 되었다」(朝廷議鑄當五錢 爲富國裕民之術 今行之四年)
- 「죽지」竹枝 _권25
- 「죽지」竹枝 _권26
- 「증소산학사」贈素山學士
- 「지난날을 추억하며 옥계의 시운을 쓰다」(憶舊用玉溪詩韻)
- 「추보용만죽지」追補龍灣竹枝
- 「추석 속담」(秋夕諺)
- 「취석정에서 모든 시우가 모이다」(醉石亭 諸詩伴 俱會)
- 「타작」打作
- 「타전리사」打錢俚詞
- 「파리」(蠅謔 慰謫中無理)
- 「한강」漢江
- 「해장 생일날 내가 병이 나서 일어나지를 못해 한번 호강할 기회를 잃어 한스럽다. 시 한 수 지어 보낸다」(海藏生日 余以病不可作 失一好綱可恨 走草一詩以寄)
- 「해장에게 주다」與海藏書
- 「혜원을 맞으러 갔으나 마침 외출하여 만나지 못하다」(邀蕙園 値出未遇)
- 「환재를 그리워하다가 모두가 그리워지다」(旣憶瓛齋 又憶又憶 憶是同志之近日 蟬聯者止 各有屬意)
- 「회시」悔詩
- 「회인절구」懷人絕句
- 「후서사잡절」後西事雜絕
- 「후죽지」後竹枝
- 「흡초가」吸草歌
- 「희제」戲題

찾아보기

ㄱ

가회동 209, 310
간사諫社 57
갑신정변 210, 216, 217, 219, 220
강기姜夔 51
「강남녀」江南女 125, 126
강로姜㳣 242
강서江西 31, 33, 79, 192, 198, 226, 300
강위姜瑋 42, 146, 282
강이천姜彛天 139, 160, 161
강화도조약 237, 278, 279, 281, 282
건춘문建春門 207
검기무劍器舞 199~202
경릉파竟陵派 98
경복궁 64, 197, 198, 205~208
경화사족京華士族 24, 35, 71, 105, 129
경화세족→경화사족
계근季謹→김이도金履度
계사溪社 57, 109
계전桂田→신응조申應朝
계화충 232, 233
고동서화 30, 35, 39, 46
〈고목죽석도〉古木竹石圖 44
고시古詩 108, 113, 146, 169, 205, 222, 225, 308
『고시귀』古詩歸 98
고염무 45, 257, 258
고우古愚→김옥균金玉均
고적高適 311
고종高宗 12, 24, 36~38, 70, 71, 200~202, 205, 228, 239, 240, 259, 267, 270, 282, 310
고하정리古賀精里(고가 세이리) 173
공수龔遂 83
공안파公安派 84
공일公一→이승원李承元
관등절 233
관아재觀我齋→조영석趙榮祏
광성보 261, 262, 268
광성진 264, 269~271, 274, 275
교남嶠南→이승원李承元
교동驕童 212, 214
교동도喬桐島 242
구당矩堂→유길준兪吉濬
구천句踐 107
권돈인權敦仁 151, 155, 188
권병엽權秉燁 261, 275
권용權鎔 241, 245
권율權慄 241
권필權韠 76, 77, 311
규재圭齋→남병철南秉哲
규정圭廷→서상우徐相雨
근체시 79, 97, 98, 101, 185, 306
금석산 232
금주錦洲→조병헌趙秉憲
금천시사琴泉詩社 57
기당祁堂→홍순목洪淳穆
기속시紀俗詩 16, 117, 197, 198, 209, 212, 220, 222, 305, 306
기정진奇正鎭 241, 252, 253, 278
김건순金健淳 159

342

김경습金敬習 139
김규락金奎洛 65
김기수金綺秀 12, 26, 36, 63, 66, 95, 227, 228, 309
김기찬金基纘 65
김난순金蘭淳 151, 155
김노경金魯敬 22, 150, 155
김노영金魯永 27, 39
김대근金大根 177
김려金鑢 22, 56, 57, 76, 77, 116, 117, 150, 155, 159~161
김명균金明均 286
김명호 14, 24, 58, 60, 169, 171, 179, 182, 184, 203~205, 238, 240, 243, 252, 258, 267, 277
김명희金命喜 152, 155, 157~160
김병학金炳學 173
김보근金輔根 154, 155
김삿갓 101
김상무金商懋 46, 54
김상현金尙鉉 177, 183
김상희金相喜 46, 141, 152, 155
김석준金奭準 146, 171, 194
김선金鐥 11, 22, 23, 26, 63, 76, 77, 100, 150~152, 155, 159~162, 166, 188, 228
김선신金善臣 151, 155, 189
김선필金善弼 242, 245
김세균金世均 178
김수근金洙根 153, 155
김시중金時中 151, 155, 189
김영작金永爵 62, 70, 154, 155
김옥균金玉均 42, 43, 56, 65, 66
김우하金宇夏 152, 155, 189
김유근金逌根 22, 23, 57, 139, 151, 155, 166, 170, 188, 190
김윤식金允植 65, 66, 72, 170, 286
김응근金應根 152, 155
김이교金履喬 57, 150, 155
김이도金履度 22, 23, 57, 163, 165~168

김이백金履白 160
김이소金履素 23
김이양金履陽 57, 149, 150, 154, 155, 177
김재현金在顯 177
김정희金正喜 11, 14, 22, 23, 26, 27, 30, 39 ~42, 44~55, 58, 64, 69, 77, 78, 84, 100, 120~122, 141, 146, 150~152, 155~ 158, 160, 163~166, 187, 188, 190, 194
김조金照 57, 150, 155, 172, 189
김조근金祖根 171
김조순金祖淳 22, 23, 56, 57, 150~155, 162, 163, 165, 171, 188
김좌근金左根 57, 153, 155, 173
김준연金駿淵 152, 155, 159
김창업金昌業 22
김창집金昌集 23
김창협金昌協 100, 312
김창흡金昌翕 312
김창희金昌熙 12, 63, 66, 67, 70, 288
김태주金泰柱 22, 39
김택영金澤榮 65, 67, 170
김학성金學性 177
김홍근金弘根 152, 153, 155
김흥근金興根 65, 153, 155

ㄴ

나기羅岐 146
난설蘭雪→오숭량吳嵩梁
남명南冥→조식曺植
남병길南秉吉 23, 171
남병철南秉哲 23, 58, 63, 75, 76, 141, 146, 149, 154, 155, 167, 170, 171, 173
남사南社 61, 62
남연군南延君→이구李球
남종삼南鍾三 240
노가재老稼齋→김창업金昌業
노동盧仝 92, 93

찾아보기 343

노량진 30, 204
논시시 148, 158, 165, 185

ㄷ

다심茶心→여동훈厲同勛
단오절 233
담원춘譚元春 97, 98
담정薝庭 그룹 11, 150, 151, 163, 166
『담정총서』薝庭叢書 166
담헌湛軒→홍대용洪大容
당시풍 77, 92, 93, 95, 203
당오전當五錢 297, 298, 302
대마도 278, 281
덕진진 266~268, 270
도연명陶淵明→도잠陶潛
도잠陶潛 34, 81, 82, 107, 108, 180, 311, 312
「도하세시기속시」 225
독원讀園→이승원李承元
돈치기 209~211, 214, 215
『동국세시기』 211
『동국통감』 287
「동동」動動 200, 201
동번東樊→이만용李晩用
동십자각 207
동아시아론 289
「동인논시절구」東人論詩絶句 148
동파東坡→소식蘇軾
〈동파입극도〉 42, 77, 78
동파체東坡體 79
두목杜牧 92
두보杜甫 98, 145, 202, 311

ㄹ

로우 공사 259, 271, 274

로저스 제독 259, 272
로즈 제독 239

ㅁ

마도옹馬圖廱 56
만당晚唐 92, 172
만당풍 172
매천梅泉→황현黃玹
『매천야록』 65, 163, 181, 183, 184, 216
매화사梅花社 57
맹원孟園 160, 161
맹현孟峴 161
맹호연孟浩然 311
메이지유신 278
모문룡毛文龍 22
몽금척夢金尺 199
묘교卯橋→정태丁泰
묘파妙坡 65
무고舞鼓 199
무송茂松 윤씨尹氏 27, 36
문계안文啓安 262, 269, 270
미국 259, 262, 263, 265, 271, 272, 274, 275, 278
미산眉山→한장석韓章錫

ㅂ

박규수朴珪壽 12, 32, 58~60, 62, 64, 70, 71, 78, 133, 169, 171, 177, 179, 182, 190, 204, 205, 258, 282, 285
박래만朴來萬 177
박사호朴思浩 69
박선수朴瑄壽 190
박영보朴永輔 154, 155
박영효朴泳孝 177, 216
박원양朴元陽 177, 216

박제가朴齊家 69, 146, 147, 305, 306
박지원朴趾源 12, 22, 23, 59, 60, 100, 168
　～170, 177, 180, 312
박지일朴之一 190, 192, 193
방우서方禹叙 240
배용구裵用九 261
백각 61
백거이白居易 34
백귀白鬼 262
백련사白蓮社 56, 139
백륜伯倫 183
백마성 229
백사白社 57, 148
범금范金 45, 46
범려范蠡 107
변계량卞季良 311
병인양요丙寅洋擾 12, 35, 237～240, 243,
　244, 248, 249, 251, 253, 254, 256, 257,
　259, 263
복문섬濮文暹 70
북경 69, 276
「북계잡영」北溪雜詠 166, 167
북사北社 57, 58, 60～62, 64, 71
북촌北村 12, 24, 57～59, 64, 70～72, 75,
　105, 116, 141, 165, 181, 183, 184, 194,
　198
북촌시사北村詩社 12, 13, 37, 38, 56, 58,
　70, 76, 194
북해北海→조종영趙鍾永
비어옥飛語獄 160, 161

ㅅ

사대교린事大交隣 280
사의식士意識 71, 72
삼계三溪 65
삼묘서옥三泖書屋 44, 45
삼사三斯→홍양후洪良厚

삼산무森山武(모리야마 시게루) 281
삼청동 26, 139, 161, 162, 209
서계書契 29, 278～280
서능순徐能淳 65
서돈보徐惇輔 65
서명순徐明淳 178
서상우徐相雨 63, 70
서상정徐相鼎 178
서세동점西勢東漸 68, 285, 287
서영보徐榮輔 166
서원犀園→김선金鏥
서유영徐有英 61, 62, 146, 152
서찬보徐贊輔 186
『석견루시권』石見樓詩卷 166
『석견루잡영』石見樓雜詠 166
석릉石菱→김창희金昌熙
석주石州→권필權韠
석파정 65
선유락 199
소당蘇堂→조운경趙雲卿
소식蘇軾 42, 51, 52, 59, 77～84, 94, 120,
　122, 192, 193, 295, 311, 312
소자邵孜 311
소정邵亭→김영작金永爵
소천→장월
소춘 232, 233
『소치실록』小痴實錄 42
소품 16, 17, 35
손관원孫寬遠 261, 275
손돌목 260, 264, 265, 271, 273, 274
송계신宋啓新 153
송단시사松壇詩社 57
송석松石→심승택沈承澤
송시열宋時烈 22
송시풍宋詩風 79, 84, 85, 93
송원松園→김이도金履度
송환기宋煥驥 65
수사제독 272
순원왕후純元王后 30, 150, 165, 198, 203

찾아보기　345

순일順一 45, 295
순조純祖 24, 165, 198, 203, 302
신관조 63
신관호申觀浩(신헌) 241, 245
신광온 150, 152
신기선申箕善 65, 66
신기질辛棄疾 51
신무문神武門 207
신미양요辛未洋擾 12, 35, 237, 238, 240, 259, 263, 264, 271, 276, 278
신석면申錫冕 108, 109, 310
신석우申錫愚 12, 58~60, 62, 63, 69, 84, 154, 155, 167~170, 177, 183, 186, 190, 285, 300
신석희申錫禧 40, 58, 60, 62, 78, 177, 179, 183, 184, 186, 262, 275, 303
신억申檍 177
신위申緯 148, 154, 166
신응조申應朝 64, 176, 177, 179~181, 190, 242, 252, 299, 308
신재식申在植 58, 150, 152, 154, 155, 179, 188, 189
신재업申在業 58
심병성沈秉成 69, 70
심승택沈承澤 59, 177, 178
심암心菴→조두순趙斗淳
심약沈約 311
심철수沈喆秀 151, 155, 189

ㅇ

아박牙拍 199, 200
안광직安光直 151, 154, 155
안동준安東晙 279
안연지顏延之 145
안응수安膺壽 154, 155
양계태梁桂台 262, 275
양상일楊相一 56

『양요기록』洋擾記錄 257
양원陽園→신기선申箕善
양정재養正齋 25
양헌수梁憲洙 242, 245, 248~251
『어양수록』禦洋隨錄 248
어윤중魚允中 36, 65, 66
어재연魚在淵(충장공) 261, 264, 268~270
여동훈厲同勛 69
여원茹園→조기복趙基復
『여한전기』麗韓傳奇 14
연사蓮史→홍병위洪秉瑋
연안 이씨 27
연암燕巖→박지원朴趾源
연재淵齋→윤종의尹宗儀
영선사 72, 286
영조英祖 25
영추문迎秋門 207
오경석吳慶錫 257
「오군영」五君詠 145
오규일吳奎一 190
오력吳歷 78
「오류선생전」五柳先生傳 34
오봉루五鳳樓 170
오수림吳樹林 257
오숭량吳嵩梁 69
오장경吳長慶 66, 288
오재정재→조정만趙正萬
오페르트 237, 240, 261
옥수玉水→조강曹江
옥희 232, 233
옹방강翁方綱 42, 69, 77, 78, 156, 311
완당→김정희
『완당전집』 42, 47, 121
완원阮元 156, 157, 311
완적阮籍 311
왕기손王沂孫 51
왕림王霖 42
왕사정王士禎 146, 148, 149
왕사진王士禛 311

왕안석王安石 83
왕유王維 311
용금루湧金樓 60
용양봉저정龍驤鳳翥亭 203, 204
용재용齋→장방蔣肪
우국시 237, 238, 277, 316
우산迂山→이승원李承元
우석友石→이풍익李豊翼
우죽友竹→황진규黃鎭奎
우하雨荷→장형원張亨遠
운강雲江→조원趙瑗
운객雲客→웅앙벽熊昂碧
운고雲皐→서유영徐有英
운양雲養→김윤식金允植
웅앙벽熊昂碧 69, 191
웅운객熊雲客 191
원굉도袁宏道 84, 85, 311
원룡元龍 183
원세개袁世凱 67, 285, 286
원예 취미 129, 137
원옹園翁→장조張照
원호문元好問 148, 149
위사韋史→신석희申錫禧
위정척사파 252, 278, 282, 341
유길준兪吉濬 56, 65, 66, 178
유용劉墉 307
유익수柳翼秀 65
유재悠齋→홍종서洪鍾序
유조문柳條門 167, 168
유조변柳條邊 168
유창한劉昌漢 56
유치전兪致佺 54
육기陸機 311
『육서정의』六書正義 287
윤문允文→조병헌趙秉憲
윤육尹堉 177, 178, 184
윤자승尹滋承 281
윤정현尹定鉉 172, 173
윤종의尹宗儀 59, 177~179, 184, 185

윤협 262
을파소 228
음풍농월 37, 70, 88, 89, 97, 98, 101, 197
응석應錫 139
의성 30, 31, 221, 222
의주 198, 221, 227~234
이가원 14, 34, 35
이건창李建昌 66, 253
이경순李景純 241
이경직李敬稙 178
이공렴李公濂 241, 245, 246
이교영李敎英 28
이구李球 23, 177
이귀李貴 27
이균학李筠鶴 262
이기조李基祖 242, 245, 260, 262, 264, 274
이낙수李洛秀 166
이만수李晩秀 166
이만용李晩用 59, 152, 155, 172, 173
이면재李㴐在 178
이명구李明九 186
이명오李明五 57, 59, 150, 152, 155, 172~174
이복현李復鉉 57, 150, 155, 165~167
이봉기李鳳基 65
이봉환李鳳煥 150, 172
이삼억李三億 186
이삼현李參鉉 29
이상은李商隱 76, 77, 87, 92, 311, 312
이상적李尙迪 41, 146, 194
이서李墅 27, 39
이서구李書九 32
이수민李壽民 68, 69, 152, 155
이승원李承元 24, 58, 154, 155, 188, 190
이승익李承益 154, 155
이승훈李承薰 262
이시원李是遠 242, 252, 253
이언진李彦瑱 312
이여홍 230, 232

이염李灄 261, 264~268
이옥계李玉溪→이상은李商隱
이옥봉李玉峯 21
이용희李容熙 240~242, 245~247, 249~251
이우李玗 177
이우성 105
이우신李友信 77
이우혁李禹赫 240, 253
이유원李裕元 146
이의로李宜魯 65
이익회李翊會 166
이인기李寅夔 248
이인설李寅卨 151, 178
이장렴李章濂 241, 245
이재정李在靖 262, 275
이정귀李廷龜 312
이정천李正天 241, 253, 254
이제현李齊賢 13, 51, 308
이중무李重務 65
이지연李止淵 151, 155, 166, 178
이지원李止遠 242, 253
이풍익李豊翼 62
이하응李昰應 23, 24, 64, 65, 177, 205
이항로李恒老 242, 252, 278
이홍장李鴻章 285~287
이황李滉 131
익재益齋→이제현李齊賢
익종翼宗 151, 165
인도印度 179, 257, 258
인릉仁陵 203
인정전 30
인천仁川 216, 230, 231
일재一齋→어윤중魚允中
임경업 228
임긍수林肯洙 61, 62
임백경任百經 62
임상옥 230, 232
임오군란壬午軍亂 66, 68, 210, 288

임웅준任應準 31
임포林逋 159
임한원林漢元 262
잉헌剩軒→조학춘趙學春

ㅈ

자각紫閣 61
자명종 303
자하시사紫霞詩社 57
작약도 271
작옥芍玉→홍종응洪鍾應
잡절雜絶 243, 244, 260, 305, 306
장건張騫 66, 67, 288
장경일張景一(베르네) 240
장교근張敎根 153, 155
장락신張樂臣 56
장방蔣昉 69, 191
장병염張丙炎 70
장사전蔣士銓 69, 146
장생로長生路 205, 206
장시蔣詩 69, 190, 191
장염張炎 51
장월蔣鉞 69, 191
장적張籍 122, 311
장조張照 60, 153, 155, 186
장태악張太岳 45
장형원張亨遠 62
저광희儲光羲 311
전환국典圜局 302
정금손鄭金孫 261, 275
정몽주鄭夢周 182
정상형井上馨(이노우에 가오루) 281
정석봉鄭錫鳳 65
정섭鄭燮 311
정약용丁若鏞 121, 122
정원용鄭元容 173
정재呈才 198, 199, 200

348

『정재무도홀기』呈才舞圖笏記 200~202
정조正祖 12, 22, 152, 162, 163, 204, 234
정족산성 239, 242, 248~251, 265, 266
정태丁泰 69
정헌正獻→김이도金履度
정현덕鄭顯德 279
정환표鄭煥杓 152, 155
제갈량 286, 296
제너럴셔먼호 사건 237, 240, 259
제언체齊言體 308
조강曹江 68, 190
조경호趙慶鎬 24
조구하趙龜夏 178
조규식趙奎植 15
조기겸趙基謙 23, 68, 69, 171
조기복趙基復 22, 23, 153
조기응趙基應 59, 176, 186
조기항趙基恒 23, 24, 27
조단호趙端鎬 24
조덕형趙德泂 25
조동일 226
조두순趙斗淳 59, 153, 155, 173
조민식趙敏植 154, 155
조병구趙秉龜 153, 155
조병로趙秉老 242, 245
조병헌趙秉憲 58, 76, 151~153, 155, 188, 189, 209
조병현趙秉鉉 152, 153, 155, 178, 188, 189
조병황趙秉璜 153, 155
조봉하趙鳳夏 178
조사웅趙師雄 131
조선시풍朝鮮詩風 12, 100, 299, 315, 317
조성기趙聖期 22
조수삼趙秀三 140
조식曺植 21, 183
조영석趙榮祏 22, 154
조운경趙雲卿 62
조원趙瑗 21, 22, 24
조인영趙寅永 151, 152, 155, 163~165, 177
조장호趙章鎬 23
조정만趙正萬 22, 65, 186
조종영趙鍾永 58, 65, 151, 153, 155
조천祧遷 문제 46, 165
조천혁趙天赫 21
조학춘趙學春 22, 39, 57
조희룡趙熙龍 145, 146, 194
조희일趙希逸 22
조희정趙希正 21
조희철趙希哲 21
졸수재拙修齋→조성기趙聖期
종성鐘惺 97, 98
주가록周家祿 56, 66, 67, 288, 289
주교舟橋 203, 204
주명반朱銘盤 56, 66, 67, 288
주방언周邦彦 51
주학년朱鶴年 42, 78
주희朱熹 311
죽림사竹林社 57
죽음竹陰→조희일趙希逸
죽장竹莊→이우신李友信
죽지사체 210, 221, 309
중암重菴→강이천姜彝天
중화 체제 276, 281
『진도일기』津島日記 173
진왕陳王 183
진재晉齋→조기응趙基應
진종眞宗 46, 165
진흥왕순수비 59
집청대集淸臺 26, 161

ㅊ

차주환 13, 14, 52, 308
창강滄江→김택영金澤榮
창덕궁 30
창산蒼山→김기수金綺秀

채수기蔡壽祺 70, 312
처용處容 199
『천하군국리병서』天下郡國利病書 257, 258
철종哲宗 12, 29, 30, 46, 70, 71, 165, 170, 198, 201~205, 231
청간당聽澗堂 25
청니방靑泥坊 179
초사焦史→이승원李承元
초장패천草場覇川(쿠사바 하이센) 172, 173
초지진 261, 264~266, 268
최난헌崔蘭軒(토마스) 240
최병륜崔秉崙 242, 245
최병한崔秉翰 186
최완수 14
최우형崔遇亨 65
최치원崔致遠 125, 126
최헌수崔憲秀 152, 155, 189
추사秋史→김정희金正喜
추음秋吟→장시蔣詩
춘앵전春鶯囀 199
취석정醉石亭 61
「취음선생전」醉吟先生傳 34
칠가七歌 145
칠의사七義士 228

ㅌ

통군정統軍亭 182, 229, 230
통진通津 241, 245, 246, 250, 251, 261, 265, 274

ㅍ

파주坡州 33, 44, 59, 79, 119, 187, 221
포구락抛毬樂 199
포삼별장包蔘別將 230~232

포조鮑照 311
풍도楓島 260

ㅎ

하의荷漪→임백경任百經
학산鶴山 190, 192
학파鶴坡 45
「한경사」漢京詞 139, 160
『한고관외사』 160
한명원韓命源 62, 186
한성근韓聖根 242, 243, 245, 247, 248
한와연漢瓦硏 42
한응필韓應弼 242, 245, 248
한장석韓章錫 12, 66, 96
한치림韓致林 261
합안전闔眼錢 233
해관海觀→한명원韓命源
해장海藏→신석우申錫愚
향발響鈸 199
향사香社 57
허균許筠 21, 100
허유許維 41, 42, 45, 54
헌릉獻陵 203
헌선도獻仙桃 199
헌종憲宗 28, 170, 171
현거玄居→임긍수林肯洙
혜원蕙園→신석면申錫冕
『호국계풍집』湖菊溪楓集 65
호열자 302, 303
홍기문洪起文 70
홍대용洪大容 58, 176, 179, 180
홍병위洪秉瑋 62
홍석모洪錫謨 199, 211, 225
홍석주洪奭周 152, 166
홍순목洪淳穆 64, 216
홍양후洪良厚 58, 176, 179, 180, 258
홍영식洪英植 216

홍우길洪祐吉 178
홍우명洪祐明 176
홍재신洪在愼 261
홍재철洪在喆 153, 155, 241
홍재혁洪在赫 153, 155
홍종서洪鍾序 24, 58, 61, 63, 154, 155, 175, 176, 184~186, 192
홍종응洪鍾應 58, 61~63, 154, 155, 185, 186
홍직필洪直弼 181
홍취영洪就榮 173
홍현주洪顯周 61, 152, 155
화란花蘭 257, 258
화륜선火輪船 256, 276, 279, 302

「황성리곡」黃城俚曲 116
황진규黃鑵奎 59, 65~67
황패黃覇 83
황현黃玹 66, 146, 163, 181, 183, 184, 216
회인시懷人詩 16, 57, 75, 142, 145~150, 155, 158, 159, 165, 174~176, 180, 185~190, 193, 194, 244
효자동 21, 22, 24
흑귀黑鬼 262
흑전청륭黑田淸隆(구로다 기요타카) 279, 281
흠차대인 272
홍선대원군興宣大院君→이하응李昰應